AF525791

Karl Dönitz

Mein wechselvolles Leben

Karl Dönitz

Mein wechselvolles Leben

Bublies Verlag

IMPRESSUM:
Karl Dönitz, Mein wechselvolles Leben

Genehmigte Lizenzausgabe für Bublies Verlag, Beltheim, 2021.
Ergänzte Auflage.
Verlag Siegfried Bublies, 56290 Beltheim-Schnellbach
Internetadresse: http://www.bublies-verlag.de
Printed in Germany
ISBN: 978-3-926584-57-1

Inhaltsverzeichnis

Großadmiral Karl Dönitz
als Oberbefehlshaber der Kriegsmarine
(Privatbesitz)

1. Kapitel

„Kindheit“

Meine Familie ist bäuerlicher Herkunft und stammt aus dem Gebiet des Unterlaufes der Saale. Dieses war im frühen Mittelalter deutsch-slawischer Grenzraum. Bereits Markgraf Gero, dem unter Otto dem Großen im Saalegebiet der Schutz der deutschen Ostgrenze anvertraut war, siedelte in diesem Grenzraum deutsche Bauern aus Westdeutschland an. Diese westdeutschen Bauernfamilien haben sich an der Saale durch Jahrhunderte hindurch erhalten.

Meine Familie gehörte zu diesen germanischen Siedlern und soll dort seit dem 13. Jahrhundert seßhaft sein. Seit Mitte des 17. Jahrhunderts geben die Kirchenbücher die einzelnen Glieder meiner Vorfahren lückenlos an. Die Kirchenregister schrieben unseren Namen bis Ende des 17. Jahrhunderts „Thönss“, dann später „Thöhns“ oder „Döhns“, und schließlich Dönitz.

Dönitze waren früher in ihrem Heimatbereich auch Erblehn- und Gerichtsschulzen. Auch die Mutter meines Vaters stammte aus der Erblehn- und Gerichtsschulzen-Familie des Dorfes Griebo bei Coswig in Anhalt. Sie war eine geborene „Schulze“. Denn seit 1654 stand im Kirchenbuch nur: Das Kind sowieso des Schulzen wurde am soundsovielten getauft; oder: Der Sohn des Schulzen wurde am soundsovielten mit der Tochter des Bauern X getraut. Aus dieser, also auch im Kirchenregister gebrauchten Amtsbezeichnung, bildete sich dann der Name Schulze für diese Erblehn-Gerichtsschulzenfamilie heraus.

Die jüngeren Söhne dieser meiner bäuerlichen Familie wurden in den späteren Generationen Handwerker, Industrielle, evangelische Pastoren, Gelehrte und auch Offiziere. Auch der Drang in die Ferne scheint im Blut meiner Familie zu liegen: Einer der ersten Professoren der ärztlichen Wissenschaft, die der Mikado im Jahre 1864, nach Öffnung der japanischen Grenzen für die westliche Zivilisation, nach Japan kommen ließ, war ein Dönitz. Er war später auch Leibarzt des Mikado. In Ägypten forschte ein Dönitz als Archäologe. In China gab es ebenfalls einen

Professor meiner Familie. Niemand von uns war jedoch bereits in einer früheren Generation zur Marine gegangen.

In dem Wappen unserer Familie – es war bei den alten Bauernfamilien üblich, ein Hauszeichen oder Wappen zu haben – befinden sich drei Becher; wie es hierzu gekommen ist, weiß ich nicht. Es mag sein, daß hierfür das „Braurecht", welches im Mittelalter von den Fürsten ausdrücklich vergeben werden mußte, der Grund gewesen ist. Jedenfalls scheint mir jene Dönitz'sche Familienlegende zweifelhaft zu sein, daß in unserem Wappen die drei Becher wären, weil wir immer „gerne einen gehoben hätten".

Mein Vater war 1857 geboren und hatte nach seiner Schulzeit auf dem Gymnasium in Zerbst das technische Studium gewählt. Er wurde Ingenieur und später Wissenschaftlicher Mitarbeiter der Firma Carl Zeiss in Jena. Ich selbst bin 1891 in Grünau bei Berlin geboren. Meine Mutter starb bereits 1895. Ich habe keine sichere Erinnerung an sie. Mein Vater hatte nicht wieder geheiratet, er hat in seiner großen Herzensgüte versucht, meinem Bruder und mir auch die Mutter zu ersetzen. Er ist der Mensch, dem ich wohl am meisten verdanke. Ich glaube aber, daß der so frühe Tod meiner Mutter eines der einschneidendsten und für mein inneres Werden wirkungsvollsten Ereignisse meines Lebens war. Für ein Kind läßt sich Mutterliebe nicht ersetzen.

In den Jahren 1897 und 1898 wohnten wir in Halensee bei Berlin. Von unserem Balkon sahen wir über die „Ringbahn", wie dieser Teil der Stadtbahn damals hieß, hinüber nach der „Kolonie Grünewald", dem Villenviertel am Waldesrand, das noch als „Kolonie" bezeichnet wurde, als ob es in der Wildnis läge. Zwischen Halensee und Berlin-West, der Gegend am Zoo, war damals noch kein Häusermeer wie heute, sondern Märkischer Sand, Kiefern und Felder, durch die als Verbindungsstraße der Kurfürstendamm schnitt, – in seinen Ursprüngen ein Knüppeldamm aus Holzbohlen, ohne die ein Wagenverkehr durch den Sand nur schlecht möglich war. Wir wohnten also, was die Stadt Berlin anbetrifft, weit draußen. Diese einsame Sandgegend bei Halensee wurde daher oft von den Infanterie-Regimentern der Berliner Garde zur Ausbildung benutzt, Felddienstübungen mit Schützenlinien und Platzpatronenfeuer, sowie Sturmangriffe von Soldaten sind mir in Erinnerung. – Eines Sonntags sah ich auch einmal zwischen Halensee und Schmargendorf auf der Paulsborner Chaussee eine Hofkutsche mit Bediensteten in silberbetreßten Livreen stehen. In einiger Entfernung davon gingen der Kaiser und die Kaiserin spazieren, sicherlich das Alleinsein in dieser Einsamkeit genießend. Die Kaiserin hatte ein lila Kleid an, welches ich bestaunte und wunderschön fand.

April 1898 kam ich in die Schule, in eine Privatschule in der Hertastraße, „Kolonie Grünewald". Das ländliche Kopfpflaster der Paulsborner Chaussee, auf der ich eine halbe Stunde Schulweg zu machen hatte, ist mir noch als holprig in Erinnerung. Vor dem ersten Schultag hatte ich Druck. Auf dem Hinweg sagte ich mir öfter vor, wieviel 2x2 ist, und ähnliche solche kleinen Rechenexempel, die ich bereits wußte. Nachdem dieser Schulanfang überstanden war, stach mich auf dem Rückweg aber bereits wieder der Hafer.

Als wir im Herbst 1898 nach Jena umzogen, kamen wir dort spät abends an und wohnten zunächst gegenüber dem alten Schloß, dem späteren Universitätsgebäude, am Fürstengraben im Hotel „Zum schwarzen Bären", dem berühmten alten Gasthaus, in welchem Luther als Junker Georg übernachtet hatte, zu der Zeit, als er dem Zugriff seiner Feinde entzogen, auf der Wartburg bei Eisenach hauste.

Am nächsten Morgen wanderten wir durch die Stadt Jena. Wie staunte ich! Alte mittelalterliche Stadtmauern und Stadttore, das Johannistor und der Pulverturm, eine uralte Steinbrücke über die Saale und östlich davon Burgen auf den Bergen am Flußtal, auf der alten Grenzlinie zwischen Deutsch- und Slawentum.

In Jena schickte mein Vater meinen Bruder und mich auf die „Stoy'sche" Erziehungsanstalt. Sie war ein altes pädagogisches Institut von hohem Ruf mit einem Internat und einer öffentlichen Realschule bis zum Einjährigen, im Besitz und unter der Leitung des Professor Stoy. Schon sein Vater war Pädagoge und Professor an der Jenaer Universität gewesen, ein Denkmal ehrte sein Andenken vor der Universität auf dem Fürstengraben. – Sein Sohn, also unser Direktor, auch bereits im Alter von etwa 60 Jahren, war ein Original und voller Vitalität, der Internat und Schule wie ein absoluter König regierte. Die Lehrer respektierten ihn sehr.

Als wir von unserem Vater bei der Anmeldung vorgestellt wurden, zeigte der Direktor uns freundlich einige Schulzimmer, große luftige

Räume mit interessanten Bildern an der Wand, alten Stichen von Jena und von der Schlacht gegen Napoleon am 14. Oktober 1806 und von den folgenden Befreiungskriegen. Wir fanden alles sehr schön und mein Bruder und ich dachten, als uns manches davon Professor Stoy erklärte, daß dies aber ein freundlicher Direktor sei. Das wurde jedoch sehr plötzlich, kurz vor der Verabschiedung vor dem Schulhause, anders. Der Direktor zeigte auf ein Erzrelief von Bismarck, welches neben der Schultür in der Hauswand eingelassen war und fragte meinen Bruder, wer das sei. Aber, oh Schrecken, er wußte es nicht oder erkannte in dem Relief Bismarck nicht wieder, von dem er doch wirklich genug von meinem Vater gehört und noch die Beflaggung aller Häuser in Halensee mit Trauerfloren in Erinnerung hatte, als Bismarck doch in diesem selben Jahre am 30. Juli 1898 gestorben war. Böse wurde da plötzlich Professor Stoy und rief: „Was, Du kennst nicht den größten deutschen Mann?" und verabschiedete sich von uns Jungen sehr viel kühler.

In der Stoy'schen Erziehungsanstalt war manches anders als in der Schule in Berlin. Auf der Berliner Schule hatten wir nur unsere Klassenstunden in Deutsch, Rechnen und Religion. Mehr wollte oder konnte diese Privatschule den Kindern nicht geben. Bei der Stoy'schen Schule in Jena war schon durch das damit verbundene Internat die Gesamterziehung des Kindes das zu verfolgende Ziel. Diese umfassende Bildungsaufgabe, nicht nur des kindlichen Verstandes, sondern auch seines Gemütes und seiner ganzen Persönlichkeit wirkte sich auch auf die dem Internat angeschlossene öffentlichen Stoy'schen Schule aus. Dort hatte z. B. jede Klasse, außer den gleichen Unterrichtsstunden wie in Berlin, noch ihren kleinen Garten, und jeder Junge hatte dort sein Beet, das er versorgen mußte, wo er lernte umzugraben und zu säen. Er freute sich, wenn er dann die Samen aufgehen sah und die ersten Keimblätter die Erde durchbrachen. Er erlebte das Wachsen seiner Pflanzen. Welch' wertvolle Anschauung war dies für ein Stadtkind wie mich. – Zweimal in der Woche hatten wir Unterricht im Singen. Wir lernten und sangen viele deutsche Kinder- und Volkslieder. Dies machte mir große Freude. Wenn ich zu Hause spielte oder irgend etwas pusselte, sang ich meistens stillvergnügt vor mich hin. Noch heute freue ich mich, wenn ich einmal wieder zufällig solch ein Kinder- oder Volkslied aus meinen Jugendtagen höre. – Wir hatten in der Woche 3 1/2 Stunden Sport und Turnen.

In jeder Stunde war die zweite Hälfte der Zeit Bewegungsspielen Vorbehalten. „Wer fürchtet sich vorm schwarzen Mann?“ war mein liebstes Spiel. Bei ihm hieß es, andere zu fangen und sich nicht selbst fangen zu lassen. Mit welchem leidenschaftlichen Eifer gaben wir uns diesem Fangspiel hin! – Wir hatten auf der Stoy'schen Schule zweimal in der Woche „Heimatkunde“. Das alte Jena, das Saaletal mit seinen Burgen wurden besichtigt, uns beschrieben und ihre Vergangenheit geschildert. Unsere Klasse ging mit einem Meßrad durch die breiten Hauptstraßen der alten Stadt, in welchen früher die alten Wallgräben gewesen waren. Wir maßen ihre Länge und zeichneten danach eine Karte. – Der Lauf der Sonne wurde uns erklärt, Mittags gegen 12 Uhr sahen wir von der Plattform des Schulturms durch ein Messingrohr nach der Sonne, maßen hierbei an einer Gradscheibe ihre Höhe und beobachteten den Augenblick, wo sie nicht mehr stieg, sondern zu fallen begann. Gelegentlich traf ich auf meinem Heimweg von der Schule den Professor für Astronomie der Jenaer Universität, der ein Bekannter meines Vaters war. Der Professor fragte mich dann freundlich, welche Sonnenhöhe ich denn heute gemessen hätte. Ich war mächtig stolz, wenn ich ihm antworten konnte. – Zweimal im Jahr machte die Schule mit den Schülern eine Reise, eine kürzere für alle Klassen und eine längere nur für die älteren Jungen. Die kleine Reise ging 8 Tage in den Thüringer Wald. Wir waren dort in Paulinzella und besichtigten die alte romanische Klosterruine. Sie wurde uns erklärt, und wir mußten ihren Grundriß zeichnen. Wir wanderten durch das schöne Schwarza-Tal und besuchten das Schloß Schwarzburg. Wie beeindruckte uns Kinder die Sammlung der alten Waffen und Ritterrüstungen! Wir gingen in eine Glasbläserei, sahen dort die einzelnen Produktionsvorgänge und mußten später die Herstellung des Glases und die Fertigung von Flaschen und Glasröhren in einem Aufsatz beschreiben. Wir besuchten Kahla und waren hinterher auf der bei dieser Stadt liegenden Leuchtenburg. Sie lag auf einem Bergkegel, ihr tiefer Brunnen beeindruckte uns sehr. Ein Licht wurde in ihm herabgelassen, um uns seine Tiefe zu zeigen, dann wurde ein Kieselstein hinuntergeworfen, und wir maßen die Zeit, bis wir ihn plumpsen hörten. Aber schrecklich fanden wir die Folterkammer, die mit der „Eisernen Jungfrau“ und anderen Marterwerkzeugen uns im Burgverlies gezeigt wurde. – Großes Interesse hatten wir für einen

Bergrutsch, der in der Nähe der Leuchtenburg geschehen war. Die Saale hatte dort an der Außenseite einer scharfen Biegung des Flusses den Buntsandstein mit seinen Gipseinlagerungen, die die unteren Schichten des Berges bildeten, unterirdisch ausgehöhlt. Eines Nachts brachen und rutschten die darüber liegenden Muschelkalkschichten des Berges zusammen und fielen mit Donnergepolter zu Tal und drängten die Saale halb aus ihrem Bett. – Wir waren auf dem Kickeihahn bei Ilmenau und besuchten dort das Goethe-Häuschen im Fichtenwalde, wo Goethe an seinem Lebensabend das einmalig schöne „Über allen Gipfeln ist Ruh" gedichtet hatte. Ein Sängerchor unserer Schule sang dort in der Abendstunde dieses Lied. Es war sehr feierlich und stimmungsvoll und ergriff selbst uns dumme Jungs. Neugierig, aber doch davon berührt, sahen wir, wie bei dem Liede unserem graulockigen Direktor, dem Professor Stoy, die Tränen kamen. – Der Inselsberg und der Schneekopf, die Wartburg und die Rudelsburg gehörten natürlich zu den Orten, die wir aufsuchten. Besonders auf der Rudelsburg waren wir Jungen öfter. Ihre Bedeutung im frühen Mittelalter zur Zeit der Sächsischen Kaiser, ihre schöne Lage und die Feiern von Jenenser Studenten, die wir dort miterlebten, faszinierten uns.

An jedem 14. Oktober wanderten wir mit der Schule den Landgrafenberg hinauf, dort, wo 1806 Napoleon in der Nacht vor der Schlacht bei Jena, für die Preußen unerwartet, seine Kanonen hinauf gebracht hatte. Das preußische Heer hatte es versäumt, den Bergrand zum Saaletal hin zu besetzen. Wir waren am 14. Oktober auf dem „Napoleonstein" und bei dem Dorfe Vierzehnheiligen, wo die Entscheidung der Schlacht bei Jena fiel. In der Woche vor diesem jährlichen Schlachtfeldbesuch erklärte uns einer unserer Schullehrer an Hand einer ganzen Reihe von Karten in der Aula die Schlacht bei Jena. Wir kannten daher auch ihre Vorgeschichte, das Gefecht bei Saalfeld und den Tod des Prinzen Louis Ferdinand; wir wußten die Namen der französischen Generale, Augerau, Soult und Davoust, selbstverständlich auch die der preußischen Heerführer, vor allem den des Prinzen Hohenlohe. Mit Leidenschaft trug uns unser Schullehrer, es war der von uns geliebte Dr. Leidolph, die Ereignisse vor. Wir verabscheuten den verräterischen deutschen Mann, der den Franzosen den Weg durch das Rauhtal zum Schlachtfeld hinauf gezeigt und sie dorthin geführt hatte. Es beeindruckte uns gewaltig, daß nach verlorener Schlacht und bei der allgemeinen Flucht jedoch ein preußisches Regiment in vollkommener Ordnung mit klingendem Spiel abgezogen war. Wenn es angegriffen wurde, so bildete es ein Karree und erwehrte sich auf diese Weise jedes Gegners.

Freundschaften aus der Jugendzeit bleiben in der Erinnnerung bis ins Alter hinein erhalten. Wir waren erst kurze Zeit in Jena, als eine deutsche Arztfamilie aus dem damaligen Niederländisch-Indien ebenfalls nach Jena zog. In dieser Familie waren 6 Jungen, alle draußen auf Sumatra, Java, Borneo oder Celebes geboren, so wie ihr Vater als Regierungsarzt gerade stationiert gewesen war. Diese Auslandskinder waren natürlich von vornherein für uns andere Jungen von größtem Interesse. In der ersten Zeit sprachen die Neuankömmlinge kaum Deutsch, meistens holländisch oder javanisch untereinander. Bald wurden wir befreundet, mein Bruder mit dem zweitältesten Jungen, dem Fritz, ich mit meinem gleichaltrigen Klassenkameraden Otto, wir wurden unzertrennlich.

Wir wohnten in Jena in der Villa „Frieda“ auf halber Höhe am Sonnenberg. Mit Recht hatte dieser Berg diesen Namen: Nach Süden gelegen hatten die Räume unserer Wohnung von morgens bis abends Sonne. Weit ging der Blick von der Villa „Frieda“ über Jena hin, das Saaletal aufwärts bis zur fernen Leuchtenburg. Nie wieder habe ich in meinem Leben so schön gewohnt.

In unserer Nachbarstraße am Sonnenberg, der Sedanstraße, wohnte der Kommandeur des Jenaer Bataillons des Infanterie-Regiments 94. Er war ein Major mit schneeweißem Haar und einem schwarzen Schnurrbart, seine Frau eine Amerikanerin, also Außergewöhnliches genug, um unser Jungeninteresse zu erregen. Der Major hatte den Chinafeldzug nach dem Boxeraufstand mitgemacht. – Zu Kaisers Geburtstag fand stets eine Parade dieses Bataillons statt, einmal erfolgte sie auf dem alten Jenaer Marktplatz, um in der Mitte der Stadt ihrer Bevölkerung diesen militärischen Festakt zu zeigen. Ich stand als Kind unter den Zuschauern, mir ist das Bild noch deutlich, wie nach der Parade der mir bekannte Major seine Offiziere zusammenrief und zu ihnen kurz sprach. Ich hatte in diesem Augenblick nur den einen Wunsch in meinem Kindergemüt, später einmal einer dieser Offiziere sein zu können, wie diese, die dort zusammen im Kreise standen. Gehorchen wollte ich dann natürlich meinem Major ebenso brav, wie diese es hier sichtlich taten. Fast unerreichbar erschien mir damals in meiner kindlichen Vorstellung dieser Wunsch. Daß mir später einmal die gesamte deutsche Wehrmacht nach einem furchtbaren Kriege in schwerster Notzeit unterstehen würde, lag an diesem Paradetag in Jena in der von Menschengeist nie zu erkennenden fernen Zukunft.

In dem Jena um 1900 von etwa 18 000 Einwohnern gaben Universität und Studenten dem öffentlichen Bild das Hauptgepräge. Außerdem hatte Jena noch eine bedeutende Industrie, die Firma Carl Zeiss, die das führende Werk für die Fertigung optischer Instrumente in Deutschland war. Es wurde damals geleitet von dem hervorragenden Physiker Professor Dr. Ernst Abbe. Mein Vater war „Wissenschaftlicher Mitarbeiter“ der Firma Carl Zeiss. Professor Abbe, ein großer, schlanker Mann mit eindrucksvollem Gesicht und lockigem graumeliertem Haar, war für uns Kinder daher natürlich eine Respektsperson, die wir bei Begegnungen stets sehr früh und höflich zu grüßen suchten. Einmal traf ich ihn allein draußen im Mühltal bei Jena, das sich in der Richtung nach Weimar hin erstreckt. Ich wollte dort in der Leutra, dem Bach des Tales, Molche fangen und hatte ein Einmachglas in der Hand, welches meiner Beute als erstes Aquarium dienen sollte. So ganz rein war mein Gewissen nicht, denn ich war mir klar, daß mein Vater die Ansicht hatte, die Molche in ihrem Bach zu lassen, statt sie in einem Glas mit Wasser in die Wohnung zu schleppen. Als ich also beim Molche fangen war, stand plötzlich der spazierengehende Professor Abbe vor mir und fragte, was ich da täte. Ich war so überrascht, daß ich meine Schülermütze, die ich erst einmal grüßend ziehen wollte, ins Wasser stieß, und sie davon schwamm. Schließlich beichtete ich, was ich vorhatte und wunderte mich, daß Professor Abbe mich ohne Einwendungen schmunzelnd wieder verließ.

Von weitem bestaunten wir Kinder auch den Naturforscher Ernst Haeckel mit seinem schönen Charakterkopf und einem großen, damals ganz außergewöhnlichen Schlapphut, wenn wir ihn in den Straßen Jenas sahen. Der Streit um seine monistische Weltlehre war damals in Jenaer Universitätskreisen sehr heftig. – Wie sind doch diese rein mechanischen, nur auf dem Entwicklungsgedanken beruhenden Naturanschauungen, heute gerade auch durch die großen Entdeckungen der letzten Jahrzehnte auf dem Gebiet der Atomwissenschaft und der Astrophysik, meiner Überzeugung nach, überholt. Nie ist die Schöpfung ohne das Vorhandensein eines Schöpfers, der die unermeßliche Fülle seiner Gedanken in ihr verwirklicht hat, und das All in seiner Gesamtabhängigkeit voneinander auch steuert und erhält, zu verstehen! Und nie wird der Mensch von dieser Schöpfung mehr erkennen können, als die Gesetze ihrer Erscheinungen. Aber warum dieses und jenes so ist, warum sich z. B. Körper nach dem Gesetz der Gravitation anziehen, was also eigentlich die Schwerkraft wirklich ist, – oder warum aus einem Samenkorn, welches, wie die moderne Wissenschaft genau weiß, so viele und solche Grundelemente hat, dann eine Eiche wird, bei anderen Samen mit anderer Zusammensetzung eine Blume oder ein Grashalm, – warum dies so ist, das weiß der Mensch nicht und wird es, wie ich glaube, nie erkunden. Das „Ding an sich", die „Idee", ist für uns nach wie vor unerforschlich. Nie werden wir dieses Metaphysische, dieses Göttliche erkennen!

Die „Carl-Zeiss-Stiftung", eine soziale Gesellschaftsform, die sich das Werk selbst gegeben hatte, war auch der hauptsächliche Geldspender für die wissenschaftlichen Institute der Jenaer Universität. Die modernen, mit den neuesten Einrichtungen ausgestatteten Gebäude der einzelnen Fakultäten waren in verschiedenen Teilen der Stadt errichtet worden und bildeten einen besonderen Vorteil der Jenaer Universität. Auch das kurz nach der Jahrhundertwende gebaute „Volkshaus" hatte die Firma Carl Zeiss gestiftet. Es enthielt eine bedeutende Bibliothek, einen Lesesaal für Zeitschriften und Zeitungen und einen großen, wohl mehrere Tausend Personen fassenden Saal, sowie kleinere Konzert- und Vortragsräume. In die Turmstube dieses „Volkshauses" hatte ich, sicherlich über hundert Stufen hoch, jeden Mittwoch nachmittag hinaufzusteigen. Dröhnend schlug die unmittelbar über der runden Stube liegende Turmuhr, wenn ich pünktlich um 3 Uhr zum Malunterricht bei einem impressionistischen Landschaftsmaler, Ernst Biedermann, erschien, der dort oben im Turm sein Unterrichtsatelier hatte. Hier lernte ich nach der Natur zeichnen und malen, einen Stuhl, einen Krug, Blumen und Früchte, Gipsmasken und -köpfe und die verschiedensten anderen Gegenstände mußte ich abzeichnen, in Blei oder Kohle und Kreide, mit Buntstift, Wasserfarben oder Pastell. Später hatte ich auch Köpfe nach menschlichen Modellen zu zeichnen. Im Frühling, Sommer und Herbst ging es bei gutem Wetter hinaus in die Umgebung Jenas, die eine Fülle von Landschaftsmotiven bot, welche wir zu zeichnen und zu malen hatten. Die Folge dieses Unterrichts war, daß mein Interesse für die bildenden Künste geweckt wurde und ich mich für sie und ihre Geschichte immer wieder interessiert habe. Damals als Kind besuchte ich jede Gemäldeausstellung, die im Jenaer „Volkshaus“ gezeigt wurde. Die Worpsweder sind mir von den Künstlern, die damals ausstellten, noch in besonderer Erinnerung.

In den großen Saal des „Volkshauses“ kam ich als Junge zu Vorträgen, die uns unser Vater hören ließ. Meistens waren es diejenigen, welche von der „Geographischen Gesellschaft“ veranstaltet wurden. Lichtbildervorträge von Reisen nach Afrika und Asien, sowie in die Antarktis sind mir noch in guter Erinnerung. Vorträge von Shillings, dem Verfasser des Buches „Mit Blitzlicht und Büchse“, einem damals in den Anfängen der Fotografie sensationellen Werk über seine Afrika-Reise und von Drygalski über seine Südpolar-Reise gehörten dazu.

Im großen Saal fand auch in jedem Winter der Wohltätigkeitsbasar der Jenaer guten Gesellschaft statt. Jedesmal mußten auch Kinder, Jungen und Mädchen, bei dieser Veranstaltung mitwirken. In Rokoko-Kostüme gesteckt, wurde aus denjenigen, die ein Musikinstrument spielten, ein kleines Orchester gebildet. Mein Bruder mit seiner Geige und ich als Flötenspieler gehörten dazu. Im Rahmen dieser Wohltätigkeitswoche gaben wir dann in einem Nebensaal Konzerte Haydnscher und Mozartscher Musik. Aber zwischendurch trieben wir uns auch in unseren Kostümen im großen Saal, in welchem der Basar stattfand, herum, neckten, haschten und amüsierten uns. Die Mädchen fanden bei uns Jungen den Rokokozopf komisch und rissen daran und uns Bengels machte es Spaß, ihnen die gepuderte Perücke in Unordnung zu bringen. Welch’ harmlose Kinderzeit!

Zahlreich waren die Studentenverbindungen Jenas. Mit Interesse betrachteten wir Kinder ihre Verbindungshäuser in der Stadt, die mit den Farben und Fahnen der Corps oder der Burschenschaften geschmückt waren. In den Straßen sahen wir gelegentlich die Studenten in ihren bunten Mützen zu gemeinsamem Bummel. Andere Verbindungen, die passierten, wurden mit steifem Zeremoniell gegrüßt. Oder sie saßen vor ihren Häusern an langer Tafel zu einem Kommers oder Frühschoppen unter reglementierter Leitung der Chargierten und sangen Studentenlieder. Die passierenden Bürger fanden dies ganz natürlich. Diese Sitten gehörten damals zum Studententum und die Bevölkerung der Stadt, die auch wirtschaftlich mit der Universität eng verknüpft war, ließ daher wohlwollend die Studenten gewähren und freute sich an deren traditionellen Feiern. In jedem Jahr fuhren z.B. auch die Studiker in offizieller Form in Landauern von Jena nach Weimar zur Aufführung von Schillers Räubern, die im Nationaltheater gegeben wurde. Im Parkett saß dann in langen Reihen die Jenaer Studentenschaft in Wichs und mit ihren bunten Mützen. Wenn auf der Bühne dann im dritten Akt das Lied der Räuber „Ein freies Leben führen wir“ ertönte, sang die ganze Studentenschaft im Parkett mit. Dies war Tradition und wurde als selbstverständlich auch von der übrigen Zuhörerschaft akzeptiert.

So war Jena damals ein altes, gemütliches, aber kulturell hochstehendes und anregendes Städtchen. Es gab, als wir 1898 hinkamen, noch keine Gasbeleuchtung oder elektrisches Licht. Es gab noch keine Straßenbahn. Als sie nach der Jahrhundertwende eingeführt werden sollte, kam es hierüber zu langen Debatten im Gemeinderat und in der Bürgerschaft. Die Opposition fürchtete, daß der stille Charakter der Stadt durch dieses gefährlich schnelle Fortbewegungsmittel leiden würde und stimmte gegen seine Einführung. Die Straßenbahn wurde dann aber doch angelegt. Es gab damals, 1898, noch kein Telefon in Jena. Kurz nach 1900 waren dann, glaube ich, 7 private Anschlüsse vorhanden. Und das erste Auto, das es in der Stadt Anfang des 20. Jahrhunderts gab, wurde von einem großen Teil der Bürger nur mit Mißtrauen betrachtet. Sicherlich mit einem gewissen Recht, wenn man bedenkt, daß in der damaligen Zeit jeder Fußgänger jederzeit den Fahrdamm in beliebiger Richtung kreuzen oder benutzen konnte. In welcher Sorglosigkeit und fast völliger Unachtsamkeit bewegte man sich, verglichen mit heute, durch die Straßen.

Im September 1906 zogen wir nach Weimar. Die Stoy’sche Schule in Jena, auf der ich bis dahin gewesen war, war eine Realschule ohne Griechisch und Latein. In Weimar gab es außer dem Humanistischen Gymnasium ein Realgymnasium, auf dem von der Sexta an Latein gelehrt wurde. Mein Vater entschied, daß ich dies Realgymnasium zu besuchen und die Aufnahmeprüfung in die Untersekunda, diejenige Klasse, welche ich in Jena verlassen hatte, zu bestehen hätte. Mein völliges Unwissen der lateinischen Sprache hätte ich in einem halben Jahr durch Privatstunden in gute Kenntnisse des Lateinischen, den Anforderungen der Sekunda entsprechend, zu verwandeln. Ich war wirklich erst einmal sprachlos, als ich diese väterliche Weisung erhielt und sah einen Berg von Arbeit vor mir liegen, den zu bewältigen mir unmöglich schien. Ich dachte, daß sicherlich sich auch die Schule auf diesen Plan garnicht einlassen würde! – Aber tatsächlich bestand ich die Aufnahmeprüfung in die Untersekunda des Weimarer Realgymnasium, ohne das Lateinische, so gut, daß die Direktion mich in diese Klasse aufnahm unter der Bedingung, daß ich die väterliche Zusage, das Latein in einem halben Jahr nachzulernen, erfüllte.

Ich bin dann im Winterhalbjahr 1905 bis 1906 fast jeden Wochentag in die Privatwohnung eines Professors und Lehrers des Realgymnasiums gewandert und habe in dessem gelehrtenartigem Studierzimmer – neben meinen übrigen Schularbeiten, die ich zu Hause zu machen hatte –, Latein gepaukt. Ich schaffte es, so daß ich Ostern 1906 in die Obersekunda als vollgültiger Schüler versetzt wurde. Aber nie habe ich mich im Lateinischen ganz sicher gefühlt und immer rief in meinem Leben jede Berührung mit dieser Sprache ein Restgefühl des Drucks in mir wach, den ich in dem halben Jahr bei dem forcierten Lernen des Lateinischen empfunden habe.

Neue Schulkameraden und Lehrer, neue Einflüsse dieser kulturell einmaligen Stadt Deutschlands wirkten nach unserem Wohnungswechsel nach Weimar auf mich ein. Wenn damals auch auf allen hohen Schulen Deutschlands die deutschen Klassiker im Unterricht eine große Rolle spielten, so war es selbstverständlich, daß sie in der Stadt Goethes und Schillers mit besonderer Liebe gelehrt wurden. Ihre Kenntnis, das unmittelbare Erleben der historischen Stätten ihres Wirkens in Weimar erfaßten mich. Als Obersekundaner gründete ich in der Klasse einen literarischen Verein, dem etwa 6 Klassenkameraden beitraten. Wir lasen klassische und moderne Literatur und diskutierten in „klugen" Gesprächen darüber. Hierbei hatten die Goethe-Biographie von Bielschowsky, die Engelsche Geschichte der deutschen Literatur und Vorträge in der „Goethe-Gesellschaft" unter dem Präsidium von Professor

Erich Schmidt auf uns Jungen einen Einfluß. In Jena hatten zweifelsohne die Naturwissenschaften in meinem Interesse mehr im Vordergrund gestanden. Ich hatte Versteinerungen gesammelt, die es im Muschelkalk der Triasperiode bei Jena reichlich gab. Wenn ich dieses Interesse für Geologie und Paläontologie auch in Weimar beibehielt, ich machte z. B. von dort noch kurze Reisen, um interessante geologische Schichten oder Versteinerungen zu sehen oder zu finden, so gewann doch jetzt in mir das Interesse für Dichtung und Kunst die Oberhand. Hierbei spielte auch eine Rolle, daß wir auf dem Realgymnasium in Weimar durch unseren Direktor einen vorzüglichen fakultativen Unterricht in den bildenden Künsten erhielten. Diese Unterrichtung begann mit der archaischen und klassischen Kunst Griechenlands und beschäftigte sich dann mit den europäischen Künsten im Mittelalter und in der Renaissance- und Barock-Zeit.

In meiner ersten Jugend in Berlin, der Einstellung meines Vaters entsprechend, waren für meinen Bruder und mich das Preußentum, die brandenburgische und preußische Geschichte schlechthin das Beste und Schönste. Alles andere hatte für uns, etwas einseitig preußisch erzogenen Kinder, nicht die gleich hohe Wertung. Thüringen und das Großherzogtum Sachsen-Weimar, welche nicht den alten Fritz, für uns der Inbegriff alles Königlichen, als Herrscher gehabt hatten, lehnten wir in unserem kindlichen Gemüt, als wir nach Jena umgezogen waren, daher zunächst etwas ab. Aber das änderte sich in diesen 12 Jahren im Thüringer Land bis zu meinem Eintritt in die Marine. Es wurde uns Kindern eine derartige Fülle von Erleben und Anregung in diesem schönen deutschen Kernlande gegeben, daß ich mir eine vollere Jugend kaum vorstellen kann. Ich meine, als Junge in diesem Herzlande Deutschlands mit seiner landschaftlichen Schönheit, alten Geschichte und kulturell hochstehenden Vergangenheit aufzuwachsen, ist schon etwas, wofür man dankbar sein kann.

In den beiden letzten Jahren vor dem Abitur trat natürlich die Frage der Berufswahl an mich heran. Mit glühender Begeisterung hatte ich als Kind Nansens „In Nacht und Eis", „Die Durchquerung Afrikas" von Hermann von Wissmann und später die Bücher von Sven Hedin gelesen. Mir schwebte daher eigentlich vor, Forscher oder Entdecker wie diese Männer zu werden. Mein Vater hatte es nicht leicht, mich zu überzeugen, daß dieser Beruf wenig Aussichten hätte, schon deshalb nicht, weil es auf der Erde geographisch bald nichts mehr zu entdecken gäbe.

Nun gab es in dem jugendlichen Ungestüm meines Gemütes auch noch andere Komponenten. Meine Begeisterung für die deutsche geschichtliche Vergangenheit war groß. Mein Stolz auf das Bismarcksche Kaiserreich erheblich. Meine Verehrung für alles Soldatentum lag mir anscheinend im Blut. So war es natürlich, daß mich die junge Kaiserliche Marine besonders interessierte, weil in ihr sowohl mein Hang zum Soldatentum wie mein Drang in die Ferne, unbekannte Länder zu sehen, erfüllt schienen. Also schloß ich: Wenn ich Seeoffizier in der Kaiserlichen Marine werden würde, könnten all' diese Wünsche befriedigt werden. Ich glaube, dies waren die Hauptgründe, warum ich zur Marine ging. Mein Vater kannte zwar einige Seeoffiziere, aber irgend welche verwandtschaftlichen Beziehungen hatten wir zum Offizierkorps der Marine nicht.

Im Frühjahr 1910 machte ich auf dem Realgymnasium in Weimar das Abiturienten-Examen. In den Tagen der schriftlichen Prüfung war ich gerade stark erkältet, so daß ich mir besonders dösig vorkam. Als wir am ersten Morgen der Prüfung das Thema unseres Aufsatzes erhielten, welches auf einem Ausspruch von Goethe fußte, konnte ich mich weder an diesen Goetheschen Vers erinnern, noch glaubte ich, irgend etwas über das Thema selbst schreiben zu können. Ich legte meinen Federhalter hin und saß, mich schnaubend, hustend und niesend, trübe da, so daß der aufsichthabende Professor, der diesmal der Direktor des Gymnasiums, Professor Dr. Heubach, war, besorgt um mich herum ging. Meine Klassenkameraden links und rechts, vor und hinter mir, schrieben bereits emsig. Nach etwa einer Stunde hatte ich mich jedoch ungefähr an den Ausspruch Goethes zurückerinnert, und ich glaubte auch, einiges über das Thema schreiben zu können. Mein Aufsatz wurde kurz, und ich gab ihn vor der Zeit ab, überzeugt, diese wichtige schriftliche Arbeit „verhauen“ zu haben. Jedoch nach etwa 3 Tagen sprach mich der Direktor auf dem Gang der Schule an und fragte mich, warum ich mich bei Abfassen meines Aufsatzes in der schriftlichen Prüfung zunächst so dumm angestellt hätte, denn ich hätte zwar den kürzesten, aber auch den besten, nämlich den klarsten und logischsten

Aufsatz geschrieben; bei der Abschlußfeier der Abiturienten in der Aula hätte ich daher meinen Aufsatz, wie üblich, vor der gesamten Schule vorzutragen. – Da ich wußte, daß meine übrigen schriftlichen Arbeiten ganz gut waren, bekam ich nach dieser Mitteilung des Direktors erhebliches Oberwasser und rechnete damit, daß ich vom mündlichen Examen befreit werden würde. Ich tat infolgedessen in den 3 Wochen zwischen schriftlichem und mündlichem Examen nichts mehr. Die mündliche Prüfung war aus meinem Gesichtskreis verschwunden, Geschichtszahlen und komplizierte mathematische, physikalische oder chemische Formeln, die man im Mündlichen wissen mußte, interessierten mich nicht mehr. – Am Abend vor dem mündlichen Examen fuhr mir jedoch der Gedanke durch den Kopf: Was ist, wenn du morgen doch nicht vom mündlichen Examen dispensiert wirst? Ich fing daher nach dem Abendbrot emsig an, Geschichtszahlen auswendig zu lernen, zur großen und spöttischen Heiterkeit meines Vaters.

Am nächsten Morgen ging ich im schwarzen Gehrock, wie es in diesen Jahren üblich war, in die Aula des Gymnasiums, wo die mündliche Prüfung durch den hohen Herrn Schulrat und sein Kollegium stattfinden sollte. Bei Beginn der Prüfung wurden, wie es Brauch war, diejenigen, die vom Mündlichen dispensiert worden waren, genannt und sofort aus der Prüfung entlassen. Ein großer Stein fiel mir vom Herzen, Gott sei Dank, ich war einer der drei Glücklichen!

Also an einer erfolgreichen Schulausbildung fehlte es dem Seekadettenanwärter nicht, der nunmehr zur Kaiserlichen Marine gehen sollte. Auch sonst war ja durch meinen Vater und infolge der günstigen Umstände in Jena und Weimar für meine allgemeine Bildung viel getan worden.

Diese für die wirtschaftlich besser gestellte Schicht geltende Kindererziehung hatte aber auch ihre Nachteile. Wir fühlten uns als junge Herren und suchten unsere Vorbilder ausschließlich in den sozial besser gestellten, bemittelten Kreisen. Es war selbstverständlich, daß wir auch nur dort unsere Freunde und Bekannten hatten; es kam für uns gar nicht in Frage, etwa mit Kindern des kleinen Mittelstandes oder von Arbeitern näher zu verkehren. Wie es diesen oder deren Eltern erging, kümmerte uns sehr wenig. Wir selbst urteilten auch in unseren Kreisen sehr danach, was einer vorstellte und nicht genügend danach, was er auch wirklich menschlich war. Wir waren also, in gewisser Beziehung, eingebildete Jünglinge oder Snobs. Das änderte sich sehr bald, nachdem ich am 1. April 1910 zur Kaiserlichen Marine gekommen war.

Ich möchte aus der Erinnerung an meine Jugendzeit noch ein Wort über die ostfriesische Insel Baltrum sagen. Die großen Sommerferien verbrachten wir fast regelmäßig dort an der Nordsee – im Sommer 1895 gingen wir zum ersten Mal dorthin. Meine Mutter war im März 1895 gestorben, mein Vater war mit uns beiden Jungen von 5 und 3 Jahren allein. Er sagte uns später, daß er damals diese einsame Insel für den Urlaubsaufenthalt gewählt hätte, weil er in ihrer stillen und erhabenen Natur hoffte, den schmerzvollen Verlust seiner Frau leichter zu verwinden und sein Gleichgewicht eher wieder zu gewinnen. Baltrum ist die kleinste der ostfriesischen Inseln. Auf ihr liegen zwei Dörfer, das Ost- und das Westdorf, von damals zusammen etwa 150 Einwohnern. Das Ostdorf ist das ältere. Dort liegen im Schutz und auf dem Fuße der südlichsten Dünenkette der Insel etwa zehn, meistens alte Fischerhäuser in friesischer Bauart: Vorne die Wohnräume, anschließend unter demselben Dach die Diele mit den Schafställen und darüber der Heuboden. Die Bewohner gehörten zu Familien, die meistens bereits seit Generationen auf Baltrum ansässig waren. In allen Zeiten fuhren die Männer zur See, früher als Walfischfänger, später als Fischdampferkapitäne oder auf Großer Fahrt. So mancher von diesen Baltrumer Insulanern war auf dem Meer geblieben, besonders früher, als der Seemannsberuf noch im höheren Maße Opfer forderte. Und immer wieder hatten die Frauen das gleiche Geschick gehabt, als Witwen, allein auf sich gestellt, die Kinder großziehen zu müssen, still ergeben in ihre Pflicht und in den schicksalhaften Lauf, daß meistens die Söhne wieder zur See gehen würden, in Gefahren von Sturm und Meer und das Schicksal des Vaters sich bei den Söhnen vielleicht wiederholen würde.

Sonntags gingen wir in Baltrum in die Kirche. Da stand der alte bärtige Pfarrer im kleinen, weiß getünchten, schmucklosen Raum vor etwa 20 Inselbewohnern in ihrem Sonntagsstaat, die Frauen oft in Friesentracht, die Männer meist im blauen Seemanns-Landganganzug, eine stille, fast unbewegliche Zuhörerschaft, die die einfache Predigt hörte, in hochdeutscher Sprache gesprochen, aber oft durch plattdeutsche Redewendungen gewürzt und durch ihre schlichte Wahrheit zu Herzen gehend. Zum Schluß in dem Bittgebet sagte der Pfarrer die Worte: „Gott segne unseren Strand!“ Dies war überliefertes Herkommen und entsprach dem alten Gewohnheitsrecht, daß der Insel gehörte, was das Meer an ihren Strand geworfen hatte.

Am Westende des Ostdorfes lag in wundervoller Stille der kleine alte Friedhof. Auf ihm war nur das Rascheln des Strandhafers und das Rieseln des Sandes zu hören, wenn der immer wehende Wind über die Dünen hinwegstrich, welche, ihn schützend, neben dem Friedhof lagen. Bei Nordsturm allerdings klang auch das Rollen und Grollen der Brandung, die die aufgewühlte Nordsee dann hoch auf den Baltrumer Strand schickte, bis zum Friedhof hinüber. – Meistens nur schlichte Holzkreuze schmückten seine Gräber. Die Namen auf diesen waren wenige, kaum zehn, die immer wiederkehrten. Die Ullrichs, Eilts, Oltmanns und Küper, mit sich häufig wiederholenden Vornamen, wie Cassen, Fokke, Honke, Petje, Trintje und Theda. –

Es mag sich gut dort in der Stille liegen, in der Erhabenheit dieser Gegend, mit einer Himmelsglocke über dem flachen Land, die höher scheint als anderswo und ringsherum mit dem Blick in die Ferne, über Dünenköpfe, den flachen grünen Heller, im Süden das weite Watt mit seinen Wasserläufen und Sandbänken und drüben im Norden die großartige Fläche des Meeres, die sich bis zum fernen Horizont, zum Gewölbe des Himmels hinstreckt.

Ende Juni 1912 begruben wir auf diesem Inselfriedhof meinen Vater, zu Grabe getragen von ein paar wettergehärteten älteren Insel-Männern, gefolgt von meinem Bruder und mir, dem Fähnrich zur See.

So binden mich noch heute das Grab meines Vaters und schönste Jugenderinnerungen an diese Insel, die wir von 1895 bis 1909 fast in jedem Sommer besuchten.

2. Kapitel

Seekadetten-Zeit und Marineschule

Am 1. April 1910 hatten wir Seekadetten-Anwärter uns in Kiel in der Kasernen-Anlage zur Wik zu melden. Wir wurden eingekleidet, und nachdem man uns die erste militärische Instruktion erteilt hatte, in der Garnisonkirche am Niemannsweg in Kiel feierlich vereidigt. Wir waren nun Soldaten im Range eines Seekadetten und erhielten in den ersten 6 Wochen nach unserem Eintritt eine militärische und infanteristische Grundausbildung.

Von Anfang an fühlte ich mich in meinem neuen Beruf wohl. Wie interessant, fast aufregend war der Kieler Hafen mit den am Wochenende an der Boje liegenden Kriegsschiffen, Linienschiffen und Kreuzern. Wie interessant war die lange Mole in der Wik, wo alltäglich Torpedoboote an- und ablegten. Dies war die äußere Umwelt unseres Dienst-Ortes, des Kasernenhofes in der Wik, wo Offiziere und Unteroffiziere des Kieler Seebataillons uns den ersten, militärischen und infanteristischen Trimm beibrachten. Die Seebataillone waren eine Infanterietruppe der Marine; sie bestanden fast nur aus freiwilligen Mannschaften. Die Kommandierung der Heeresoffiziere und Unteroffiziere zu den Seebataillonen galt als Auszeichnung: Waren es doch die Seebataillone, die in dieser Friedenszeit bei irgendwelchen kriegerischen Konflikten als erste eingesetzt wurden, wie es beim Boxeraufstand in China und dem Hererokrieg in Südwest-Afrika auch geschah. Viele der Offiziere und Unteroffiziere hatten, als wir 1910 als Seekadetten zu dem Bataillon traten, diese Unternehmungen in Übersee mitgemacht und waren hierdurch sichtlich weltweiter geworden als die Masse der Infanterieoffiziere des Deutschen Heeres, was sich auch in der Handhabung unserer Ausbildung ausgewirkt haben mag. Es wurde viel von uns verlangt, wir hatten genug Dienst, und man ließ uns nichts durchgehen. Aber ich war froh dabei und fühlte, daß ich etwas lernte und von einem noch schlaksigen Gymnasiasten zu einem Menschen von festerer Form wurde. Ich habe auch heute noch diese Zeit in ungeteilt schöner Erinnerung und denke dankbar an meine Ausbilder des ersten Seebataillons zurück. Ein Gefreiter, ein Unteroffizier, ein Kompagniefeldwebel und der Leutnant Brinkmann waren es, denen wir anvertraut waren. Alle waren sachlich, gerecht und charakterlich sympathisch.

Aber unsere allgemeine militärische Instruktion, unsere Unterbringung und Verpflegung, unsere persönliche Betreuung und vor allem die Erziehung in den Grundsätzen eines anständigen Soldatentums lagen bereits in den Händen derjenigen Seeoffiziere, die unsere Kadettenoffiziere auf dem Schulschiff werden sollten, auf dem wir nach der kurzen infanteristischen Ausbildung an Land während des kommenden Jahres zu Seeleuten und Soldaten der Kriegsschiffe gemacht werden sollten.

Unser erster Seekadettenoffizier war der Kapitänleutnant Schaarschmidt, ein Vorbild an ruhiger, überlegener, vornehmer Wesensart. Der zweite Seekadettenoffizier war der Leutnant zur See Ludwig von Müller, ein hochbegabter Offizier, erstklassig in menschlicher und beruflicher Beziehung Diese beiden Männer waren es, denen wir Hertha-Kadetten – unser Schulschiff war der Kreuzer SMS „Hertha“ –, im Jahre 1910 bis 1911 unsere Ausbildung zu verdanken hatten. Die persönliche Anständigkeit auch in den kleinsten Dingen des täglichen Lebens stand fühlbar im Vordergrund ihrer Erziehung. Unser Auftreten und unsere Haltung an Bord und an Land mußten, so forderten sie, stets tadellos sein. Gerade hierin verdankten wir ihnen viel. Zu diesem Punkte ein kleines Beispiel: Als wir im Herbst 1910 mit der „Hertha“ in Pasajes bei San Sebastian an der Nordküste Spaniens lagen, gab der König von Spanien, Alfons XII., für Kommandant und Offiziere von SMS „Hertha“ einen Abendempfang mit Konzert in seinem Sommerschloß in San Sebastian. Zu diesem Empfang erhielten auch 7 der 55 Seekadetten von SMS „Hertha“ eine Einladung, wahrscheinlich nach vorheriger Absprache mit unseren Vorgesetzten. Ich gehörte zu diesen 7, aber keiner unserer Offiziere der „Hertha“ hielt es für erforderlich, uns vor dem Empfang beim König noch besonders zu instruieren, wie wir uns zu benehmen hätten. Anscheinend waren die Offiziere nach der uns erteilten Erziehung sicher, daß wir uns mit zurückhaltender Bescheidenheit benehmen und aus dieser Haltung heraus wenig stens keine Fehler, die taktlos waren, begehen würden.

Wenn wir von unseren Kadettenoffizieren so zu Zucht und Ordnung erzogen wurden und ihr Einfluß auf uns daher groß war, so hat mich auf SMS „Hertha“ jedoch noch ein anderer Seeoffizier am stärksten beeindruckt. Dies war der Navigationsoffizier des Schiffes, Kapitänleutnant von Loewenfeld.

Loewenfeld war eine Persönlichkeit und ein Original. Er tat manchmal Dinge, die außergewöhnlich waren. Aber immer wuchs sein Handeln aus einer schnellen und klaren Erkenntnis des Wesentlichen einer Sache, die zur Diskussion stand oder zu erledigen war. Dann tat er selbständig das, was er für notwendig hielt, und allein die Sache war ihm hierbei wichtig, auch wenn dann manchmal die herkömmliche Form verlassen wurde. – Diese Fähigkeit, zu erfassen, worauf es ankam, fühlten und schätzten seine Untergebenen. Hinzu kam, daß er viel Herz für die Menschen hatte, die ihm anvertraut waren, wenn er dies auch oft durch barsches Wesen zu verdecken versuchte, aber es dann doch durch sein Tun immer wieder zeigte. So war es kein Wunder, daß sein Einfluß auf die ihm unterstellten Soldaten groß war. – Aus all diesen genannten Gründen war Loewenfeld auch eine der wenigen Persönlichkeiten, die in den dunklen Zeiten zu Beginn des Jahres 1919 geeignet waren, eines der Freikorps zu bilden, denen die Existenz des damaligen deutschen Staates und die Bewahrung vor einer erneuten, aber dann bolschewistischen Revolution mit zu verdanken ist. Nur einer besonderen Persönlichkeit mit Führungsqualitäten folgt eine Truppe in einer alles auflösenden, wirren Zeit.

Da ich das Glück hatte, nach dem Seekadettenjahr 1910 bis 1911 bereits 1912 bis 1914 wieder mit Loewenfeld zusammen an Bord zu sein und auch danach noch ihm unterstellt gewesen war, möchte ich später noch einmal auf mein persönliches Verhältnis zu ihm zurückkommen.

Wir 55 Kadetten waren auf der „Hertha“ in 2 „Wachen“, eine Steuerbord- und eine Backbord-Wache, und diese wieder in Halb-Wachen zu je etwa 14 Kadetten eingeteilt. Diese Halb-Wachen waren die Einheiten, deren Mitglieder tagtäglich zusammen Dienst machten, Wache gingen und zur gleichen Zeit Landgang hatten. Die Angehörigen der Halbwache kamen sich also besonders nahe. Ich gehörte zur ersten Halb-Wache der Steuerbord-Wache.

Wenn unsere „Steuerbord-I-Wache" angetreten war, stand neben mir, von dem ersten Tage unserer Einstellung und entsprechenden Einteilung an, ein Bayer. Er sollte mein Freund werden. Wenn es von ihm auch nicht, wie von einem anderen Münchner, in der Kadetten-Weihnachts-Zeitung hieß, daß er zur Erlernung der deutschen Sprache zur Marine kommandiert sei, so interessierte mich dieser etwas bayrisch sprechende Kamerad vom ersten Tage an besonders, der ich damals noch nicht im südlichen Bayern gewesen war und auch fraglos partikularistisch-überheblich norddeutsch dachte und fühlte. Tagtäglich kamen mein Nebenmann und ich uns näher. Die gleiche Einstellung hatten wir im Urteil über Vorgesetzte, Kameraden und Dienst. Vor allem: Wir paßten in unserem Wesen zueinander. So war, als wir nach den 6 Wochen der Infanterieausbildung an Bord kamen, unsere Freundschaft bereits geschlossen. Stets gingen wir während der Kadettenreise zusammen an Land. Nur gemeinsam nahmen wir im Ausland Einladungen an. Als unser Schiff Ostern 1911 nach Deutschland zurückkehrte, und wir Urlaub bekamen, besuchte ich meinen Freund in München, um seine Familie kennenzulernen. Er kam später zu einem Besuch zu uns. Als Fähnriche waren wir auf der Marineschule wieder in derselben Gruppe, der „Inspektion", auf derselben Viermann-Stube untergebracht, im selben Klassenraum saßen wir im Unterricht nebeneinander. Keinen Urlaub über Sonnabend-Sonntag verbrachten wir getrennt. Wir kauften uns gemeinsam eine „Nationale Jolle", mit der wir auf der Flensburger-Förde zusammen segelten. – So waren wir unzertrennlich bis zum Oktober 1912, wo seine Kommandierung auf das Kreuzer-Geschwader in Ost-Asien und meine auf SMS „Breslau" in der Heimat uns trennten. In der Falkland-Schlacht wurde er nach dem Untergang seines Schiffes SMS „Gneisenau" von den Engländern gerettet und kam in Gefangenschaft. Nach 1918 wurde er Landwirt und ich blieb bei der Marine. Wir sahen und trafen uns viel. Unsere Frauen und Kinder freundeten sich an. Über manches hatten wir, nach unserer beruflichen Trennung, unterschiedliche Ansichten. Aber immer blieben wir uns innerlich nahe verbunden. Kein Mensch ist daher so mein Freund gewesen, wie dieser. Deshalb gehört er zu denen, die mir in meinem Leben viel gegeben haben. Als ich in Spandau saß, starb er im Jahre 1948 an Typhus.

Mein Freund stammte aus einer südfranzösischen Familie. Als wir beide als Seekadetten einmal in der Gegend von Irun, westlich von Biarritz, in den nordspanischen Bergen wanderten, sahen wir an einem alten Wachturm, der zu einer Burganlage gehörte, ein Wappen. Mein Freund zeigte auf seinen Siegelring, er trug die gleichen Embleme. – Wenn seine Familie auch bereits seit Jahrhunderten in Deutschland und Österreich ansässig war, und sich mit Deutschen vermischt hatte, so dominierte doch immer wieder das Brünette in Haut-, Haar- und Augenfarbe bei den Mitgliedern der ursprünglich französischen Familie.

Den Namen dieses meines besten Freundes möchte ich hier nennen und dabei gleich einen Hinweis auf das Milieu seiner Familie geben: Mein Freund war alt-katholisch, seine Verwandtschaft der bayerische Adel, seine Brüder, Vettern und Schwäger meistens Offiziere Münchener Kavallerie- oder Leibregimenter. Als mein Freund mit mir als Kaiserlicher Fähnrich zur See in Flensburg-Mürwik auf der Marineschule war, adressierte seine Münchener Tante ihre Briefe an ihn: An den Königlich Bayrischen Fähnrich zur See, Hugo Freiherr von Lamezan, Flensburg, Marineschule. – Daß ein Lamezan etwas anderes als Königlich Bayrischer Fähnrich sein konnte, war für die Absenderin des Briefes wohl ausgeschlossen.

So war Hugos Herkommen ein anderes als das meine. Trotzdem kam es zu einer engen Freundschaft. Zahllose gleiche Fälle hat es bei der Marine gegeben. Sie zeigen, wie diese ein Schmelztiegel aller deutschen Stämme war.

An Bord SMS „Hertha“ schliefen wir 55 Kadetten in der Seekadettenmesse in Hängematten. Der Raum war klein für unsere Zahl, die Reihen der Hängematten eng, jeder stieß den Nebenmann an, wenn er sich im „Bett“ umdrehte oder bewegte und wohl dem, der seinen Schlafplatz an der Bordwand in der Nähe eines Bulleyes hatte und nachts daher den Sauerstoff aus erster Hand bekam. –

So allmählich wuchsen uns an Bord die Seebeine. Wir lernten Pullen, das ist Rudern, in den Kriegsschiffbooten, den Dingis, Jollen, Kuttern und Ruderpinassen; wir lernten diese zu fieren und zu heißen; wir lernten mit ihnen zu steuern und anzulegen und damit zu segeln. Wir bedienten die Dampfboote des Kriegsschiffes und seine Ankereinrichtung beim Ankern und Ankerlichten. Wir machten auf der Back das Ankermanöver beim Vermooren, das heißt, wenn das Schiff in Gewässern mit Gezeitenströmung vor zwei Anker gelegt wurde. – Unsere Halb-Wachen waren wachweise die Bootsmannschaften für die beiden Rettungskutter, welche bei „Mann über Bord“ eingesetzt wurden. Das Manöver hierzu wurde in See tagtäglich als „Boje über Bord“ geübt. Diese ganze seemännische Ausbildung war nicht leicht. Das Pullen mit den schweren Riemen, das sind die Ruder, war oft sehr anstrengend, und häufig liebten wir es nicht, wenn die Handflächen Blasen bekommen hatten oder das Pullen bis an die Grenze unserer Kraft ging. So lag einmal die „Hertha“ zu Beginn unserer Ausbildung auf der Unterelbe. Wir hatten Bootsdienst, also „Pullen“, gehabt und mußten dann aber nach seiner eigentlichen Beendigung noch etwa eine Stunde gegen den Elb- und Ebb-Strom, der inzwischen eingesetzt hatte, an Bord zurückpullen. Es war ein „Muß“, denn nur durch größte Kraftanstrengung konnten wir überhaupt gegen den Strom etwas vorwärts- und zu unserem Schiff zurückkommen. Wir fluchten dabei. Ein andermal machte unser Kommandant beim Einlaufen in Palma auf der Insel Mallorca im Mittelmeer noch sehr weit draußen das Manöver „Boje über Bord“. Die beiden Kutter – bemannt mit 2 Halb-Wachen von uns Kadetten – wurden zu Wasser geworfen und wir fischten die Bojen. Aber siehe da, unser Schiff hatte nicht, wie gewöhnlich, gestoppt, um unsere beiden Kutter wieder längsseits zu lassen, vorzuheißen und mitzunehmen, sondern es war weitergelaufen, dem Hafen Palma entgegen. Es blieb uns also in den beiden Kuttern nichts anderes übrig, als hinterherzupullen. Erst nach einigen Stunden des Ruderns waren wir wieder an Bord, in der Hitze des sommerlichen Mittelmeers war dies ein hartes Vergnügen gewesen. Wir glaubten, daß wir dieses anstrengende Einlaufen in den Hafen Palma dem Kommandanten von SMS „Hertha“ zu verdanken hatten. Wir sahen ihn an Bord nur von ferne und hielten selbst möglichst Abstand von ihm. Er war für uns junge Menschen wie etwas ganz Unerreichbares; der Mann, dem alles an Bord zu gehorchen hatte, auch die übrigen Offiziere, die für uns bereits Respektspersonen waren. Ich wußte daher auch nicht, ob der Kommandant unseres Schiffes tüchtig war oder nicht, so sehr stand er für uns jenseits jeder Kritik; sicher aber das Erstere, denn er wurde nach der Kadettenreise Kommandant eines der modernsten damaligen Linienschiffe, SMS „Ostfriesland“. Und sicherlich war er aber für uns Kadetten von eindrucksvollem und sehr repräsentativem Aussehen, besonders, wenn er im Ausland in ordensgeschmückter Gala zu offiziellen Besuchen fuhr oder hochstehende Gäste an Bord empfing und sie führte. Sicher war mit ihm aber auch schlecht „Kirschenessen". Denn, daß er streng sein konnte, ersahen wir daraus, wie er oft kurz angebunden die Offiziere des Schiffes behandelte. So war sein Ruf an Bord der eines mit Vorsicht zu behandelnden „Raubtieres". – Wir Kadetten bedeuteten für ihn natürlich nur „kleine Fische", die er, bis auf sehr wenige Ausnahmen, noch nicht einmal bei Namen kannte und für ihn nur kollektiv, als „das Seekadett", wie wir selbst sagten, eine Rolle spielten. Und doch sollte ich durch einen Zufall bereits ziemlich bei Beginn der Auslandsreise in einer kleinen Sache ihm auffallen und dies, Gott sei Dank, nicht zu meinen Ungunsten.

SMS „Hertha" lag Frühsommer 1910 zu einem kurzen Aufenthalt in Göteborg in Schweden. An einem Sonntag hatten wir Kadetten Urlaub für einen Landgang erhalten. Hugo und ich fuhren mit 2 weiteren Kameraden hinaus nach dem Ausflugsorte Lange-draag am Göteborger Fjord, und gingen dort nachmittags in ein sehr schön gelegenes, modernes und fashionables Ausflugslokal, welches voller sonntäglich gekleideter Göteborger Gäste war. Wir Kadetten hatten natürlich unsere Ausgehuniform an. Zivil gab es für uns nicht. Als wir uns gesetzt hatten, sahen wir zu unserem Entsetzen, daß ebenfalls der Kommandant unseres Kriegsschiffes mit seinem Adjutanten, beide aber selbstverständlich in Zivil, in dem Lokal erschienen und Platz nahmen – sicherlich, um nach offiziellen Besuchen und Einladungen hier einmal unauffällig und unbekannt zu entspannen. Wir erwiesen dem Kommandanten den vorgeschriebenen militärischen Gruß, d. h. wir standen hierzu auf und „bauten unser Männchen".

Sehr bald wurde in dem Lokal Tanzmusik gespielt. Wie lockte es uns, besonders in Anbetracht einer ganzen Reihe junger hübscher Schwedinnen, uns am Tanze zu beteiligen! Aber durften wir dies in Uniform? In einem Sonntagslokal mit, wenn auch schönen, so doch unbekannten Mädchen? Und dann saß da das „Raubtier" von Kommandant, der den ganzen Fragenkomplex, ob wir tanzen durften oder nicht, durch seine Anwesenheit so besonders schwierig machte. Leise sprachen wir darüber, ob wir es tun sollten. Ich dachte mir jedoch, es hilft hier nur eines: Ich stand auf, ging zum Tisch des Kommandanten, baute mich vor dem hohen Herrn auf und sagte: „Ich bitte Herrn Kapitän sprechen zu dürfen.“ Der Kommandant nickte, ich sprach weiter: „Gestatten Herr Kapitän, daß wir hier tanzen?“ Er gab mit ein paar kurzen Worten seine Zustimmung. – Eine Last war mir von der Brust gefallen, als ich an meinen Tisch zurückgekehrt war und meinen Kameraden den Erfolg meines raschen Handelns mitteilen konnte. Wir tanzten unter den Augen des Kommandanten am Nachmittag in dem Lokal. Wir suchten uns die schönsten Mädchen aus, wir waren sehr korrekt und höflich, es war sehr schön!

Am folgenden Tage mittags bei der Musterung ging der erste Kadettenoffizier, Kapitänleutnant Schaarschmidt, die Reihen der angetretenen Seekadetten auf und ab, es fiel mir auf, daß er wiederholt mich prüfend besonders musterte. Da stellte auf einmal der erste Kadettenoffizier vor der Front die Frage: „Wer hat gestern Nachmittag in einem Lokal den Kommandanten angesprochen und gefragt, ob er dort tanzen dürfte?“ – Gott, wie sank mir das Herz nach unten, wie konnte ich gestern auch eine solche Frechheit begehen und wegen des lächerlichen, kleinen Seekadetten-Wunsches, das Tanzbein schwingen zu wollen, den Kommandanten belästigen! Ich trat vor und meldete, etwas kleinlaut, daß ich es gewesen sei. Darauf – zu meiner Überraschung – ein wohlwollendes Nicken des Ersten Seekadetten-Offiziers und eine klare, belehrende Stellungnahme von ihm für alle angetretenen Kadetten: „Ich hätte in dieser Situation richtig gehandelt; es wäre zu loben, daß ich den Entschluß gefaßt hätte, den Kommandanten zu fragen. Der Kommandant hätte seine Zufriedenheit über mein Verhalten ausgesprochen.“

Im September 1910, wir waren ein halbes Jahr bei der Marine und hatten die Hälfte unseres Seekadetten-Jahres hinter uns, mußten wir auf unserem Schulschiff eine praktische und theoretische Prüfung machen. SMS „Hertha“ lag vor Tanger, damals noch ein Gebiet, in dem die hinter Mauern und Toren in- und übereinander geschachtelte arabische Altstadt eigentlich noch der alleinige Stadtteil war.

Der warme Landwind wehte uns den Duft und Dunst Afrikas an Bord. Es waren die verschiedensten Gerüche. Aber all’ diese Düfte überlagerte der scharfe Geruch von Holzkohlenrauch und von Kameldung. Ganz nahe sahen wir also von Bord die afrikanische Küste, nach Osten bis zum Vorgebirge von dem spanischen Ceuta, nach Westen bis Cap Sparteil am Atlantik. Bei diesem verlockenden Anblick wurden wir an Bord von unseren Offizieren in Seemannschaft und Navigation, in Artillerie- und Schiffs- und Maschinenkunde, in Marinevorschriften, z.B. dem „Dienst an Bord", und in allgemeiner Marineorganisation auf Herz und Nieren geprüft. An der Spitze der Prüfungsfächer stand die Wertung „Diensttüchtigkeit", welche alles umfaßte, was seemännisches Können, Eignung zum Seeoffizier und Persönlichkeit anbetraf.

Als das „Tentamen", so wurde die Prüfung genannt, beendet war, gab uns der Kommandant unseres Kreuzers selbst (dies zu unserer Verwunderung) das Ergebnis bekannt: Der beste von uns Seekadetten war Helmut Patzig, dann kamen gleichwertig Erich Förste und ich. Ein Ergebnis, welches mich, was meine Person anbetraf, überraschte. Es war aber, neben anderem, meiner Beurteilung in Diensttüchtigkeit zu verdanken, die die höchstmögliche Note erhielt. Erich Förste, 1963 gestorben als Admiral a.D., mir befreundet, sollte nach dem 1. Weltkrieg ebenso wie ich in der Reichs- und dann in der Kriegsmarine bis zum Jahre 1945 dienen. Patzig schied bereits 1918 aus der Kaiserlichen Marine aus.

Dieses Prüfungsergebnis steigerte natürlich mein jugendliches Selbstbewußtsein, was sicherlich an sich schon nicht gering war. Es sollte sogar noch am selben Tage weiter vergrößert werden: Einige der Offiziere SMS „Hertha" und auch ein paar Kadetten, darunter die 3 Examensbesten, wurden zu einer Nachmittags-Einladung in die deutsche Gesandtschaft geschickt. Von dort ritten wir nach Cap Sparteil auf einem unvergeßlich schönen Wege, der auf der hohen Küste hügelauf und hügelab durch Oliven-, Pinien- und niedrige Eichenwälder mit Blick auf die Straße von Gibraltar, auf die spanische Küste und den Atlantik führte.

Sollte ich nach einem halben Jahre bei einem solchen Verlauf der Dinge mit meinem selbstgewählten Beruf nicht zufrieden sein? Ich fühlte mich jedenfalls von Grund auf wohl, und wenn ich abends in meiner Hängematte lag, mußte ich erst noch einmal vor lauter Lebensfreude um mich hauen, womit ich sofort den Widerspruch und handgreifliche Gegenmaßnahmen meiner Kameraden hervorrief. Doch sehr bald herrschte zwischen uns wieder Frieden, und wir entschlummerten rasch in unseren Hängematten, den „Duftnudeln“, wie sie nach unserem Kadetten-Vers: „Und die Nudel voller Duft hängt schon in der freien Luft“ hießen.

Aber es gab an Bord natürlich auch lange Wochen, die ich nicht so rosig empfand, wie den geschilderten Aufenthalt in Tanger. Vom Pullen hatte ich einmal an der linken Hand eine langwierige Sehnenscheidenentzündung. Der Marinestabsarzt der „Hertha“ schnitt im Laufe der Behandlung wiederholt in die rote Geschwulst hinein; die Lokalanästesie war damals wohl nur gering, was ihre Wirkung in die Tiefe anbetraf. Vor Schmerzen kamen mir bei der Schneiderei jedesmal die Tränen. Ich schwor mir, wenn es irgend wie ginge, nie wieder mich im Schiffslazarett krank zu melden. – Eine üble Darmgeschichte, die ich mir danach in Alexandrien holte, kurierte ich daher selbst, indem ich nur trockenes Brot und Apfelsinen aß, letztere gab es Gott sei Dank zu dieser Zeit ausreichend in der Bordkantine. Ich weiß noch, wie stolz ich auf meine Selbstkur war, als ich nach 1 bis 2 Wochen keinerlei „Beschleunigungen“ mehr hatte. Aber heiter waren diese Tage nicht: Denn da ich mich nicht krank gemeldet hatte, machte ich wie ein Gesunder den ganzen anstrengenden Dienst mit, nur Brot und Apfelsinensaft im Magen, welche nicht gerade besondere Kräftespender sind.

Im Laufe unserer Kadetten-Zeit mußten wir auch drei Wochen lang die Kohlenkessel unseres Schiffes bedienen. Dieser Heizerdienst, schon an sich anstrengend, war für uns Ungelernte und ungewohnte Jünglinge eine Strapaze. Die Hitze im Kesselraum vor den Feuern und die große körperliche Beanspruchung ließen unsere Stimmung nach etwa 10 Tagen ziemlich sinken. Da griff der Kommandant des Schulschiffes, der hiervon erfahren hatte, ein und tat das Richtige. Wir mußten auf dem Kommandantendeck, der Schanze, dem Allerheiligsten des Schiffes antreten. Mit harten Worten monierte der Kommandant unser „schlappes Verhalten“ und verlangte von uns, daß wir uns als Kerle erwiesen. Damit wurden wir zu weiteren 10 Tagen Dienst vor den Kesseln entlassen. Also der Kommandant hatte nicht klein beigegeben, und nun hatten wir uns zu bemühen, das gleiche zu tun. Dies gelang auch den meisten, wenn auch mit zusammengebissenen Zähnen.

So wurde im Seekadetten-Jahr, alles in allem, viel von uns verlangt, und oft ging es bis an die Grenzen unserer Kraft. Aber, Gott sei Dank, daß es so war. So hatten wir Gelegenheit uns selber zu erproben und zu bewähren und dadurch uns selbst besser kennen zu lernen.

Es gab natürlich auch einige wenige, die nach dem Seekadetten-Jahr einsahen, daß ihre Eignung auf anderen Gebieten lag, und die infolge dessen aus der Kaiserlichen Marine ausschieden. Aber die Masse von uns war doch, als wir im April 1911 mit dem langen, traditionellen Heimatwimpel aus dem Ausland wieder in Kiel einliefen, erheblich verändert, körperlich kräftiger geworden, an Können und Wissen bereichert. Wir blieben daher mit Begeisterung bei der Marine. Besonders eines war bei uns ebenfalls besser geworden: Die Ichsucht eines jeden, die menschliche Neigung, sich selbst für das Wichtigste zu halten, war gedämpft durch die Erfahrung, daß in einer Gemeinschaft Rücksicht auf den anderen zu nehmen ist, damit jeder zu seinem Recht kommen kann.

Wir kamen dann April 1911 als Fähnriche zur See auf die Marineschule nach Flensburg-Mürwik. Von unserem Dienst war ich nicht ganz so begeistert, wie von unserer Ausbildung vorher an Bord. Der Dienst war in der Hauptsache rein theoretischer Unterricht, wie auf einer Schule, so, wie es auch nicht anders sein konnte. Wir mußten ja auf allen Marine-Fachgebieten eine systematische, theoretische und wissenschaftliche Grundlage erhalten. Navigation und Schiffskunde, Schiffbau- und Maschinenkunde, Dienstkenntnis, d.h. Kenntnis aller dienstlichen Regeln und Vorschriften, ja auch Seemannschaft, soweit letzteres sich theoretisch lehren ließ, wurden uns in tagtäglichen Unterrichtsstunden doziert, und wir mußten in schriftlichen Arbeiten zeigen, wieweit wir das Gelehrte aufgenommen hatten.

Das Fazit der Marineschule für mich war, daß ich bei der Festsetzung der Rangliste unseres Jahrganges nach der Abschlußprüfung wieder etwas von meiner hohen Position verlor, weil ich z.B. im Examen in Vorschriftenkenntnis ungenügend erhielt. Ich hatte gedacht, was in Dienstschriften steht, brauchst du ja nicht im Kopf zu haben und war in dieser Branche daher ziemlich faul gewesen. Jedenfalls bemühte ich mich nicht, auf der Marineschule Spitzenleistungen zu zeigen. Den Punkteverlust in der Rangliste sollte ich aber nach den dem Marineschuljahr folgenden Waffenkursen und während des Fähnrichs-Jahres an Bord vor unserer Beförderung zum Leutnant zur See wieder aufholen. Es war wiederum mein Zeugnis in Diensttüchtigkeit, das ich im Herbst 1913 auf SMS „Breslau“ erhielt, welches mich bei der endgültigen Festlegung unserer Reihenfolge in der Offiziers-Rangliste wieder erheblich nach vorne kommen ließ.

So kamen in der Wertung unserer dreieinhalbjährigen Ausbildung alle Seiten unseres seemännischen und militärischen Berufes und alle Fähigkeiten und Schwächen von uns, den Berufsträgern, zur Geltung. Praktische und theoretische Veranlagung, peinlicher Fleiß und großzügigere, aber nicht schlechtere Beherrschung der Fachgebiete, Persönlichkeit, Eignung zum Vorgesetzten und zur Menschenführung, wurden gewürdigt und abgewogen, bis das endgültige Werturteil durch Festsetzung des „Dienstalters“, der Reihenfolge in der Rangliste, abgegeben wurde. Dieses Dienstalter blieb dann maßgebend für die Reihenfolge der Beförderung zum nächst höheren Dienstgrad und galt für die kommende ganze weitere Dienstzeit. Es sei denn, daß einer, was eine seltene Ausnahme war, „Springer“ wurde, also in der Beförderung seine im Dienstrang vor ihm stehenden Kameraden übersprang und ihnen hierdurch nunmehr in der Rangliste vorgesetzt wurde.

3. Kapitel

S.M.S. „Breslau" 1912-1914

Bereits in der Kaiserlichen Marine dauerte die Ausbildungszeit der Seeoffizieranwärter, bis sie Offiziere wurden, sehr viel länger, als die entsprechende Zeit der Fahnenjunker beim Heer. Wir waren, als wir nach bestandenem Abitur in die Kaiserliche Marine eintraten, nach einer kurzen militärischen Grundschulung an Land, ein Jahr lang als Seekadetten zur seemännischen Ausbildung auf einem Schulschiff in ausländischen Gewässern. Dann folgte das Fähnrichsjahr auf der Marineschule in theoretischer Unterrichtung. Anschließend wurden wir ein halbes Jahr in der Torpedo- und Artilleriewaffe und im Infanteriedienst auf Sonderkursen ausgebildet, um schließlich dann nach dieser 2½ -jährigen Vorbereitung ein Jahr lang an Bord auf der Flotte in der Heimat oder auf den im Ausland stationierten Geschwadern und Kreuzern als Säbelfähnriche Frontdienst zu tun. Erst dann, also nach 3½ Jahren, erfolgte die Beförderung zum Offizier.

Die eigentlichen Ausbildungsjahre waren also die genannten ersten 2½ Jahre. In dieser Zeit wurde sehr viel praktische und theoretische Schulung in uns „hineingepumpt". Wir mußten immer aufnehmen, ohne daß wir das Gelernte nun auch einmal längere Zeit in der Front anwenden und uns selbst zeigen konnten, daß wir das neue Wissen zu wirklichem Können verarbeitet hatten. Deshalb wurde am Ende dieser 2½-jährigen Schulzeit von uns die Kommandierung zum praktischen Frontdienst auf die heimatliche Flotte oder auf die im Ausland stationierten Kreuzer herbeigesehnt und die Bekanntgabe der Kommandierungen mit Spannung erwartet.

Als im Sommer 1912 die genannte Ausbildungszeit ihrem Ende zuging, war mein größter Wunsch, als Säbelfähnrich ins Ausland, am liebsten auf das ostasiatische Kreuzergeschwader, kommandiert zu werden. Die Sehnsucht in die Ferne, das Verlangen, die weite Welt zu sehen, erfüllten mich. Daher war meine Kommandierung, die im August 1912 ausgesprochen wurde, für mich eine Enttäuschung: Ich war nicht ins Ausland kommandiert, sondern auf einen Kreuzer des Aufklärungsverbandes, der zur heimatlichen Flotte gehörte. Daß meine jugendliche Enttäuschung über diese Kommandierung unberechtigt war, wurde mir wenigstens etwas klar, als ich Näheres von dem Schiff hörte, auf dem ich Dienst tun sollte.

Es war der modernste und schnellste leichte Kreuzer, den der Flottenverband s. Zt. hatte: SMS „Breslau", die erst im Oktober 1912, also dem Zeitpunkt, an dem ich mein Kommando anzutreten hatte, zum Flottenverband treten sollte. Im Sommer dieses Jahres war dieser modernste Kreuzer noch „Kaiserbegleitschiff" gewesen, d. h. er hatte mit der „Hohenzollern" den Kaiser auf seiner Reise in die Norwegischen Gewässer begleitet.

Befehlsgemäß stand ich am 1. Oktober 1912 morgens in Kiel mit meinem Jahrgangskameraden Wodrig, der ebenfalls auf die „Breslau" kommandiert war, auf der Pier und wartete auf die Dampfpinasse, die uns zu dem im Hafen an der Boje liegenden Kreuzer bringen sollte. Da erschien der Kapitänleutnant von Loewenfeld, der auch das „Breslau"-Beiboot benutzen wollte. Er war der Erste Offizier dieses Kreuzers, also der ranghöchste Offizier nach dem Kommandanten. Der Erste Offizier ist für den gesamten inneren Dienst eines Kriegsschiffes verantwortlich und nächster Disziplinarvorgesetzter der Besatzung. Ich kannte Loewenfeld gut, er war ja während meines Seekadettenjahres Navigationsoffizier des Schulschiffes gewesen, auf dem ich ausgebildet wurde. Loewenfeld war ein gerader, kraftvoller Charakter, schöpferisch und originell, oft von raschem und impulsivem Entschluß. Wir Seekadetten hatten ihn geliebt. Er hatte unsere Verehrung dadurch erwidert, daß er uns barsch, aber in Wirklichkeit mit warmem Herzen behandelte. Kadetten, von denen er etwas hielt, duzte er. Mir wurde diese Ehre zuteil. Aber dieses Duzen beschränkte sich bei mir – wie sich künftig herausstellen sollte – nicht nur auf das Kadettenjahr. Es hielt auch auf der gemeinsamen „Breslau"-Zeit an, und als er 15 Jahre später Vizeadmiral und ich auf seinem Flaggschiff Kapitänleutnant und Navigationsoffizier war, und als ich weitere 15 Jahre später den Rang eines Großadmirals hatte, war Loewenfeld immer noch bei dem einseitigen „Du" geblieben und dies zu meiner großen Freude. Ich war im Gegenteil schmerzlich betroffen, wenn er im dienstlichen Verkehr plötzlich einmal „Sie“ zu mir sagte. Dann wußte ich genau, daß ich etwas falsch gemacht hatte und er mit mir unzufrieden war.

Als wir beiden Fähnriche, Wodrig und ich, am 1. Oktober 1912 nun mit dem 1. Offizier, dem Kapt.-Lt. von Loewenfeld, in der Dampfpinasse über den Kieler Hafen nach der „Breslau“ fuhren, fragte er mich in seiner raschen und immer etwas strengen Art, die ihm nötig erschien, um die Güte seines Herzens zu verdecken: „Freust Du Dich, daß Du nun zu mir auf die „Breslau“ kommandiert worden bist? Ich habe Deine Kommandierung beantragt!“ Ich antwortete ihm ebenso offen, „Nein, Herr Kapitänleutnant, ich freue mich garnicht, denn ich wollte nach Ostasien auf das Kreuzergeschwader!“ Seine Enttäuschung versteckte Loewenfeld hinter den Worten: „Du bist eine undankbare Kröte.“ Dieses war mein Start auf diesem Schiff, an das ich in den kommenden 4 Jahren mein ganzes Herz hängen sollte, das mir eine Fülle von Schulung und Erleben und schließlich die Notwendigkeit der Bewährung in 2 Kriegsjahren bringen sollte.

Kommandant des Kreuzers war der Fregattenkapitän von Klitzing. Die Tätigkeit des Kreuzers im Aufklärungsverbande der deutschen Hochseeflotte läßt sich mit den damaligen Aufgaben von Kavallerieverbänden beim Heere vergleichen. Sicherung und Aufklärung vor dem Verband der schweren Schiffe waren im wesentlichen der Hauptzweck des Kreuzerverbandes. Es gab damals noch keine Flugzeuge im Flottenverband, es gab kein Radar. Die Kreuzer wurden am Tage und nachts wie ein Schirm um die Schlachtflotte verteilt, sie bildeten die vorgeschobenen Augen, die den Gegner rechtzeitig erspähen und melden sollten. Die Funktelegraphie war damals noch im Anfangsstadium. Sie war also noch kein sicheres Signalmittel, um die Kreuzer, die z.B. am Tage fern am Horizont an der Grenze der optischen Sicht standen, zu führen und um von ihnen die Feindmeldungen zu erhalten. Flaggensignale, wie zu Nelsons Zeiten, und Morsespruchverkehr durch Scheinwerfer, sowie auf nähere Entfernung ein Spruchverkehr durch Winkflaggen waren daher die Nachrichtenmittel, die für die taktische Verbindung zwischen schweren Schiffen und Kreuzern zur Verfügung standen. Für die sichere und schnelle Erfüllung der Kreuzeraufgaben war es daher von großer Wichtigkeit, daß dieser Signalverkehr funktionierte. An seiner Spitze stand an Bord jedes Kriegsschiffes ein Signaloffizier, dem das Signalpersonal unterstellt war. Letzteres bildete auf jedem Schiff eine Elite der Mannschaft, weil geistige Regsamkeit und rasche und zuverlässige Auffassungsgabe zum mindesten erforderlich waren.

Der Kommandant des Kreuzers „Breslau" sagte mir bei meiner ersten Meldung, daß ich der Signaloffizier des Kreuzers zu sein hätte. Ich erinnere mich heute noch an den Schreck, der mich bei dieser Eröffnung durchfuhr. Wenn diese Kommandierung für mich als Säbelfähnrich auch eine Auszeichnung bedeutete, da diese Dienststellung gewöhnlich nur von Offizieren versehen wurde; wenn diese Kommandierung mich auch bereits als Fähnrich von jedem Wachegehen an Deck des Kreuzers, also von der kleinen täglichen Dienstroutine befreite; wenn diese Kommandierung mich auch bereits als Fähnrich auf die Brücke des Schiffes stellte und mich durch meinen Dienst in unmittelbare Berührung mit der Schiffsführung brachte; wenn ich hierdurch auch bereits als Fähnrich die taktische Führung nicht nur des eigenen Kreuzers sondern auch der anderen Aufklärungsschiffe und zum Teil ebenfalls der schweren Schiffsverbände unmittelbar miterlebte, – so war mir doch im Moment meiner Ernennung als Signaloffizier sofort klar, welch' große dienstliche Verantwortung ich „grüner" Fähnrich hierdurch erhielt, wie sehr es auch vom Erfüllen meiner Aufgabe als Signaloffizier des Schiffes abhing, ob der Kreuzer im Flottenverband die von der Führung erlassenen Befehle schnell und richtig durchführen und seinen Aufgaben gerecht werden konnte, bei allen Übungen und Manövern gut oder schlecht abschnitt und entsprechend großes oder geringes Ansehen bei Vorgesetzten und Kameraden genoß. Es war also die Last der mir gestellten Aufgabe, die mich unerfahrenen, kleinen Fähnrich zunächst einmal fast zu erdrücken schien.

Mitte November 1912 sollten wir im Kreuzerverband des Befehlshabers der Aufklärungsschiffe, des damaligen Vizeadmirals Bachmann, zu einer mehrwöchigen Übung in die Nordsee gehen. Ich hatte also von Anfang Oktober noch 5 Wochen Zeit, mein Personal und mich zu schulen. Wie ein Besessener stürzte ich mich in die Arbeit.

Am Sonnabend, dem 2. November 1912 liefen wir von einer letzten Übungsfahrt in der Ostsee in den Kieler Hafen ein. Am Montag, dem 4. November sollten wir durch den Kaiser-Wilhelm-Kanal in die Nordsee gehen, um für die kommenden Übungen zum Kreuzverband zu treten. Dann mußte ich also meine große Probe ablegen. Mir war nicht sehr geheuer zu Mute.

Doch es kam völlig anders. Am Sonntag, dem 4. November vormittags erschien plötzlich der 1. Offizier an Bord. Die Besatzung wurde achteraus auf die Schanze befohlen. Voller Erwarten hingen wir an den Lippen des 1. Offiziers. Er sagte: „Seine Majestät der Kaiser haben befohlen, daß SMS „Breslau“ noch heute beschleunigt ausrüstet, um morgen früh, Montag, den 5. November, mit höchster Fahrt ins Mittelmeer zum Schutz deutscher Interessen zu laufen.“

Dies war für unsere jungen Soldaten- und Seemannsherzen, die das Besondere, das Außergewöhnliche, das Abenteuerliche ersehnten, eine großartige Nachricht! Die Besatzung brach in ein spontanes Hurra aus. Ich frecher Fähnrich vollbrachte eine der größten Disziplinlosigkeiten, die einem Vorgesetzten gegenüber möglich war. Ich stürzte dem vor mir stehenden, dem hochmögendem 1. Offizier, Kapt.-Lt. von Loewenfeld, in die Arme. Er schien das jedoch ganz richtig zu finden, denn er freute sich anscheinend genau so wie ich.

Wir warfen noch am Sonntagvormittag von der Boje los und gingen mit Schleppern in die Kaiserliche Werft. Hierbei passierte die „Breslau“ die lange Reihe der Kriegsschiffe, die in sonntäglicher Ruhe und tadelloser Sauberkeit und Ordnung an ihren Bojen lagen. Als wir vorbeikamen, erhielten wir eine ganze Reihe von launigen und neugierigen Winksprüchen. Man mißbilligte es, daß wir die Sonntagsruhe störten und zu so außergewöhnlicher Stunde in die Werft verholten. Man glaubte, wir hätten an Bord „dummes Zeug“ gemacht und empfand augenscheinlich eine gewisse Schadenfreude, daß wir nun den freien Sonntag zu den vermuteten Reparaturarbeiten in der Werft verbringen mußten.

In der Werft wurde mittags sofort nach „Backen und Banken“, das ist in der Seemannssprache die Mahlzeit, mit der gesamten Besatzung die kriegsmäßige Ausrüstung an Bord genommen. Dies bezog sich in erster Linie auf die sogenannte 2. Chargierung: die Munitionskammern des Schiffes wurden mit dem Gefechts-Soll an Granaten und Kartuschen aufgefüllt. – Gegen Abend kamen die Kohlenpräme längsseits und bei Scheinwerferlicht wurde während der ganzen Nacht „gekohlt“, die Bunker des Schiffes wurden bis in die letzte Ecke hinein mit Kohlen vollgestopft. Da wir mit höchster Marsch-Fahrt ins Mittelmeer laufen sollten, war auch dieser Kohlenvorrat möglicherweise nicht ausreichend. Kohlen in Säcken wurden daher an Deck zwischen die Geschütze gestaut und dort mit Tauen seefest gezurrt. Nach dieser anstrengenden, nächtlichen Arbeit ging die „Breslau“ bei Hellwerden bereits mit eigenem Dampf in die Holtenauer Schleuse, um die Fahrt durch den Kaiser-Wilhelm-Kanal nach der Nordsee anzutreten.

Das sonst in tadellosem Farbenkleid so saubere Schiff war von oben bis unten voller Kohlenschmutz. Offiziere und Mannschaften im „Kohlenpäckchen“: so wurden die schlechtesten Kleidungsstücke genannt, die für das unsaubere Geschäft der Kohlenübernahme immer noch gut genug waren. In Holtenau auf der Schleuse hatten sich die Frauen und Kinder der Verheirateten eingefunden. Dieser trübe, kalte Novembermorgen war keine fröhliche Stunde für die Angehörigen, um von den Männern und Vätern, die so überraschend ins Ausland entführt wurden, Abschied zu nehmen. Ich unbekümmerter Fähnrich und Junggeselle stand auf der Schanze und sah, wie die verheirateten Kameraden mit ihren von Kohlenstaub geschwärzten Gesichtern in der Schleuse für einen kurzen Augenblick noch einmal zu ihren Lieben auf die Pier gingen. Es kam mir garnicht der Gedanke, daß für diese Besatzungsangehörigen die plötzliche Entsendung des Schiffes ins Ausland auch noch einen anderen Aspekt haben könnte, als den der freudigen Erwartung, die meine Brust erfüllte. Erst später sollte ich lernen, daß die Haltung der verheirateten Kameraden, die auch nach dieser plötzlichen Trennung von ihren Familien unverändert ihre Pflicht erfüllten, doch höher zu werten war, als das gleiche Verhalten unbeschwerter Junggesellen.

Während der Kanalfahrt machten wir „Reinschiff“ und „Sich-waschen“, so daß wir, als wir nach Passieren von Brunsbüttel die Elbe hinunterliefen, wieder einigermaßen sauber und anständig, wie es sich für ein Kriegsschiff der Kaiserlichen Marine gehörte, aussahen. Die Nordsee empfing uns, für den November das übliche, sehr unfreundlich. Es wehte ganz erheblich aus Nord-West, und wir rollten und schlingerten beträchtlich. Durch die zusätzliche Kohlenladung an Deck war das Schiff etwas topplastig, also „rank“ geworden, so daß es oft hart überholte. Kommandant und 1. Offizier betrachteten die Decksladung daher mit unfreundlichen Blicken. Die grüne See schlug über Deck und schwemmte auch die Kohle aus den Säcken wieder über die gerade gesäuberten Planken. Alle Mann mußten ran, und sobald irgendwo in den Kohlenbunkern Platz geworden war, wurden die Deckskohlen nach unten verstaut.

So waren die ersten 2–3 Tage nach der Ankündigung unserer Entsendung in das Mittelmeer ein etwas harter Auftakt der so ersehnten Reise. Was mich selbst angeht, habe ich meine eigene Haltung dabei in wenig schmeichelhafter Erinnerung. Ich war bei dem schlechten Wetter während des Marsches durch die Nordsee seekrank und kam mir wie ein Häufchen Unglück vor. Daß ich unentwegt meinen Dienst machen mußte und auch zu erfüllen versuchte, war selbstverständlich. Aber ich glaube, irgendein Vorbild war ich in diesen Tagen gerade nicht.

Auch durch den Englischen Kanal und die Biskaya liefen wir, und weil wir die See von der Seite hatten, immer rollend und schlingernd, mit hoher Fahrt, d.h. mit der für die damaligen Zeiten beachtlichen Geschwindigkeit von 22–24 Seemeilen, unserem Ziele zu. Querab von der spanischen Küste wurde das Wetter besser, das Klima milder. Unser dickes Winterzeug verschwand, leichter gekleidet genossen wir die wärmeren, laueren Lüfte. Nach 5–6 Tagen unserer forcierten Fahrt liefen wir morgens in den englischen Kriegshafen Valetta der Insel Malta im Mittelmeer ein. Leer waren unsere Kohlenbunker, hoch lag das Schiff heraus, durch die hohe Marsch-Fahrt waren die 4 Schornsteine der „Breslau" „ausgebrannt", so daß jedes Seemannsauge erkennen konnte, welch' beschleunigte Reise wir hinter uns hatten. Englische Präme mit Kohlen kamen längsseits und unsere Bunker wurden wieder gefüllt. Ich selbst war diesmal vom „Kohlen" befreit und konnte an Land gehen. Ich genoß dies in vollen Zügen. – Als die Türken 1523 Rhodos erobert hatten, mußten die Johanniter ihre dortige Hochburg verlassen und segelten nach Westen. Sie setzten sich in Malta fest und regierten diese Inselgruppe bis zur Zeit Napoleons I. Dann eroberte Frankreich Malta. Es sollte sich aber nicht lange dieses Besitzes erfreuen. Im Napoleonischen Krieg nahm Nelson den Franzosen Malta ab, und seitdem war diese Insel ein wichtiger englischer Flottenstützpunkt, der in der Mitte zwischen Gibraltar und dem Suezkanal auf dem 1500 Seemeilen langen Wege durch das Mittelmeer liegt. Bei meinem Landgang sah ich mir auch den alten Palast des Hochmeisters des Johanniterordens an. Der große Saal enthielt an den Wänden die Namen und Wappen der

Abendländischen Ritterschaft, darunter auch die zahlreicher alter deutscher Familien. Aber auch das Volksgetriebe auf den Straßen fesselte mich. Es war kaum ein größerer Gegensatz denkbar als zwischen der sehr lebhaften maltesischen Bevölkerung, die sich zweifelsohne aus den verschiedensten Rassebestandteilen zusammensetzt, je nach der Zugehörigkeit der Eroberer, die in den letzten 2000 Jahren die Insel überflutet hatten und den zurückhaltenden angelsächsischen Engländern, die bei der starken Belegung der Insel mit englischen Armeeteilen und als Urlauber des Britischen Mittelmeergeschwader überall im Straßenbild zu sehen waren. Mein Urlaubstag wurde daher interessant und dehnte sich, nachdem ich einige englische Leutnants kennengelernt hatte, erheblich in die Nacht hinein aus. Spät kam ich an Bord der „Breslau“, doch früh wurde ich wieder wachgerüttelt: Der deutsche Schlachtkreuzer „Goeben“ lief bei Hellwerden im Hafen von Valetta ein. Die „Goeben“ war ebenfalls ins Mittelmeer entsandt worden. Auf ihr war der Admiral an Bord, der die aus „Goeben“ und „Breslau“ neu gebildete „Mittelmeer-Division“ befehligte. Dies bekam ich als Signaloffizier der „Breslau“ bereits beim Einlaufen der „Goeben“ in Valetta gründlich zu spüren. Eine Fülle von Scheinwerfersprüchen des Flaggschiffs, die verschiedensten Befehle enthaltend, behämmerte in den nächsten 1–2 Stunden mich und mein Signalpersonal. Es war gut so, daß der Dienst, nachdem ich auf diesem ersten Landgang etwas über die Stränge gehauen hatte, mich bereits in aller Frühe des nächsten Tages wieder mit seinen Pflichten gepackt hatte.

Warum waren wir überhaupt beschleunigt ins Mittelmeer geschickt worden? Im Oktober 1912 war der 1. Balkan-Krieg ausgebrochen, Serbien, Montenegro, Bulgarien und Griechenland hatten der Türkei den Krieg erklärt.

Mit dem Ausbruch dieses Balkan-Krieges war – so wurde uns gesagt – die Gefahr vorhanden, daß es in der Türkei zu Unruhen kommen würde. Um dieser vermuteten Gefahr zu begegnen und die eigenen Interessen im Mittelmeer zu schützen, wurden deshalb von den Großmächten Kriegsschiffe in die türkischen Gewässer entsandt: daher die beschleunigte Ausreise der „Goeben“ und der „Breslau“.

Die „Goeben“ ging nun Mitte November 1912 nach Konstantinopel: wir wurden nach Alexandrette geschickt. Alexandrette liegt in der Land-

Ecke zwischen Anatolien und Syrien. Hier waren die wirtschaftlichen Interessen Deutschlands besonders stark. Dieser Landstrich hatte auch in der Vergangenheit wiederholt eine militärische und politische Rolle gespielt: Dicht bei Alexandrette liegt das Schlachtfeld von Issus, auf dem Alexander der Große den Perserkönig Darius geschlagen hat.

Als wir Mitte November mit der „Breslau“ in Alexandrette ankamen, lag dort bereits der englische Kreuzer „Barham“.

Wir waren hier sehr fern von der militärischen Auseinandersetzung auf dem Balkan und alles machte einen durchaus friedlichen und ruhigen Eindruck. Auch der deutsche Wahlkonsul in Alexandrette glaubte keinen Anlaß zu besonderen Besorgnissen zu haben. Aber er meinte immerhin, daß die in den benachbarten Bergen wohnenden Kurden oft besondere politische Ansichten hätten, denn in allen Fällen wären ihre plötzlichen Maßnahmen völlig überraschend gekommen. Die Kurden hätten es stets verstanden, zu den Markttagen unauffällig in die Stadt zu kommen, diese dann jedoch nicht wieder verlassen, sondern sich heimlich in den Karawansereien aufgehalten, bis sie dann auf einmal ihre Absichten durchgeführt hätten.

Aus diesem Bericht des Konsuls zogen wir auf der „Breslau“ die Konsequenzen. Der Erste Offizier, v. Löwenfeld, ging mit dem Artillerie-Offizier und mir an Land, um vor allem einmal die Lage der Karawansereien zu erkunden. Wir tarnten uns durch möglichst schlechtes „Räuberzivil“, das wir anzogen, und hielten uns nun für völlig unauffällige Beobachter. Mir machte dieses Geheimspiel einen riesigen Spaß. Mit großem Eifer erfüllte ich meine Aufgabe, eine möglichst genaue Karte von der Lage der Karawansereien und ihrer Zugangsstraßen anzufertigen.

Aber es geschah nichts in den kommenden Wochen und allmählich setzte sich auch in Berlin die Ansicht durch, daß keinerlei „Unruhen-Gefahr“ vorhanden war. Die „Breslau“ wurde daher Anfang 1913 nach der dalmatinischen Küste ins Adriatische Meer geschickt. Hier hatten inzwischen die Kriegsereignisse die Lage völlig verändert. Die Montenegriner, ein tapferes slawisches Bergvolk, die seit Jahrhunderten in ihren schwarzen Bergen im Kampf gegen die Türken um ihre Freiheit und Selbständigkeit gelegen hatten, waren aus ihrem Bergland nach Süden in die albanische Ebene am Skutari-See hereingebrochen. Sie hatten in harten Kämpfen den Widerstand der türkischen Divisionen überwunden und den nördlichen Teil Albaniens erobert und besetzt.

Mit diesem Machtzuwachs slawischer Stämme auf der anderen Seite der Adria war jedoch Italien nicht einverstanden. Auf der Londoner Konferenz im Frühjahr 1913, die den Krieg auf dem Balkan beenden sollte, wurde daher entschieden, daß Albanien ein selbständiger Staat werden sollte. Die Montenegriner wurden aufgefordert, das albanische Gebiet zu verlassen. Diese empfanden jedoch ein solches Verlangen als schweres Unrecht: Durch ihr eigenes Blut hatten sie kämpfend dies Gebiet erobert. Freiwillig wollten sie das albanische Land daher nicht wieder räumen. Die Großmächte sahen sich deshalb gezwungen, um ihren Urteilsspruch durchzusetzen, Machtmittel gegen Montenegro zu ergreifen und schickten Kriegsschiffe nach der montenegrinischen Küste, darunter Deutschland unseren Kreuzer „Breslau". Die an der Küste des adriatischen Meeres gelegenen kleinen Seehäfen Montenegros wurden blockiert und vom Seeverkehr abgeschnitten.

Es war nicht zum ersten Male, daß ich die Schwarzen Berge Montenegros sah. Im Jahre 1910 war ich als Seekadett mit unserem Schulschiff SMS „Hertha" in Cattaro gewesen, dem österreichischen Kriegshafen Dalmatiens, dicht an der Grenze Montenegros. Eines Sonntagmorgens waren sechs Kadetten von uns, darunter ich, die steilen Bergwände der Bucht emporgeklettert, um einen Ausflug zu machen. Obwohl wir vorher unterrichtet worden waren, daß die montenegrinische Grenze oben in den Bergen ganz in der Nähe Cattaros verliefe; obwohl wir gewarnt worden waren, diese zu übertreten, da die Montenegriner seit Jahrhunderten die Gewohnheit hatten, ihr Land ganz besonders hermetisch abzuschließen, denn nur so konnten sie sich ihre Unabhängigkeit erhalten; obwohl uns gesagt worden war, daß sie daher jeden Grenzübertritt besonders streng ahndeten; obwohl also von unseren Vorgesetzten alles geschehen war, daß möglichst keinerlei Grenzzwischenfälle durch Angehörige der Schulschiffsbesatzung erfolgten, brachten wir sechs Kadetten es trotzdem fertig, einen solchen schweren Zwischenfall hervorzurufen. Wir kletterten an diesem Sonntag Vormittag immer höher in die ungewissen Berge hinauf, unbeschwert und von der Ferne angezogen. Die mahnenden Reden unserer Vorgesetzten hatten wir längst vergessen.

Auf halber Höhe trafen wir noch einmal an einer Bergalm ein dalmatinisches Steinhaus. Ein kleiner brauner Junge mit einer kroatischen Pumphose und einer hübsch gestickten kurzen Jacke, aber ohne Hemd, so daß wir einen braunen Streifen seines Bauches zwischen Hose und Jacke sahen, kam auf uns zu, zeigte mit seinem Arm energisch nach oben und sagte zu uns „Graditza“! Der nette kleine Kerl machte uns Spaß, wir ahnten jedoch nicht, welch schicksalschweres Wort er ausgesprochen hatte. „Graditza“ heißt Grenze und der Junge wollte uns, wie uns später klar wurde, vor dem Unglück warnen, in das wir hineinliefen.

Wir zogen also weiter hinauf und als wir eine Paßstraße in der Nähe der Höhe erreicht hatten, waren wir plötzlich, ohne daß wir überhaupt gewahr wurden, wie es geschah, von etwa zehn bis zwanzig schwer bewaffneten Montenegrinern umringt. Zweifelsohne hatten diese, hinter Felsen versteckt, uns schon lange heraufkommen sehen und in Ruhe abgewartet, bis wir das Delikt des Grenzübertritts begangen hatten und dann die Falle zugeklappt und uns umringt.

Wir Kadetten waren natürlich, wie immer im Ausland, ohne jede Waffe. Unglücklicherweise hatte aber Otto Spee, der älteste Sohn des später in der Falklandschlacht gefallenen Grafen Spee, der ebenfalls in dieser Seeschlacht fiel, sein Notizbuch auf den Ausflug mitgenommen. In dieses hatte er während des Artillerie-Unterrichts an Bord unsere Schiffsgeschütze und Teile davon gezeichnet. Die Montenegriner nahmen ihm jetzt das Buch ab, guckten hinein und waren nun ihrer Sache völlig sicher: wir waren Spione; die die montenegrinischen Kanonen, welche oben in den Bergen zum Grenzschutz aufgestellt waren, abgezeichnet hatten. Wir wurden von ihnen abgeführt und marschierten nun auf der Straße, von den schwerbewaffneten Montenegrinern umgeben, in das Innere des Landes Montenegro. Es war ein großartiges Erlebnis: wir waren plötzlich Gefangene und wußten in keiner Weise, was sich nun ereignen würde. Sicher waren wir nur in einem Punkte, daß man uns, wenn wir noch einmal an Bord unseres Kriegsschiffes zurückkehren würden, dort auf jeden Fall bestrafen und einsperren würde, denn wir hatten in grober Fahrlässigkeit tatsächlich die uns gegebenen Instruktionen nicht beachtet.

Wir räsonierten also mit grimmigem Humor über unser Schicksal. Otto Spee bekam allerlei wegen seines Notizbuches zu hören. Am stillsten war der Seekadett Maximilian Prinz zu Solms-Hohensolms-Lich. Wir fragten ihn, ob er glaubte, daß so etwas seinen Ahnen schon einmal passiert sei.

Nach etwa einer Stunde Marsch in Begleitung unserer montenegrinischen Eskorte kam eine neue Überraschung. Wir hörten hinter uns das Traben von Pferden, ein Wagen rollte heran, in ihm saßen in voller Uniform der Navigations-Offizier unseres Schiffes, Kapitänleutnant von Loewenfeld und unser Kadettenoffizier, Kapitänleutnant Schaarschmidt. Als sie bei uns waren, hielt der Wagen an. Voller Bestürzung fragten sie, was geschehen sei. Wir schilderten ihnen die Lage und hatten dabei noch die Frechheit, verlegen zu grinsen. Loewenfeld und Schaarschmidt waren auf dem Wege nach Cetinje, der montenegrinischen Hauptstadt, um dort offizielle Besuche zu machen. Sie riefen uns zu, daß wir uns ruhig verhalten sollten, sie wollten in Cetinje versuchen, die Angelegenheit in Ordnung zu bringen. Daß wir uns ruhig verhielten, war selbstverständlich, wir waren ja die ohnmächtigsten Menschen der Welt.

Auf dem Weitermarsch erreichten wir dann eine montenegrinische Ortschaft. Voller Interesse kam die Bevölkerung auf die Straßen und bewunderte den kriegerischen Erfolg ihrer Grenzsoldaten. Wir wurden in der Gastwirtschaft des Ortes in einen kahlen Raum gesperrt und mit Hammelschinken verpflegt. Allmählich wurde es kalt, die Sonne verschwand hinter den Bergen, wir froren beträchtlich. Unsere Lage war reizend, und mit dummen, schnoddrigen Reden suchten wir uns zu erheitern. Die Aussicht, ohne Mäntel oder Decken die Nacht in dem kalten, leeren Raum zubringen zu müssen, war wenig angenehm. Die Pessimisten unter uns glaubten mit dem Verrinnen der Zeit immer fester, daß die Aktion unserer beiden Offiziere in Cetinje ohne Erfolg geblieben sei, und wir vielleicht noch Wochen, wenn nicht Monate, als politische Staatsgefangene Montenegros unser Leben zu fristen hätten.

Aber es kam wiederum ganz anders, als wir geglaubt hatten. In völliger Dunkelheit, gegen zehn oder elf Uhr abends, hörten wir plötzlich auf der Dorfstraße einen Zug montenegrinischer Soldaten aufmarschieren. Die Tür öffnete sich, ein junger Offizier erschien, von einem Soldaten begleitet, der eine große Laterne trug. Der Offizier grüßte uns militärisch, und schließlich verstanden wir aus dem, was er sagte, daß er uns unter militärischen Ehren mit seinem Zug Soldaten an die Grenze zurückzubringen und zu entlassen hätte. Sowie wir auf die Dorfstraße traten, präsentierte die Truppe und gab uns dann auf dem Rückmarsch ihr ehrenvolles Geleit. Als wir um Mitternacht an der Grenze ankamen, verabschiedeten wir uns mit kräftigem Händeschütteln und kletterten dann in der Dunkelheit, nunmehr wieder auf dalmatinisch-österreichischem Boden, den Berg hinunter. Hierbei verknackste sich der Seekadett Gerstenberger, der dickste und schwerste von uns, den Fuß, so daß wir nun dieses „große Untier" grollend den Berg hinab schleppen mußten. Kurz vor Hellwerden waren wir wieder an Bord. Daß wir wieder zurück waren, sprach sich wie ein Lauffeuer herum. Zum Schlafen kamen wir nicht mehr. Aber um elf Uhr standen wir auf der Schanze vor dem Kommandanten zum Strafrapport. Wir wurden von ihm nochmals eingesperrt und zwar jeder von uns für drei Tage, weil wir in fahrlässigem Ungehorsam einen politischen Zwischenfall hervorgerufen hatten. Aber nach Absitzen der Strafe luden die Offiziere uns in ihre Messe ein, und wir mußten ihnen unsere Räubergeschichte erzählen, die diese natürlich brennend interessierte. Von unseren Kameraden wurden wir um das romantische Erlebnis beneidet.

Die Schiffe des internationalen Geschwaders bezogen also Frühjahr 1913 ihre Blockadepositionen vor der montenegrinischen Küste. Unsere Aufgabe war ein sehr eintöniges Geschäft. Wir lagen vor langer Kette zu Anker und schlingerten uns „die Seele aus dem Leib", wie der Seemann sagt. Denn im Frühjahr weht es in der Adria abwechselnd heftig aus Norden – das ist die „Bora" – oder aus Süden als „Schirokko". Da nun immer etwas Strom lief, lagen wir mit unserem Schiff meistens nicht in der Windrichtung, sondern in irgendeinem Winkel zu ihr, so daß wir infolgedessen auch „die See", also die Wellen, die der Wind in den verhältnismäßig engen Gewässern der Adria kurz und steil hochpreßt, fast immer von der Seite hatten.

Wir fühlten uns durch die Diplomaten der Londoner Konferenz im wahrsten Sinne des Wortes an die Kette gelegt und waren hiervon gar nicht erbaut. Denn die Blockierten dieser Blockade waren in erster Linie wir selbst. Wir schwammen zwar auf dem Wasser, fuhren aber nicht zur See und konnten daher unseren täglichen Ausbildungs- und Gefechtsdienst nur eingeschränkt bei dem still liegenden Schiff durchführen. Und natürlich war für uns auch jeder Landgang verboten, weil ja mit Montenegro ein halber Kriegszustand existierte.

Allmählich hörte daher auch jede Abwechslung in der Verpflegung auf und die Speisekarte an Bord für Offizier und Mann wurde so eintönig wie in der alten Segelschiffszeit. Aber als ich eines Tages von Wache kam, sah ich, daß die Mannschaften Eier zum Mittagessen erhielten und auch in der Offiziersmesse standen Spiegeleier auf dem Tisch – ein mir ebenso ungewohnter, wie willkommener Anblick, daß ich fast meinen Augen nicht traute. Jedoch vierzehn Tage vergingen und jeden Tag hatten wir in der Offiziersmesse morgens, mittags und abends Eier bekommen. Aber als die dritte Eierwoche beendet war, schlug die Lust auf dieses Gericht in das Gegenteil um: niemand konnte auch nur den Anblick von Eiern mehr ertragen. Grollend wollten wir von unserem Messevorstand, dem Navigationsoffizier, Kapt.-Lt. von Stosch, wissen, wann er uns nun endlich mit seinen Eiern verschonen wollte. Hierbei kam die ganze Geschichte heraus: er hatte heimlich nachts von einem gerissenen Händler von Land – ich weiß nicht, ob aus dem blockierten Montenegro oder von dem benachbarten Albanien – billig Tausende von Eiern gekauft, völlig sicher, einen großartigen Coup im Interesse des Schiffes gemacht zu haben. Nun sah er sich der Revolte seiner Kameraden gegenüber und gestand, daß er noch 10000 Eier besäße und die ganze Messe, also jeder Einzelne von uns, in Schulden kommen würde, wenn wir ablehnten, diese Eier brav aufzuessen. Wir ließen uns aber auch durch diese Aussicht nicht einschüchtern, sondern opponierten weiter. Da hatte der Eierkäufer Stosch in seiner höchsten Not einen letzten rettenden Gedanken: das Nachbarschiff in der Blockadelinie war das englische Linienschiff „King Edward VII". Durch den international üblichen Verkehr der Offiziersmessen untereinander kannten wir die englischen Seeoffiziere und auch den Betreuer der englischen Offiziersmesse, den Lieutenant Commander Watson. Stosch machte also nun an Watson folgenden Signalspruch: „Durch einen günstigen Zufall hat die Offiziersmesse S.M.S. ‚Breslau' reichlich Eier. Wir schätzen uns daher glücklich, Ihnen bei der Aufbesserung der eintönigen Blockadeverpflegung helfen zu können. Wollen Sie von uns 10 000 Eier beziehen?"

Mit Spannung erwarteten wir die Antwort vom englischen Linienschiff. Sie kam bald und war für uns niederschmetternd. Watson morste: „Vielen Dank für Ihr so liebenswürdiges Angebot. Ich habe aber selbst 40 000 Eier gekauft."

Doch endlich genug von dieser Eiersache. – Die Eintönigkeit unseres Blockierens des Königreichs Montenegro ging weiter. Nur einmal hatte sie für mich eine Unterbrechung. An einem dienstfreien und wetterruhigen Sonntag „pullte" ich im Dingi, das ist das kleinste Beiboot eines Kriegsschiffes und wird nur von einem Mann gerudert, der nahen Küste zu. Wenn ich auch nicht an Land gehen durfte, so wollte ich doch diesem wenigstens einmal in greifbarer Nähe sein. Mein Verlangen, etwas zu erleben, wurde erfüllt: Auf einem Felsen am Wasser saß ein älterer montenegrinischer – oder war es ein serbischer oder gar russischer? – Offizier in einer graugrünen Uniform mit den für das Heer dieser Staaten typischen großen, breiten Achselstücken. Was aber mein blockiertes Blockade-Fähnrichsherz schneller schlagen ließ, war der Anblick einer ebenfalls uniformierten und geradezu reizenden Krankenschwester, die auf einem zweiten Felsen am Wasser hockte und mir vergnügt zulächelte. Ich verstand nicht, was sie dann sagte, und sie zuckte lachend die Schultern, als ich ihr in allen westlichen Sprachen etwas Nettes zurief. Der „Swell", die Dünung, das Atmen des Meeres, hob mich in meinem Boot dicht an ihrem Felsen auf und nieder, so daß ich bald ihrem strahlenden Gesicht ganz nahe, bald tief unter ihr war. Schließlich verständigten wir uns doch durch einige Worte, und ich bot ihr Schokolade an, die sie mit sichtlichem Genuß sofort in ihr reizendes Mäulchen steckte. So blieben wir eine ganze Zeit beieinander und verabredeten uns wieder für den nächsten Sonntag.

Als ich an Bord zurückpullte, dachte ich, was das doch für ein nettes Erlebnis gewesen sei! Dann schlug aber wie der Blitz die Erkenntnis in mein Bewußtsein ein, daß ich ja den militärischen Befehl, Montenegro zu blockieren, verletzt, da ich diese hübsche Krankenschwester des blockierten Landes mit Schokolade gefüttert hatte. Ich beichtete also mein Vergehen dem 1. Offizier, als ich mich bei ihm auf unserem Schiff zurückmeldete. Löwenfeld lachte mich jedoch wegen meines „Blockadebruchs" nur aus. Am nächsten Sonntag sah ich meine Krankenschwester wieder. Wir waren traurig, als wir dann voneinander scheiden mußten.

An diesem Sonntagabend hatte ich nachts um 12 Uhr die sogenannte Mittelwache. Aber es wurde nichts daraus, daß ich etwa in dieser finsteren Mitternacht auf einsam stiller Wacht an meine serbische Krankenschwester denken konnte. Denn gegen 1 Uhr kamen die Lichter eines Schiffes in Sicht, das sich mit hoher Fahrt näherte und als österreichischer Torpedobootzerstörer erkannt wurde, der den Depeschendienst des internationalen Geschwaders versah. Der Zerstörer morste mit seinem Scheinwerfer an den nächtlichen Himmel den Morsenamen unseres Schiffes. Also wollte das Depeschenboot anscheinend zur „Breslau“ und suchte uns. Ich antwortete, der Zerstörer kam an unserem Heck längseits und warf mit einer Wurfleine einen Briefbeutel auf unsere Schanze. Er enthielt ein dringendes Dienstschreiben. Großartig, dachte ich, das scheint ja eine sehr wichtige Sache zu sein! Ich weckte den Adjutanten. Wir entschlüsselten den Befehl. Schließlich lag der Inhalt vor uns: „S.M.S. Breslau bildet sofort ein Landungskorps, das baldmöglichst zur militärischen Besetzung von Skutari in Albanien, im Rahmen von Truppenkontingenten auch der anderen europäischen Großmächte, auszuschiffen ist.“

Wohl selten hat eine Entscheidung hoher Diplomaten, denn dieser Befehl der Kaiserlichen Deutschen Regierung beruhte sicherlich auf einem gemeinsamen Beschluß der Londoner Konferenz, so genau das getroffen, was ein kleiner Fähnrich z. See sich wünschte. Mit kaltherziger Rücksichtslosigkeit weckte ich nun den Kommandanten und den 1. Offizier der „Breslau“. Die Nacht ging vorbei mit rollenmäßiger Aufstellung des Landungskorps. Daß ich dabei sein wollte und mußte, war mir klar. Als Löwenfeld mir in dieser Nacht unter den Offizierstellen des Landungskorps auch meinen Namen diktierte, fiel mir jedoch immerhin ein Stein vom Herzen.

Wie war es politisch zu dieser Entsendung von Truppen der Großmächte nach Albanien gekommen?

König Nikita hatte inzwischen eingewilligt, Albanien zu räumen, und die Blockade seines Landes wurde daher aufgehoben. Nun war die Londoner Konferenz eifrig bemüht, Staatsoberhaupt, Regierung und Verfassung des neuen, autonomen albanischen Landes aufzustellen und festzusetzen. Aber bis diese Vorbereitungen getroffen waren, und Albanien sich selbst regieren könnte, würden sicherlich noch Monate vergehen. Deshalb sollte vorläufig ein Truppenkontingent der europäischen Großmächte die Hoheitsrechte in Skutari, der nördlichsten Stadt Albaniens, die die Montenegriner besetzt und zu räumen hatten, ausüben und in diesem Gebiet unmittelbar für Ruhe und Ordnung sorgen. Darüber hinaus sollte diese politische Geste einer internationalen Polizeitruppe den Willen der Großmächte dokumentieren, auch im übrigen Gebiet Albaniens Unruhen nicht zu dulden und erforderlichenfalls durch Entsendung von Soldaten zu verhindern.

Zusammen mit den anderen Nationen fuhr unser Landungskorps – kriegsmäßig ausgerüstet – bei Hellwerden des übernächsten Tages auf flachen Kähnen den Bojana-Fluß aufwärts nach dem Skutari-See hinauf, an dessen Ufern die Stadt Skutari lag. Die Stadt und ihr Landgebiet waren von dem Gesamtbefehlshaber dieser internationalen Aktion, dem englischen Vice-Admiral Sir Cecil Burney, in Sektoren eingeteilt, die den beteiligten Nationen – Deutschland, England, Frankreich, Italien und Österreich – als Sicherungsgebiete zugewiesen wurden. Wir übernahmen unseren Sektor sofort nach Eintreffen am frühen Nachmittag unseres Ausschiffungstages von den Montenegrinern, ohne daß es hierbei zu irgendwelchen Zwischenfällen kam. Die wichtigsten Positionen wurden von uns mit Standposten besetzt; Patrouillen sicherten in den Straßen. Als Kaserne bezogen wir eine frühere türkische Schule, die in der letzten Zeit des Krieges als Lazarett gedient hatte. Das ganze Gebäude in all seinen Stockwerken, Räumen und Treppenhäusern wurde erst einmal zur Reinigung nach Seemannsart unter eine Flut von Wasser gesetzt, geschrubbt und mit Karbol desinfiziert.

Als die Nacht des ersten Tages anbrach, hatten unsere Breslau-Männer ihr ordentliches, sauberes Quartier und alle waren guter Dinge und empfanden die ganze Sache als großartige Abwechslung, verglichen mit den letzten Wochen des An-der-Kette-Liegens. Aber die erste Nacht sollte uns Wache gehenden Offizieren und Fähnrichen auch die ersten Erfahrungen bringen, und zwar von einer Seite her, von der wir Seeleute – mit den örtlichen Verhältnissen an Land nicht vertraut – sie ganz und gar nicht erwartet hatten.

Bei der Übernahme unseres Sektors am Nachmittage wurden uns auch eine Anzahl guter Reitpferde zugeteilt. Nicht nur der Kommandeur unseres Landungskorps, Kapt.-Lt. von Löwenfeld, sondern auch die Kompagnieoffiziere und wir Leutnants und Fähnriche wurden sofort beritten gemacht. Dies war notwendig, um unser ausgedehntes Gebiet rasch kontrollieren zu können.

Als ich nun im Dunkel der ersten Nacht durch die Straßen und Wege der Stadt ritt, weite Plätze, alte türkische Moscheen mit ihren Minaretts und türkische Friedhöfe mit schwarzen Zypressen hinter alten baufälligen Mauern passierte, mußte ich immer wieder auf all meine noch bei Tageslicht mühsam erworbene Ortskenntnis scharf aufpassen, um mich nicht zu verirren und meine aufgestellten Posten, die ich kontrollieren, mit ihnen sprechen und sie instruieren wollte, auch zu finden. Das glückte zunächst. Aber als ich dann in der Finsternis über einen weiten Platz trabte, wurde mein Pferd plötzlich sehr unruhig. Fast im gleichen Augenblick sah und hörte ich auch, was mein Pferd erregt hatte: ein ganzes Rudel großer Hunde raste unter wütendem Gebell auf uns zu, so daß ich mit meiner Reitgerte auf die Hunde, die an meinem Pferd emporsprangen, einhieb und schon geneigt war, mit meiner Pistole zwischen sie zu schießen, es dann aber doch unterließ, um hierdurch nicht die Posten unseres ganzen Sektors zu alarmieren. Schließlich entzog ich mich diesem „Wolfsrudelangriff" dadurch, daß ich in einem wilden, nächtlichen Galopp mich meinem Pferd überließ. Ehrlich gesagt: ich hatte die Führung meines Rosses völlig verloren und wurde von ihm irgendwohin getragen und wär nur froh, daß ich nicht von oben gekommen und zwischen die wilden Hunde gefallen war. Als ich dann mein Pferd wieder in die Hand bekommen hatte und wieder wußte, wo ich mich befand, setzte ich, etwas beschämt, meinen nächtlichen Patrouillenritt um so gewissenhafter fort.

Am nächsten Morgen hatten aber auch die übrigen „Breslau"-Offiziere von ähnlichen Hundeerlebnissen zu erzählen. Ihre Ursachen wurden uns ganz klar, als wir bei Tage das Straßenbild betrachteten: überall lagen oder lungerten diese großen, oft räudigen, herrenlosen Hunde mit gelblichem Fell und gelben, untreuen Augen herum. Sie wurden von der Bevölkerung durchaus geduldet, weil sie die Straßenreinigung besorgten, nämlich die Abfälle auffraßen, die von den Einwohnern nach alter Sitte vor die Türen geworfen wurden. Löwenfeld war hierüber jedoch anderer Ansicht: Die Hunde wären Träger von Seuchen, außerdem eine Gefahr, wenn sie sich nachts zusammenrotteten und dann, sich gegenseitig Mut machend, Menschen anfielen. Er sorgte dafür, daß die

Hunde verschwanden und folgte hierbei, wie ich später erfuhr, in ähnlicher Form dem Beispiel der Jungtürkischen Regierung unter Enver Pascha in Konstantinopel, die 1908 die zahlreichen Straßenhunde der Hauptstadt, die die gleichen Aufgaben der Straßenreinigung hatten und dabei die gleichen Gefahren für die Bevölkerung bildeten, zusammentreiben und sie zu hunderten nach einer unbewohnten, felsigen Insel im Marmarameer bringen ließ.

In den nächsten Wochen spielte sich der uns ungewohnte Besatzungsdienst ein. Mit den wachfreien Männern exerzierten wir eifrig im Gelände, machten Schießübungen, sahen uns die türkischen und montenegrinischen Stellungen im Kampfgebiet an und versuchten vom Landkrieg soviel zu lernen, wie es für Seeleute überhaupt und in der kurzen Zeit möglich war. Allmählich fühlten wir uns etwas sicherer, da wir glaubten, etwaigen kritischen Anforderungen besser gewachsen zu sein als in den ersten Tagen. Für diese Selbsteinschätzung meinten wir zwei Maßstäbe zu besitzen: einmal den tagtäglichen Vergleich mit den Seeleuten der anderen Nationen. Bis auf die englischen „Marines", also See-Soldaten, die in der englischen Marine auch auf den Kriegsschiffen ständig eingeschifft waren und daher auch zum englischen Landungskorps von der „King Edward VII" gehörten, war das landsoldatische Können der anderen Marine-Landungskorps und die Ordnung und der Dienstbetrieb in ihren Bewachungssektoren nach unserer Ansicht nicht besser als bei uns. Die Offiziere aller Nationen trafen sich überdies im einzigen, besseren Hotel der Stadt, im Hotel de L'Europe, so daß ein gegenseitiges Kennenlernen und Beurteilenkönnen auch der Offiziere untereinander möglich war.

Wir glaubten also, daß wir den Vergleich mit den Marine-Korps der anderen Nationen bestehen könnten, was also unser jugendliches, landkriegerisches Selbstgefühl hob.

Dies wurde aber immer wieder erheblich gedämpft, wenn wir mit Truppenteilen des montenegrinischen Heeres in Berührung kamen. Sie hatten – wie bereits gesagt – das von ihnen im Krieg eroberte albanische Land wieder zu räumen und mußten, soweit sie ostwärts von Skutari in Albanien gestanden hatten, diese von uns besetzte Stadt passieren, um in ihre Heimat Montenegro zurückkehren zu können. Um Zwischenfälle und Demonstrationen der albanischen Bevölkerung der Stadt zu vermeiden, war vereinbart worden, daß der Durchmarsch der Montenegriner nur nachts erfolgen sollte. An unserer Zonengrenze hatten wir jüngeren Offiziere des internationalen Landungskorps die montenegrinischen Truppenteile zu empfangen und sie bei ihrem nächtlichen Weg durch Skutari zu begleiten. Dies war stets eine eindrucksvolle Begegnung. Die Söhne der schwarzen Berge sind ein hoher schlanker Menschenschlag, elastisch und kraftvoll in Haltung und Gang. Lautlos, in ihrer altvolkstümlichen und für ihre Bergwelt praktischen Fußbekleidung, den Opanken, marschierten die kriegserprobten Soldaten mit voller Waffenausrüstung in geschlossener militärischer Ordnung. Was mir noch besondere Achtung einflößte, war einmal das unnahbare, stolze Schweigen dieser montenegrinischen Männer, die auch untereinander während der ganzen Dauer des nächtlichen Marsches kein Wort wechselten. Das andere war: den Troß bildeten montenegrinische Frauen, die, mit Lasten schwer beladen, am Schluß der Truppenteile ebenso schweigsam ihren nächtlichen Weg gingen. Dieser militärische Einsatz der Frauen und ihre stille Opferbereitschaft für die Sache ihres Landes, dem es an besseren Transport-und Hilfsmitteln fehlte, erweckten meine ganz besondere Hochachtung.

Ein erheblicher Teil der Besatzungen der vor Montenegro liegenden Kriegsschiffe war also nun bereits monatelang nach Skutari ausgeschifft. Die Kriegsschiffe selbst waren daher nicht mehr voll verwendungsbereit und ihren anderen und eigentlichen Aufgaben entzogen. Als es den Großmächten notwendig erschien, Skutari noch für weitere Monate besetzt zu halten, entsandte die Kaiserlich Deutsche Regierung daher ein reguläres Seebataillon aus der deutschen Heimat nach Skutari, um unser Landungskorps der „Breslau" abzulösen. Im Herbst 1913 wurden wir wieder an Bord unseres Kreuzers eingeschifft. Unmittelbar danach verließ S.M.S. Breslau die montenegrinischen Gewässer und ging nach Brindisi, dem italienischen Hafen an der Adria. Dort holten wir den Prinzen Heinrich von Preußen ab, Großadmiral der Kaiserlichen Marine und Bruder des Deutschen Kaisers Wilhelm II. In seiner Begleitung befand sich der junge Herzog von Braunschweig, Enkel des 1866 entthronten Königs von Hannover. Der Herzog hatte sich gerade mit der einzigen Tochter des Kaisers, Viktoria Louise, verlobt. Diese Verlobung dokumentierte den politischen Friedensschluß zwischen dem Hause Hohenzollern und den Welfen. Der junge Herzog, der bisher unter dem Namen eines Prinzen von Cumberland in der Bayerischen Armee als Leutnant Dienst getan hatte, wurde durch ein Staatsgesetz Monarch des Herzogtums Braunschweig, das seit 1866 von einem preußischen Prinzen verwaltet worden war.

Der Anlaß, weshalb Prinz Heinrich von Preußen und der Braunschweiger Herzog sich auf unserem Kreuzer einschifften, war die Ermordung des Königs Georg von Griechenland in Saloniki. Der Sohn des Königs und sein Nachfolger auf dem griechischen Königsthron, der bisherige Kronprinz Konstantin, war mit einer Schwester des Deutschen Kaisers, Prinzessin Sophie, verheiratet. So bestanden auch verwandtschaftliche Beziehungen zwischen beiden Fürstenhäusern. Prinz Heinrich von Preußen als Bruder und der Braunschweiger Herzog als Schwiegersohn sollten daher den Deutschen Kaiser bei der Beisetzung des Königs Georg von Griechenland in Athen vertreten.

Wir brachten unsere Gäste nach Piräus, dem Hafen Athens. Als wir ankamen, lag bereits das verhältnismäßig kleine Hafenbecken voller Kriegsschiffe aller Nationen, die aus dem gleichen Anlaß dorthin gekommen waren. Die Kriegsschiffe hatten in enger Reihe nebeneinander festgemacht: Das Heck der Schiffe nach Land zu am Kai, der Bug nach dem Wasser zu an einer Boje. In dieser dichten Folge von Kriegsschiffen war eine schmale Lücke für die „Breslau“ gelassen, in die unser Kommandant das Schiff über den Achtersteven hineinsteuerte. Schlepperhilfe gab es nicht und unglücklicherweise hatten wir bei diesem Manöver im engen Raum ziemlich starken Wind von der Seite, so daß es vor allem darauf ankam, sofort das Heck mit einer Leine am Kai festzuhalten, damit wir nicht von dem Seitenwind auf das Nachbarschiff von uns in Lee gedrückt wurden, sobald die Breslau in die Lücke hinein manövriert war. Alles ging zunächst gut, das Manöver des Breslau-Kommandanten, Kapt. z. See von Klitzing, war ausgezeichnet. Der alte Seemann und Großadmiral, Prinz Heinrich von Preußen, sah sich natürlich, neben unserem Kommandanten auf der Brücke unseres Kreuzers stehend, das Manöver an. Hinten am Heck auf der Schanze hatten der Oberleutnant z. See von Wegnern mit dem Fähnrich zur See Dönitz und einer Mannschafts-Division ihre sogenannte Manöver-Station. Wir bekamen auch blitzschnell eine schwere Manilaleine vom Heck auf den Kai hinüber und holten sie durch. Die Leine kam steif – und dann passierte das Unglück – sie brach! Ob der Kommandant noch einmal mit den Schrauben angegangen und hierdurch zuviel Kraft auf die Leine gekommen war, ohne daß wir auf dem Heck sie wieder rechtzeitig gesteckt hatten, oder ob wir die Leine auf der Schanze mit dem Heckspill zu stark durchgehievt hatten – in jedem Falle hatten wir, d.h. Wegnern und ich, die Schuld. Sofort drückte der Wind die „Breslau" zur Seite, dem in Lee von uns liegenden Kriegsschiff entgegen. Das war der englische Kreuzer „Gloucester". Eilig schrickte dieser seine Heckleinen, um uns Platz zu machen und den Zusammenstoß beider Schiffe möglicherweise noch zu verhindern. Dies glückte tatsächlich noch, unser Kommandant hielt unser Schiff, nachdem der Bug vorn an der Boje bereits fest war, gut mit den Schrauben auf der Stelle. Ich fuhr in größter Eile im Dingi eine neue Leine vom Heck der „Breslau" nach der Pier und unser Schiff lag kurz darauf, Gott sei Dank, auch mit dem Heck fest.

Das ganze war aber, infolge des ersten Leinenbruchs, ein mißglücktes Manöver und dies unter den Augen des hohen Gastes und Großadmirals unserer Marine!

Wegnern und mir war daher nicht sehr wohl zumute, und wir guckten schuldbewußt zur Brücke hinauf. Aber Prinz Heinrich und unser Kommandant hatten die Panne, die uns passiert war, anscheinend mit Ruhe aufgenommen. Bei dem scharfen Querwind konnte ein solcher Leinenbruch ja einmal geschehen und schließlich war die Lage doch gemeistert und eine Kollision mit dem Engländer noch vermieden worden.

Der Prinz und Klitzing standen noch einen Augenblick auf der Brücke zusammen. Da rief vom Signaldeck über ihnen der Signalmaat der Wache aus: „Morsespruch vom englischen Kreuzer ‚Gloucester'. Der Signalspruch wurde abgenommen. Wohl wegen des soeben beendeten Manövers und der verhinderten Kollision daran interessiert, was der Engländer zu sagen hatte, ließ der Kommandant sich den englischen Morsespruch vorlegen. Auch der Prinz sah mit in die Signalkladde hinein. Möglicherweise konnte der Signalspruch ja auch irgendeine offizielle Botschaft an ihn enthalten. Aber seine Königl. Hoheit Prinz Heinrich von Preußen und Kapt. z. See von Klitzing, Kommandant S.MS. Breslau, lasen zu ihrer amüsierten Überraschung: „Sutton to Dönitz. When panic is over, I'll come to see you."

Sutton war der jüngste englische Leutnant der „Gloucester“ und war mir von gemeinsamen Erlebnissen, Streichen, Landgängen und Ausritten in Malta und Alexandrette, wo er vorher auf H.M.S. „Barham“ eingeschifft gewesen war, nahe bekannt. Klitzing klärte in meiner Gegenwart den Prinzen Heinrich darüber auf, und dieser meinte lachend zu mir, die Leutnants wären anscheinend auch heute noch in allen Marinen mit ihrer Kritik so schnell bei der Hand und genau so frech, wie zu seiner eigenen Leutnantszeit. Und damit war dieses „verkorkste“ Manöver erledigt, es gab für mich keine „Zigarre“, sondern ein Wiedersehen mit Sutton.

Als wir nach der Beisetzung des Königs Georg von Griechenland unsere hohen Gäste wieder ausgeschifft hatten, begann für uns an Bord eine Zeit intensiver Gefechtsausbildung und der Durchführung von Artillerie-Schießübungen. Zwischendurch liefen wir nahezu alle größeren Häfen der Kleinasiatischen Türkei an, um mit unserem Kreuzer, dem modernsten Deutschlands, dem deutschen Ansehen, also unseren politischen und wirtschaftlichen Interessen, in dieser kleinasiatischen Welt zu dienen. Gleichzeitig wurde durch unsere Besuche der Zusammenhalt der dortigen Auslandsdeutschen gefördert. Erlebnisse aller Art, die für einen jungen Menschen, wie einen 22jährigen Leutnant z. See – ich war nun befördert worden – köstlich waren, ereigneten sich auch hierbei reichlich. Sie bilden meine persönlichen Erinnerungen, und deshalb behalte ich sie auch für mich.

Zum Kohlennehmen – denn selbst unsere neuesten Kriegsschiffe hatten 1913 noch keine Ölfeuerung – gingen wir jedes Mal nach Port Said, wo wir vom Deutschen Kohlendepot mit arabischen Trimmern bekohlt wurden. Weil die Besatzung der „Breslau“ zur Kohlenübernahme also nicht eingesetzt war, konnten auch wir Offiziere, soweit wir wachfrei waren, während der Zeit der Kohlenübernahme Urlaub erhalten und nach Kairo fahren. So war ich mehrmals dort und sah mir alles Sehenswerte an, die Moscheen, die islamitische Universität, die Zitadelle, das ägyptische Museum, die Pyramiden von Giseh und Sakarah und die Ramses-Statue in Memphis. Wenn mich vor allem die Pyramiden selbstverständlich beeindruckten, so kann ich doch nicht sagen, daß ich die zeitlos monumentale, auf die Ewigkeit ausgerichtete und bleibend archaische Art und Größe der ägyptischen Kunst als junger Mensch in jener Zeit erfaßt hätte. Das Verständnis für diese Großartigkeit der ägyptischen Kunst ging mir erst jetzt im letzten Jahrzehnt meines Lebens auf. Wie ich überhaupt glaube, daß ganz ausgesprochen das Verhältnis eines Menschen gerade zur Kunst sich ändert, so wie er sich in den Jahrzehnten seines Lebens entwickelt und daher auch seine innere und geistige Haltung einem Fortschreiten und einer Änderung unterworfen sind. Künstlerische Richtungen und Epochen, die einen als jungen Menschen begeisterten, verlieren später zum Teil ihren Einfluß und Wert und andere Arten und Zeiten der Kunst und ihre Künstler treten an ihre Stelle. Wie vollendet erschienen mir als junger Mensch z. B. die Raffaelschen Madonnen; wie sehr viel mehr schätze ich heute die größere Innerlichkeit niederländischer oder deutscher Maler der gleichen Epoche. Und wo anders gibt es, das empfinde ich heute, in Stein gehauene Porträtköpfe aus der Zeit 2000 bis 1000 Jahre vor Chr. Geburt, die so hoheitsvolles Königtum und brutalen Herrscherwillen, aber auch so stark Entsagung, Einsamkeit und selbst Menschenverachtung ausdrücken, also von so sprechender Charakteristik sind, als z. B. die altägyptischen Köpfe des Sesostris und von Amenemhet I.

In den Herbst 1913 fiel für S.M.S. „Breslau" auch ein längerer Aufenthalt in Konstantinopel, wo wir die „Goeben" ablösen mußten, die dort während der kritischen Zeit des Balkankrieges gelegen hatte, als die Gegner der Türkei durch Macedonien bis zur Tschataldja-Linie, dicht vor Konstantinopel, vorgedrungen waren, und das Schicksal der Hauptstadt des Türkischen Staates wochenlang an einem seidenen Faden gehangen hatte.

Um so intensiver genoß nun nach Beendigung des Balkankrieges die internationale Gesellschaft dieser Stadt, die immer ein Brennpunkt des politischen Lebens gewesen war, ihr Dasein in vollen Zügen. Die „Breslau" ging im Bosporus vor Therapia bei Konstantinopel vor Anker. Dort lagen an einem märchenhaft schönen Platz die Sommerwohnung des deutschen Botschafters und in der Nähe entsprechende Sitze der diplomatischen Vertreter anderer Nationen.

Nach der langen Blockadezeit vor Montenegro und dem Landungskorpsaufenthalt in Skutari sollte die Besatzung S.M.S. „Breslau" während des Liegens in Konstantinopel eine möglichst dienstfreie Urlaubszeit erhalten, zumal eine regelrechte Beurlaubung in die Heimat von

Offizieren und Mannschaften seit 1½ Jahren nicht möglich gewesen war. So hatten auch wir Offiziere verhältnismäßig viel freie Zeit und nahmen daher an dem genannten gesellschaftlichen Trubel teil. Wir erhielten so viele Einladungen, die aus politischen und Höflichkeitsgründen angenommen werden mußten, daß eine Einteilung von uns in Besuchsgruppen notwendig wurde und wir verpflichtet waren, zu diesen Empfängen zu gehen, wenn die Besuchsgruppe, zu der man gehörte, gerade „Dienst" hatte.

Entsprechend mußten auch wir diese zahlreichen Einladungen erwidern. Als Kennzeichen für die Fülle dieser Erwiderungen bei uns an Bord mag Folgendes erzählt werden: da wir von Montenegro und Albanien, also vom Balkan her gekommen waren, wurde unser Schiff der „Balkan" genannt. Die Botschaftsattaches hielten es jedoch für richtiger, für unsere Bosporuszeit diesen Beinamen in „Ball-Kahn" umzumodeln. Ferner: jeden Sonntagvormittag nach dem Gottesdienst an Bord setzten wir im Vortopp des Schiffes, also an der Spitze des vorderen Mastes, die internationale Flagge „C". Sie bedeutete allgemein auf den vor Konstantinopel liegenden Kriegsschiffen: „Es wird zu einem Cocktail eingeladen." Diese Empfangsart war für uns eine praktische und relativ billige Form, die erhaltenen Einladungen zu erwidern. Dann kamen auch sehr bald in „Kaiks" – das sind die türkischen Ruderboote des Bosporus oder in den „Mouches" – so wurden die Motorboote der Botschaften genannt – oder in Kriegsschiffbooten aller Nationen unsere Gäste zum Cocktail an Bord.

Von den Einladungen, die wir an Land erhielten, möchte ich als für uns deutsche Offiziere eindrucksvoll, da ungewöhnlich, nur einen Empfangsabend in Buyuk Dere auf der Kaiserlich Russischen Botschaft, bei dem Botschafter Baron Giers, erwähnen. Die Kaiserliche Yacht des Zaren, die „Standart", war vom Schwarzen Meer kommend im Bosporus eingelaufen und ihr Offizierkorps abends Gast des russischen Botschafters. Hierzu hatte Baron Giers die Spitzen der Gesellschaft und auch Seeoffiziere anderer Nationen eingeladen. Es war das erste und blieb das einzige Mal, daß ich mit russischen Seeoffizieren zusammen gekommen bin. Die Offiziere der „Standart" gehörten selbstverständlich zu der Elite ihres Offizierkorps. Außerdem glaube ich nicht, daß in jener Zeit andere Offiziere als solche vom russischen Hochadel auf die „Standart“ kommandiert gewesen sind. Entsprechend war auch ihr Auftreten von „Großfürstlicher Art“, das sich – je länger der Abend dauerte – immer stärker in einer unbändig kraftvollen Äußerung des Lebensgefühls kundtat, in Gesang und Tanz mit gelegentlichem Sekttrinken, so daß manche, ebenfalls eingeladene, fremde Botschaftsmutter ihr Töchterlein unter ihre sorgenden Fittiche nahm und zum Nachhausegehen drängte.

Niemand ahnte damals das Schicksal, das nur vier Jahre später diesen Angehörigen der russischen Oberschicht beschieden war.

Die „Breslau“ war nun fast 2 Jahre im Dienst. Durch ihre Verwendung im Ausland mußten, da wir im Mittelmeer eigene Stützpunkte und Werften nicht hatten, manche Reparaturarbeiten, die sich aus dem Fährbetrieb und besonders bei einem zum ersten Mal in Dienst gestellten Schiff und dazu noch eines neuen Kriegsschifftyps zwangsläufig ergeben, immer wieder zurückgestellt werden. Zu Beginn des Jahres 1914 war es daher notwendig, unser Schiff auf einer Werft gründlich zu überholen, um das volle Maß der Kriegsbereitschaft wieder herzustellen.

Daß wir das Mittelmeer verließen, kam nicht in Frage. Die im November 1912, auf Anregung des Admirals von Tirpitz, aus „Goeben“ und „Breslau“ in diesem Meere gebildete deutsche „Mittelmeerdivision“ hatte ihre politische Bedeutung schon während des Balkankrieges gezeigt. Seitdem diese beiden modernen deutschen Kriegsschiffe sich im Mittelmeer befanden, war das politische Gewicht des Dreibundes – Deutschland, Österreich-Ungarn, Italien – in diesem Raum größer geworden. Wie richtig der Tirpitzsche Vorschlag war, den Ausbruch des Balkankrieges im Herbst 1912 zum Anlaß zu nehmen, unsere Machtposition im Mittelmeer zu verstärken, sollte sich erst später bei Kriegsausbruch 1914 voll zeigen: das Einlaufen der beiden Schiffe in die Dardanellen und ihr Übergehen in türkische Dienste brachte die Türkei als Bundesgenossen an unsere Seite.

Also im Januar 1914 wurde entschieden, daß wir die Grundüberholung des Schiffes nicht in einer heimatlichen Werft machen sollten, sondern im Mittelmeer zu bleiben und nach Triest auf die private Schiffbauwerft „Stabilimento tecnico“ zu gehen hätten.

Triest gehörte 1914, obwohl es zum größten Teil Einwohner italienischer Rasse und Sprache hatte, zu der Österreichisch-Ungarischen

Monarchie. Der Statthalter, die Beamten und das Militär in Triest waren österreichisch oder besser gesagt – unabhängig von ihrer persönlichen Volkszugehörigkeit – Diener des österreichisch-ungarischen Staates und der Habsburger Monarchie getreu ergeben. Der Statthalter war Deutsch-Österreicher, ein Prinz Hohenlohe; der Marinechef der K. u. K. Kriegsmarine in Triest war Admiral Baron Koudelka, von kroatischer Herkunft. Besonders die österreichische Marine war ein Schmelztiegel der verschiedenen Völkerschaften der österreichischen Monarchie. An Bord eines Kriegsschiffes waren unter den Offizieren und Mannschaften oft Tiroler, Kärntner und Steiermärker, Italiener, Serben, Kroaten, Tschechen und Ungarn. Diese Aufzählung zeigt, wieviel schwerer es die österreichischen Seeoffiziere, verglichen mit anderen Marinen, hatten, aus dieser Vielartigkeit und Vielsprachigkeit die Besatzungen ihrer Kriegsschiffe zu einer Einheit zusammenzuschweißen.

Wir „Breslau"-Offiziere kamen während unseres wochenlangen Aufenthaltes in Triest mit den staatlichen Stellen, den Beamten und den Marine- und Heeresoffizieren der österreichischen Monarchie, in enge Berührung. Oft hoch gebildet und von weltmännischer, vielleicht manchmal etwas lässiger Art, unterschieden sie sich von unserem pflichtbetonten, korrekten, aber steiferen und vielleicht auch engeren preußischen Wesen. Diese Begegnung mit den Österreichern war daher für uns junge deutsche Marineoffiziere nur von Nutzen; wie überhaupt der Verkehr mit den maßgebenden Gesellschaftsschichten der verschiedenen Nationen während des zweijährigen Aufenthalts der „Breslau" vor dem 1. Weltkrieg im Mittelmeer uns junge Marineoffiziere in unserem Auftreten schulte und unseren Gesichtskreis und unsere Urteilsfähigkeit vergrößerte.

Im April war unsere Liegezeit in Triest beendet. Der österreichische Thronfolger, Erzherzog Franz Ferdinand, der großes Interesse für seine eigene, die K.u.K. Marine hatte, besuchte die „Breslau". Er wollte sich die militärischen Anlagen unseres modernen Kriegsschiffes ansehen. Als er mit einem Motorboot der österreichischen Marine am Fallreep der „Breslau" längsseit kam, hatte der österreichische Bootssteuerer das Pech, daß sein Anlegemanöver fehlschlug und das Motorboot eine ganze Zeit hin- und hermanövrieren mußte, bis der österreichische Thronfolger auf unser Fallreep übersteigen konnte. Hierbei monierte der

Erzherzog mit lauten barschen Worten den österreichischen Bootssteuerer – was nach unserer Ansicht erst die Situation peinlich machte. An Bord der „Breslau“ war der Thronfolger sehr interessiert, aber ernst und verschlossen.

In den Jahren vor 1914 verlebte der Deutsche Kaiser fast regelmäßig im Frühjahr eine Erholungszeit auf seinem Schloß Achilleion auf der griechischen Insel Korfu im Mittelmeer. Im Jahr 1913 war dieser Besuch wegen des Balkankrieges, an dem auch Griechenland beteiligt war, ausgefallen. Im Frühjahr 1914 dagegen beabsichtigte der Kaiser, sich wieder auf Korfu zu erholen.

Seine Yacht, die „Hohenzollern“ ging rechtzeitig ins Mittelmeer, um den Kaiser und die Kaiserin in Venedig, wohin beide auf dem kürzeren Landweg fuhren, abzuholen.

Die „Breslau“ wurde während des Mittelmeeraufenthaltes unseres Monarchen als Begleit-Kreuzer befohlen und ebenfalls zu seinem Eintreffen nach Venedig bestellt. Dort lag unser Schiff Heck an Heck mit der „Hohenzollern“ am Eingang des Canal Grande vor dem Markusplatz. Der Kaiser wurde vom König von Italien in der alten, großen venezianischen Staatsgondel vom Bahnhof in Venedig abgeholt. Der wundervolle Rhythmus der 40, in mittelalterlicher Tracht rot gekleideten Gondoliere, die stehend zum Vorausbringen der Ruder gleichzeitig 2 Stufen emporstiegen, um diese beim Durchholen des Ruderblattes durch das Wasser wieder hinabzusteigen, war schon von weitem zu sehen. Am Bug der Gondel wehte die Standarte des Deutschen Kaisers, hinten im Stern des Bootes saßen der König von Italien und sein kaiserlicher Gast. Als die Gondel an der „Breslau“ vorbeikam, paradierte unsere Besatzung. Wir Offiziere standen auf der Schanze und grüßten. Der Kaiser erwiderte unseren Gruß. Aber das feierliche Zeremoniell wurde durchbrochen: „Fatzke“, unser Bordhund, ein Terrier, hatte sich irgendwie aus der Einsperrung befreit, in die wir ihn vorsorglich vor der Ankunft des Kaisers verbannt hatten. Gerade als der Kaiser passierte, erschien Fatzke und lief zu unserem großen Unbehagen zwischen unseren Beinen herum. Der Kaiser rief jedoch herauf: „Guten Tag, Fatzke“. Denn Wilhelm II. hatte im Sommer 1912 auf der Norwegenreise von eigenen jungen Terriern einen dem Prinzen Heinrich, den anderen den Offizieren der „Breslau“ geschenkt. Wir bemerkten also jetzt im Frühjahr 1914, daß er weder dies, noch den Namen des „Breslau"-Hundes vergessen hatte.

Am Abend des nächsten Tages war ein Galaempfang auf der „Hohenzollern" für den König von Italien. Wir Leutnants waren hierzu natürlich nicht eingeladen. Wir sahen uns jedoch vom Heck der „Breslau" aus das Ankommen der Gäste an. Die Venezianer waren anscheinend ebenso neugierig, denn eine riesige Menschenmenge drängte sich am Markusplatz an die Ufer des Canal Grande.

Wir begleiteten am nächsten Tag die „Hohenzollern" mit dem Kaiser nach Korfu. Hier wurde der Kaiser von König Konstantin von Griechenland, seinem Schwager, empfangen. Die „Breslau" wurde nach Piräus, dem Hafen Athens, geschickt, um die Königin Sophie von Griechenland, die Schwester des Kaisers, nach Korfu zu bringen.

Als wir Leutnants hörten, daß wir die Königin von Griechenland abholen sollten, machten wir verdutzte Gesichter: eine Frau in See an Bord auf einem Kriegsschiff? – Aber, was ging es uns an, sie würde sicherlich in den beiden Räumen des Kommandanten wohnen, der Kommandant in seiner Reservekammer auf der Brücke schlafen, und wir Leutnants hätten nur bei der nächtlichen Wache darauf zu achten, daß niemand in der Nähe des Schlafraums der Königin Lärm machte.

Aber unsere Vorausschau der kommenden Tage sollte sich als völlig falsch erweisen: die Königin erschien in Piräus zur Reise nach Korfu mit ihrer Tochter, der Prinzessin Helene, damals einem jungen Mädchen, später Königin von Rumänien; ferner mit einer Hofdame und deren Tochter, die die Freundin der jungen Prinzessin war.

Als sie an Bord gekommen waren, freuten wir Leutnants uns über diese so außerordentlich reizenden Gäste. Wir guckten grinsend Loewenfeld an, der ja nun die Aufgabe hatte, die vier Damen so gut und zweckmäßig wie möglich unterzubringen. Aber er löste diese Aufgabe rasch und drastisch, wie es von ihm nicht anders zu erwarten war. Ein dreieckig spitzer Raum ganz hinten am Achtersteven, also am Heck des Schiffes, der bei jeder Schiffsbewegung am häufigsten, am tiefsten und schnellsten in die See eingetaucht und wieder hoch emporgeworfen wurde; der zudem unmittelbar über den beiden Schiffsschrauben lag, deren Mahlen im Wasser und deren Poltern in der Luft beim Stampfen des Schiffes die ständige Lärmbegleitung für diese Heckkammer waren; dieser dreieckig kleine Heckraum, welcher nur als Kleiderkammer des Schiffes, also als Magazin für Reserve-Uniformen und -Schuhwerk unserer Besatzung diente, weil er als Wohnraum wegen der genannten Umstände nicht brauchbar war; dieser Raum war es, der Loewenfeld die Lösung für seine Unterbringungsaufgabe bot, die uns schadenfrohen Leutnants unlösbar erschienen war. Wir hörten, wie der Erste Offizier befahl, in dem kümmerlichen Heckraum zwei Hängematten aufzuhängen. Dann wandte er sich zu meinem Kameraden Wodrig und mir, zu uns beiden jüngsten Leutnants, und sagte: „Ihr zieht sofort in die beiden Hängematten! In Eurer Doppelkammer schläft die Prinzessin mit ihrer Freundin!" –

Das war alles, und damit ließ er uns stehen, und so geschah es, denn es war selbstverständlich richtig so. Dies war die Kehrseite des Damenbesuchs für uns Leutnants, die wir jedoch gern in Kauf nahmen. Denn bei weitem überwog die „Sonnenseite": abends wurden wir in den Kommandanten-Salon gebeten, um die Prinzessin und ihre Freundin zu unterhalten. Wir hatten dann beim Pferderennen-Spiel viel Spaß miteinander. Und als die Damen in Korfu ausstiegen, bedauerten wir es und waren fast zu schüchtern, unsere eigene Doppelkammer wieder zu betreten, in der die beiden jungen Mädchen gehaust hatten.

Vor Korfu war auch unser Schlachtkreuzer „Goeben" eingetroffen, mit dem Chef der Mittelmeer-Division, Konteradmiral Souchon, an Bord. Wir erledigten gemeinsam mit der „Goeben" unsere Artillerie-Schießübungen, d. h. wenn die „Goeben" schoß, schleppte die „Breslau" die Scheiben und umgekehrt. Ich war der Scheibenoffizier unseres Kreuzers, war also für den Scheibendienst verantwortlich und hatte daher auch nach jedem Artillerie-Anlauf mit einem Beiboot an der Scheibe längsseit zu gehen und die erzielten Treffer festzustellen.

Der Kaiser schiffte sich einmal auf der „Goeben" ein, um sich ein Kaliber-Schießen des Schlachtkreuzers anzusehen. Die Salven der 28-cm-Geschütze der „Goeben" fauchten, brummten und donnerten durch die Luft, als ich mit der „Breslau"-Pinasse etwa tausend Meter hinter der von unserem Schiff geschleppten Scheibe fuhr. Die Einschläge der Granaten warfen hohe Wassersäulen empor. Die Scheibe war zeitweise von den Fontänen ganz eingedeckt. Dann gingen auf der „Goeben", die etwa zehntausend Meter entfernt war, und auf der nahen „Breslau" der

Stander „Z“, eine rote Signalflagge, auf Halbmast. Das bedeutete, daß der Anlauf beendet war, und ich mit der Pinasse an der Scheibe zur Trefferaufnahme längsseit gehen konnte.

Die schleppende „Breslau“ stoppte, die „Goeben“ brauste mit hoher Fahrt heran, meine kleine Dampfpinasse, mit meinem Seestiefel- und Schwimmwesten-bewehrten Scheibenkommando an Bord, hastete, über Wellenberge hüpfend und in Tälern versinkend, der Scheibe zu. Doch die Maschine meines Dampfbootes polterte auf einmal hart und stand dann still. Der Grund wurde mir klar: bei dem Artillerieanlauf war die Schlepptrosse der Scheibe zerschossen worden, und diese Schwimmleine hatte inzwischen bereits hinter der Scheibe etwa ein halb Meter unter Wasser „herumgeschwabbert“. Ohne sie zu sehen, waren wir mit der Pinasse in sie hineingefahren. Die Leine hatte sich noch ein paarmal um die laufende Schraube gewickelt, sich dann fest gezogen und die Maschine zum Stillstand gebracht. Nun lag die Pinasse manövrierunfähig bewegungslos in der See. Eine schlimme Sache, dachte ich. Gleich kommt die „Goeben“ mit dem Kaiser an Bord in die Nähe, um sich die Treffer auf der Scheibe anzusehen und von mir das Ergebnis meiner Scheibenaufnahme zu hören. Statt dessen liege ich hier hilflos im Wasser und kann gar nicht an der Scheibe längsseit gehen. Es gab nur eins: die Leine mußte wieder aus der Schraube heraus! Da die Leine sich in solchen Fällen gewöhnlich sehr fest zwischen Schraube und Schraubenwelle verklemmte, war das Herauslösen im allgemeinen nur über Wasser möglich, d.h. die Pinasse mußte hierfür an den Davits der „Breslau“ aus dem Wasser gehoben werden. Konnte dies nicht geschehen, so war zum mindesten ein Taucher zur Arbeit an die ein halb bis ein Meter unter Wasser liegende Schraube zu schicken, der dort mit seinem Taucherapparat längere Zeit und mit vollem Gebrauch seiner Kraft wirken konnte.

Aber diese beiden Lösungen standen mir in meinem augenblicklichen Fall nicht zur Verfügung. Kurz entschlossen zog ich mich daher aus und tauchte unter dem Heck der Pinasse nach der Schraube. Dort unten rüttelte ich an der Leine, mußte aber zum Atemschöpfen gleich wieder hoch. Ein zweiter, ein dritter und ein vierter Versuch – kein Erfolg! Die Arbeit unter Wasser war so anstrengend, daß ich mich nun immer mit einem Unteroffizier der Pinassbesatzung abwechselte.

Inzwischen war die „Goeben“ in die Nähe gekommen. Von der Brücke des Schlachtkreuzers sah man – alle Herren in tadellos weißer Uniform – mit Doppelgläsern interessiert nach meiner Pinasse, was dort die beiden nackten Männer wohl machten! Angestrengt, außer Puste und wütend unterließ ich es, der „Goeben“ einen klugen, entschuldigenden Winkspruch zu machen, etwa, daß ich eine Leine in der Schraube hätte. Das sollten sie dort selber merken.

Aber als wir unter Wasser etwa eine halbe Stunde an der Leine in der Schraube herumgerissen hatten, gelang es tatsächlich, sie zu lösen und auch aus der Verklemmung heraus zu wuchten. Erschöpft und frierend zogen mein Unteroffizier und ich uns wieder an, gingen an der Scheibe längsseit und teilten der „Goeben“ das Trefferergebnis mit. Von der Anstrengung des Tauchens und Unterwasserarbeitens zitterten mir noch bis in die späte Nacht hinein die Hände. Aber als ich nach Beendigung des Schießens abends auf die „Breslau“ zurückkehrte, zog mich niemand mit meiner Panne, der Leine in der Schraube, auf. Die Leistung, daß wir, auf uns allein gestellt, diese Störung wieder beseitigt hatten, verschloß den größten Spöttern den Mund und brachte mir, was mir wertvoller war, ein anerkennendes Wort von Loewenfeld ein.

Am Wochenende lagen wir vor Korfu, dieser schönsten und grünsten der griechischen Inseln. Korfus reiche Vegetation – im Gegensatz zur meist felsigen Kargheit auf den übrigen griechischen Inselgruppen – ist seiner nördlichen Lage am Eingang der Adria zu danken, so daß die regenbringenden Winde dieses Seeraums die Insel noch erreichen. Der weitgereiste Naturforscher Ernst Häckel schildert begeistert in seinen Reisebeschreibungen den dank dieser klimatischen Umstände einzigartigen Reiz von Korfu.

Ich war bereits als Seekadett mit S.M.S. „Hertha“ dort gewesen und hatte an den Urlaubssonntagen mit meinem Freunde Lamezan Wanderungen durch das schöne Inselland gemacht. Wenn es überhaupt auf dieser unserer ersten Auslandsreise einen Ort gegeben hätte, wo wir unseren gerade begonnenen Seemannsberuf wieder aufgeben und wieder zur „Landratte“ hätten werden wollen, so wäre es Korfu gewesen, das uns schon damals wie ein Paradies vorkam.

In diesem Paradies hatte der Kaiser sich das Schloß Achilleion gekauft, das der im Jahre 1898 ermordeten Kaiserin Elisabeth von Österreich, der Gattin des Kaisers Franz Joseph, gehört hatte und das auf der Insel an einem märchenhaft schönen Platz, in einem märchenhaft schönen Park gelegen war.

Hier verbrachte also im Frühjahr 1914 der Kaiser seinen Erholungsurlaub. In der gleichen Zeit wohnte der König von Griechenland in der Nähe der Stadt Korfu auf dem Schloß „MON REPOS“.

Wenn die „Goeben“ und „Breslau“ in den Hafentagen vor Korfu lagen, kamen wir mit dem Ferienaufenthalt der Monarchen in Berührung. Außer der Prinzessin Helene war auch der junge Prinz Paul, der spätere, 1964 verstorbene König von Griechenland, von Athen zu seinen Eltern nach „MON REPOS“ gekommen. An einem Sonnabendvormittag sollte ein Wettpullen zwischen den beiden besten achtriemigen Kuttern der „Goeben“ und der „Breslau“ stattfinden – in die Sprache der „Landratten“ übersetzt: „Es sollte ein Race zwischen zwei Booten, die je 8 Ruderer hatten, veranstaltet werden.“ Bootsoffizier in dem „Goeben“-Kutter war Leutnant zur See Kümpel. Das „Breslau“-Boot führte der Leutnant zur See Dönitz. Als Ehrengäste nahmen an dem Wettrudern im „Goeben“-Kutter die Prinzessin Helene, in meinem Boot Prinz Paul teil.

Der historischen Wahrheit wegen muß gesagt werden, daß der „Breslau“-Kutter siegte. Prinz Paul und ich waren jedoch Kavaliere: Kurz vor dem Ziel, als der „Goeben“-Kutter noch eine Bootslänge hinter uns lag, sagte ich zum Prinzen Paul: „Jetzt müßten wir als höfliche Männer Deine Schwester vorlassen!“ Ich befahl meiner Kutterbesatzung: „Riemen hoch!“, so daß der „Goeben“-Kutter unser Boot, das nicht mehr ruderte, passieren konnte.

Der König von Griechenland wollte dem deutschen Kaiserpaar Volkstänze in Nationaltracht von Tänzern und Tänzerinnen aus den verschiedenen griechischen Provinzen zeigen. Die Königin von Griechenland hatte hierfür die Leitung der Vorbereitungen übernommen und die „Breslau“-Offiziere gebeten, bei einer geschmackvollen Einrichtung eines Zuschauer-Zeltes für die kaiserlichen Gäste zu helfen.

Diese Aufgabe war für uns einfach. Und das war letzten Endes wiederum Loewenfeld zu verdanken. Als wir im November 1912 mit der „Breslau“ nach Kleinasien gekommen waren, interessierten wir uns natürlich lebhaft für orientalische Teppiche, die wir an Land sahen oder die uns angeboten wurden. Wir kauften diesen oder jenen und brachten ihn strahlend und stolz an Bord. Hier hatte der Teppich aber die Loewenfeldsche Kritik zu passieren. Diese war meistens vernichtend und wurde manchmal in die Worte gefaßt: „Ich würde mich schämen, ihn auch nur in das armseligste Gastzimmer zu legen.“

Stets hatte Loewenfeld mit seinem Urteil recht. Er war ein wirklicher Kenner der orientalischen Teppichkunst, mit der er sich seit Jahren befaßt hatte. Er besaß auch an Bord das großartige Standardwerk des Wiener Museums über die Kunstgeschichte orientalischer Teppiche. Von Loewenfeld lernten wir daher während unseres Aufenthaltes im Mittelmeer in diesen Jahren allmählich unterscheiden: den zwar echten, also handgeknüpften, aber in großen Teppichwebereien, den „Teppichfabriken“ hergestellten Teppich, von dem, der nach alter Art in Heimarbeit in herkömmlichen Mustern und Farben geknüpft worden war. Von Loewenfeld lernten wir die verschiedenen Stilarten der türkischen, persischen, kaukasischen, zentralasiatischen und chinesischen Teppiche kennen; z. B. auch, welche Bordüre zu dem Mittelstück eines bestimmten stilechten Teppichs gehören mußte. Wir lernten, wie ungleich schöner die Pflanzenfarben alter Heimarbeitsstücke, verglichen mit modernen Anilinfarben waren. So wurden uns unter Loewenfelds Anleitung allmählich die Augen über die einmalige Höhe der orientalischen Teppichkunst geöffnet. Zuerst gekaufte Stücke wurden wieder abgestoßen, zentralasiatische Teppiche, wie Buchara, Afghan, Tekke Turkmene mit harten eintönigen rechtwinkligen Flächenmustern kamen nur ganz selten für uns noch in Frage. Für den schönen Teppich hielten wir in erster Linie den stilreinen persischen mit seinen Blumenmotiven, welche die Nomadenfrau in sehnsuchtsvoller Erinnerung an die blühende Oase in den Teppich gewebt, während sie sich zu einer anderen Jahreszeit in karger Steppe befunden hatte. Aber auch kleinasiatische Teppiche waren unsere Lieblinge. Ich besaß z. B. einen alten „Ghiordes“, von einer solchen Farbenschönheit in gelb und blau, also Safran und Indigo, daß ich mich an diesen Farben oft nicht sattsehen konnte.

Auf unseren offiziellen Bordfesten benutzten wir dann unsere Teppiche, um mit ihnen zum Empfang der Gäste die Schanze wohnlich zu machen und auszuschmücken.

In gleicher Weise wurde nun von uns in Korfu an Land das Kaiserzelt für die griechischen Tanz Vorführungen mit unseren Teppichen drapiert.

Wir Offiziere der „Goeben“ und „Breslau“ waren zu den Vorführungen eingeladen. Sie waren malerisch und interessant. Aber mein respektvolles Interesse galt zum mindesten in gleicher Weise unserem Kaiserpaar und seinen königlichen Gastgebern, die im offenen baldachinartigen Zelt auf unseren Herat-, Ferachan- und Chorassan-Teppichen standen und saßen und sich an den Vorführungen erfreuten.

Nach Beendigung des Kaiserlichen Urlaubsaufenthaltes auf Korfu im Mai 1914 begleiteten „Goeben“ und „Breslau“ die „Hohenzollern“ nach Triest. Im Schloß Miramare in der Nähe dieser Stadt traf sich der Kaiser mit dem österreichischen Thronfolger, Erzherzog Franz Ferdinand. Es war ein eindrucksvolles Bild, als die drei deutschen Schiffe in Kiellinie bei strahlendem Wetter dort ankamen, und die bereits auf Reede liegende österreichische Flotte den Kaiser mit dem international vorgeschriebenen Salut begrüßte.

Niemand ahnte damals, daß der Kaiser zum vorletzten Mal mit dem österreichischen Thronfolger zusammen sein und die Ermordung des Erzherzogs Franz Ferdinand und seiner Gattin am 28. Juni 1914 in Serajewo eine neue weltpolitische Ära einleiten würde.

Auch für die „Breslau“-Besatzung war der Tag vor Schloß Miramare das letzte Erlebnis in Sicherheit und Frieden, das uns den so eindrucksvollen Glanz des Bismarckschen deutschen Kaiserreiches zeigte. Die beiden noch folgenden Friedensmonate vor dem ersten Weltkrieg, der Juni und Juli 1914, sollten für die „Breslau“ bereits Aufgaben bringen, die nicht mehr ganz friedlicher Art waren.

Von Triest wurden wir nach Durazzo, dem bedeutendsten der kleinen Hafenorte Albaniens, geschickt. In dem dortigen „Konak“ – dem Schloß – residierte der neu ernannte „Mbret“ – das ist Fürst – von Albanien, der deutsche Prinz Wilhelm zu Wied. Die Wahl dieses deutschen Fürsten zum Herrscher des jungen, autonomen, albanischen Staates hatte nach längeren Verhandlungen schließlich die Zustimmung der Großmächte und auch – wie man allerdings bald sehen sollte nur scheinbar – die des albanischen Volkes gefunden. Dieses war damals sicherlich nicht von einem einheitlichen nationalen Gefühl und Willen erfüllt. Gespalten in einzelne Stämme, deren Häuptlinge die alteingesessenen Führer waren, und auch in religiöser Beziehung – mohammedanisch und griechisch-orthodox – uneinheitlich fiel es den Albanern schwer, bei ihrer Staatsbildung und der Nominierung eines für alle Volksangehörigen geltenden Oberhauptes die verschiedensten partikularistischen Interessen zu überwinden. Einen gemeinsamen Nationalhelden verehrte allerdings das albanische Volk: Das war Skanderbeg, der im 15. Jahrhundert den Freiheitskampf gegen die Türken geführt hatte. Im österreichischen Hochadel gab es 1914 noch Nachkommen dieses Skanderbeg, die einer gewissen Anhängerschaft auch als die rechtmäßigen Prätendenten für den albanischen Thron galten. Ob bei der trotzdem erfolgten Wahl des Prinzen zu Wied es – wie man sagte – eine Rolle gespielt hatte, daß die Prinzessin zu Wied eine Kusine der damaligen Königin von Rumänien war, weiß ich nicht. Jedenfalls betrat im Mai 1914 Prinz zu Wied als „Mbret“ feierlich in Durazzo den Boden seines neuen Landes, in einer fantastischen, neu entworfenen Uniform mit hohem Reiherbusch an der orientalisch anmutenden Kopfbedeckung, unter Salutschießen und feierlicher Begrüßung durch die albanischen Würdenträger und Häuptlinge, die ihm Treue gelobten.

Er residierte auch weiterhin in Durazzo, also an der Peripherie seines Landes, mit einem kleinen, meist aus Nicht-Albanern zusammengesetzten Hofstaat. Sehr bald war daher die erste Begeisterung im Lande für den neu angekommenen Herrscher vorbei. Der Ungehorsam erhob sein Haupt. Essad Pascha, ein albanischer Großer, trat im offenen Aufruhr gegen den Fürsten auf, so daß dieser – zwar noch von einem anderen Stammeshäuptling, Prenk Bibdoda, unterstützt – sich nicht mehr aus Durazzo entfernen konnte, also bereits nach wenigen Wochen in seinem Machtbereich auf diese Hafenstadt beschränkt war.

Die Verteidigungslinie Durazzos gegen die Insurgenten lag unmittelbar südostwärts der Stadt. Der Aufrührer Essad Pascha residierte in dem nahen Tirana.

Die politische Zukunft des neuen Staates Albanien war also so unsicher geworden, daß die Großmächte wieder ein internationales Geschwader in die albanischen Gewässer von Durazzo schickten. England entsandte wieder das Linienschiff „King Edward VII.“, das gelegentlich durch den Kreuzer „Defence“, das Flaggschiff des Konteradmiral Troubridge, abgelöst wurde. – Wir auf der „Breslau“ bildeten wieder aus der Besatzung ein Landungskorps, das jedoch diesmal an Bord in Bereitschaft blieb.

Die Angriffe auf die Verteidigungsstellung des Prinzen zu Wied vor Durazzo erfolgten in der Regel nachts. Plötzlich war an Land rasendes Maschinengewehrfeuer zu hören, die verabredeten Leuchtkugeln stiegen hoch, an Bord war „Alarm“, das Landungskorps, das ständig angezogen auf den an Deck gelegten Hängematten schlief, wurde in den stets seeklaren Booten an Land ausgeschifft. Es besetzte die verabredeten Verteidigungslinien.

Meistens stellte sich nach Hellwerden wieder Ruhe ein, so daß keine Gefahr mehr vorhanden war, daß die Insurgenten in Durazzo einbrechen und unsere Männer daher wieder an Bord zurückkehren konnten.

Diese nächtliche Kriegspielerei ließ sich nicht vermeiden, wenn wir ganz sicher sein wollten, daß nicht überraschenderweise einmal ein Überfall auf den Konak des Prinzen gelang. Sie stand in sonderbarem Gegensatz zu dem friedlichen Bild am Tage. Prinz zu Wied und seine Gattin waren gelegentlich unsere Gäste auf der „Breslau“. Häufig kam der deutsche Gesandte, Herr von Lucius. In anschaulicher Art erzählte er uns gerne seine Erlebnisse, die er mit den Gesandten der anderen Nationen gehabt hatte. Hierbei spielte der Italiener die Hauptrolle. Denn es schien nicht so ganz klar, ob Italien einen Erfolg der Insurgenten wirklich bedauern würde. Denn zweifelsohne war der italienischen Politik auf der anderen Seite der Adria ein schwaches gespaltenes Albanien lieber als ein einheitliches starkes. Es war auch erwiesen, daß der italienische Gesandte heimlich in Tirana bei Essad Pascha gewesen war. Als letzterer überraschenderweise eines Tages ein Waffenstillstandsangebot machte und die Gesandten der Großmächte zu einer Konferenz nach Tirana einlud, erklärte Herr von Lucius humorvoll, er wäre nicht verpflichtet, mutig zu sein. Er traute dieser Konferenz nicht und hätte keine Lust, von den Insurgenten festgesetzt zu werden. Er würde nicht zu Essad Pascha nach Tirana gehen.

Die Konferenz kam auch nicht zustande. Die Lage verschärfte sich, so daß die „Breslau“ zur Bewachung des Fürsten und der deutschen Gesandtschaft ein ständiges Matrosen-Detachement unter dem Befehl meines Crew-Kameraden, Leutnant zur See Wodrig, an Land schickte.

In diesem ganzen, etwas eigenartigen Zustand zwischen Krieg und Frieden, schlug die Nachricht von der Ermordung des österreichischen Thronfolgers und seiner Frau in Serajewo am 28. Juni 1914 wie ein Blitz ein.

An dem äußerlichen Bild des internationalen Geschwaders von Durazzo änderte sich jedoch zunächst nichts. Der Dienst erfolgte in der gewohnten Weise wie bisher. Gelegentlich griffen die Insurgenten nachts noch an und unser Landungskorps mußte an Land geworfen werden. Am Tage, in der Freizeit nach dem Dienst, spielte unsere Besatzung dann und wann Wasserball mit einer englischen Mannschaft der „King Edward VII.". Der britische Admiral Troubridge, ein weißgelockter, lebhafter und jovialer Herr, kam zu uns an Bord, sicher in seinem Auftreten als Träger eines in der englischen Marine angesehenen Namens: War doch sein Vorfahr Freund und Kampfgenosse Nelsons gewesen.

Wenn so auch im Dienstbetrieb und dem internationalen Verkehr sich äußerlich nichts gewandelt hatte, so lag doch die ständig zunehmende außenpolitische Spannung wie ein Schatten über allem.

Ende Juli sollte diese Spannung auch in unserer kleinen Welt von Durazzo sichtbar werden. Am 28. Juli hatte Österreich-Ungarn an Serbien den Krieg erklärt. Am 29. Juli morgens verlegte die „King Edward VII.", die ganz in der Nähe der „Breslau" vor Durazzo verankert gewesen war, ihren Ankerplatz möglichst weit von uns fort nach See zu. Sie teilte uns durch einen Signalspruch erklärend mit, daß die Verlegung notwendig geworden wäre, weil sie auf dem flacheren Wasser des bisherigen Ankerplatzes bei Dünung „gestoßen", d.h. den Grund berührt hätte. – Merkwürdig, dachten wir!

In der folgenden Nacht vom 29. zum 30. Juli war dann das englische Linienschiff heimlich verschwunden. Es hatte das internationale Geschwader verlassen und zwar diesmal ohne jeden Signalspruch, geschweige denn eine persönliche Verabschiedung, wie es nach einem solch langen Zusammenliegen angebracht gewesen wäre. Damit war die Änderung unseres Verhältnisses zu England auch für uns vor Durazzo offensichtlich geworden.

Tatsächlich hatte der englische Oberbefehlshaber im Mittelmeer, Admiral Sir Berkeley Milne, bereits am 29. Juli von der englischen Admiralität die Nachricht „Drohende Kriegsgefahr" – also auch zwischen

England und Deutschland – bekommen und daraufhin seine Schiffe, einschließlich der „King Edward VII.", gewarnt und sie dann nach Malta zusammengezogen.

Am Abend des 31. Juli bat der Kommandant der „Breslau", Fregattenkapitän Kettner, der inzwischen den Kapitän von Klitzing abgelöst hatte, den Navigationsoffizier, Kapitänleutnant v. Mohl, dem ich viel verdanke und in Verehrung und Freundschaft noch heute zugetan bin, und mich zu einem kurzen Bridge in seine Kajüte. Er wollte, wie er mit Recht sagte, einmal die Gedanken von den Problemen abwenden, die die politische Lage für unsere allein im Mittelmeer befindlichen deutschen Schiffe „Goeben" und „Breslau" bringen könnte, in Anbetracht der gewaltigen englischen und französischen Übermacht.

Ich hatte mich nach dem Bridge kaum eine Stunde hingelegt, als die „Breslau" überraschend Anker auf ging und mit höchster Fahrt nach Westen ablief. Ich wurde zum Kommandanten gerufen: Unser Schiff wäre unterwegs nach Brindisi, um mich dort abzusetzen. Ich hätte in Brindisi den deutschen Konsul aufzusuchen, und unter dem Siegel größter Geheimhaltung zu veranlassen, daß ein bestimmter deutscher Dampfer mit Kohlen für die „Goeben" und „Breslau" sofort einen Treffpunkt südlich Cap Matapan, der Südspitze des griechischen Peloponnes, ansteuerte. Die „Breslau" liefe nach meinem Absetzen beschleunigt nach Durazzo zurück, um unser Matrosen-Detachement an Bord zu nehmen. Gegen Abend würde die „Goeben" vor Brindisi eintreffen, um mich wieder abzuholen. Mit Kriegsausbruch wäre zu rechnen.

Ich stieg also am 1. August gegen 4 Uhr morgens in Brindisi allein an Land, und die „Breslau" kam bald wieder im Osten aus Sicht. Ich ging durch die stillen, menschenleeren Straßen der noch schlafenden Stadt und suchte das Haus des deutschen Wahlkonsuls, eines reichen italienischen Reeders oder Kaufmannes. Er wohnte in einem alten Palast mit einem Patio, einem Innenhof. Es gelang mir, in diesen einzudringen, und ich begann, mich durch lautes Rufen bemerkbar zu machen. Schließlich erschien ein Herr im Bademantel auf einer der Galerien, mit denen die Stockwerke des schönen alten Hauses nach dem Innenhof zu ausliefen. Mit bösem Gesicht und barscher Stimme fragte der Italiener nach dem nächtlichen Ruhestörer. Als er mich in der deutschen Uniform sah, bat er mich freundlich herauf. Seine erste Frage, die er an mich stellte

– ohne überhaupt noch zu wissen, was ich zu so früher Morgenenstunde bei ihm wollte – war: Wird England an dem kommenden Krieg teilnehmen oder nicht? – Diese Frage enthielt, wie Deutschland bald darauf erfahren sollte, die schwerwiegende Entscheidung, welchen politischen Weg Italien im ersten Weltkrieg trotz seines Bündnisses mit Deutschland und Österreich-Ungarn gehen würde. Dies war es daher, was den Italiener vor allem interessierte und er von mir zu erfahren wünschte.

Im Laufe des Vormittags führte ich dann meinen militärischen Auftrag durch. Die Gastfreundschaft des Konsuls zum Mittagessen an diesem Tage war mir eher eine Last als eine Freude. Mich beschäftigte die kommende Entwicklung. Dabei war mir auch – ich muß es gestehen – der ich-süchtige Gedanke schrecklich, den Krieg vielleicht als einsamer deutscher Seeoffizier in Italien an Land und nicht auf der geliebten „Breslau“ erleben zu müssen, falls mich die „Goeben“ aus irgendeinem Grunde heute doch nicht abholen könnte.

Als nach dem Mittagessen die „Goeben“ immer noch nicht erschienen war, setzte ich mich allein auf die Außenmole des Hafens von Brindisi. Meine innere Unruhe machte mir die stundenlange höfliche Konversation mit der Familie des italienischen Konsuls unerträglich. Ich sah von der Mole sehnsüchtig nach See. Als es schon dunkelte, kam die „Goeben“ endlich in Sicht, stoppte, warf ein Boot zu Wasser – Gott sei Dank, daß ich schon außen am Quai gewesen war – hinein in das Boot und an Bord der „Goeben“! Wie war mir wohl, als ich wieder deutsche Kriegsschiffsplanken unter den Füßen hatte. Ich mußte Admiral Souchon die Durchführung meines Auftrages melden. Er war zufrieden. Am nächsten Morgen stieg ich in Messina auf meine „Breslau“ über.

So erlebte ich den letzten Friedenstag vor dem ersten Weltkrieg. Wie auch vor Beginn des zweiten, sind mir gerade diese Stunden zwischen Frieden und Krieg unvergeßlich. Es mag sein, daß Bewußtsein und Unterbewußtsein des Menschen in solchen schicksalsvollen Zeitspannen besonders aufnahmefähig sind.

4. Kapitel

Kriegsausbruch 1914

„Goeben“ und „Breslau“ waren am 2. August mittags auf der Reede von Messina eingetroffen. Beide Schiffe begannen sofort mit der Kohlenübernahme.

In der Nacht vom 1. zum 2. August hatten wir aus der Heimat den Mobilmachungsbefehl erhalten. Im Laufe des 2. August benachrichtigte uns der Admiralstab in Berlin, daß die Feindseligkeiten gegen Rußland eröffnet und auch der Krieg mit Frankreich sicher seien. England würde wahrscheinlich ebenfalls der feindlichen Seite beitreten.

Wie war die seestrategische Lage unserer beiden Schiffe im Mittelmeer? Die französische und die englische Mittelmeerflotte besaßen eine erdrückende Überlegenheit. Den beiden Schiffen „Goeben“ und „Breslau“ standen 15 Linienschiffe, 3 Schlachtkreuzer, zahlreiche Panzer- und leichte Kreuzer und 8 Zerstörerflottillen der Feinde gegenüber. Bei diesen Kräfteverhältnissen war bereits in den Jahren 1913 und Anfang 1914 Admiral Souchon zu dem Schluß gekommen, daß ein alleiniges Operieren der beiden deutschen Schiffe nicht in Frage kommen könne, er also die Hilfe der beiden Bundesgenossen des Dreibundes, Österreich und Italien, für den Kriegsfall haben müsse. Es war daher schon 1913 zwischen den Dreibund-Staaten verabredet worden, daß die Seestreitkräfte im Mittelmeer gemeinsam unter dem Oberbefehl des österreichischen Flottenchefs eingesetzt werden sollten. Als erstes Ziel für diese Verwendung hatte Admiral Souchon den Angriff auf die Transporte der französischen Armeekorps von Nordafrika nach Frankreich verlangt! Es war festgelegt worden, daß dieser Angriff durch die beiden deutschen Schiffe erfolgen sollte, welche hierfür durch italienische und österreichische Kreuzer und Zerstörer zu unterstützen wären. Ein gemeinsames Signal-Buch, gemeinsame Geheimschlüssel und Erkennungssignale, gemeinsame Operationsbefehle waren ausgearbeitet worden. Als Aufmarschhafen für diese Operation gegen die französischen Truppentransporte wurde Messina bestimmt.

Die Admiralstäbe der drei Dreibundstaaten hatten diese Pläne genehmigt. Die betreffenden Marineattaches in Berlin, Wien und Rom hatten sich vergewissert, daß in den gegenseitigen Absprachen keine Lücken oder Mißverständnisse enthalten waren. So war bereits im Frieden von militärischer Seite eine Operation gegen die französischen Transporte im Mittelmeer aufs gründlichste vorbereitet.

In Ausführung dieses Planes war Admiral Souchon jetzt am 2. August mit „Goeben“ und „Breslau“ nach Messina gegangen. Tatsächlich fand er sich hier jedoch einer völlig veränderten Situation gegenüber. Es waren weder österreichische noch italienische Streitkräfte erschienen, welche ihn, wie verabredet, bei seinem Angriff auf die französischen Transportwege unterstützen sollten. Im Gegenteil: Italiens Haltung war eher feindlich als freundlich. Der Bundesgenosse Italien hatte nicht mobil gemacht, er verhielt sich neutral und bekundete noch nicht einmal eine wohlwollende Neutralität. Dieses unfreundliche Verhalten äußerte sich in größter Zurückhaltung der Behörden, in Widerständen gegen die Kohlenübernahme der beiden deutschen Kriegsschiffe in Messina und in Verhinderung des Kabeltelegrammverkehrs der Mittelmeerdivision mit der deutschen Regierung in der Heimat und dem deutschen Vertreter sowie dem Marineattache in Rom.

Das Fehlen der österreichischen Hilfe in Messina und die so krasse Änderung der italienischen Haltung waren bedingt durch das politische Verhalten Englands. Die Unsicherheit, was England tun würde, lag in den drei ersten Augusttagen wie ein „cauchemar“ auf den politischen und damit auch auf den militärischen Entschlüssen unserer beiden Bundesgenossen Österreich und Italien.

Es war also in Messina am 2. August Admiral Souchon völlig klar geworden, daß die beiden deutschen Schiffe für jede Operation auf sich alleine gestellt sein würden. War bei dieser verzweifelten Lage, bei dieser erdrückenden Überlegenheit des Gegners ein Operieren der beiden deutschen Schiffe allein überhaupt möglich? Mußte nicht die ganze operative Initiative bei dem so ungleich stärkeren Gegner liegen? War es nicht ein leichtes für den Gegner, die „Goeben“ und „Breslau“ in Messina zu blockieren oder, wenn sie versuchen sollten auszulaufen, durch den Einsatz überlegener Streitkräfte zu vernichten?

Admiral Souchon bekam, richtigerweise, vom deutschen Admiralstab für sein Handeln keine Befehle. Der Admiralstab beschränkte sich darauf, ihn, soweit es möglich war, über die politische Entwicklung ins Bild zu setzen und ihm die militärischen Nachrichten zu übermitteln, die in Berlin bekannt geworden waren. Nach diesen war mit dem Aufmarsch der französischen Flotte in den westlichen Seeraum des Mittelmeeres zwischen Nordafrika und Frankreich zu rechnen. Von der englischen Flotte war zu erwarten, daß sie sich für ihr Operieren im mittleren Mittelmeer auf Malta stützen würde. Admiral Souchon faßte am 2. August den kühnen Entschluß, daß er an der geplanten Operation, den Nachschub von Truppen aus Afrika nach Frankreich zu stören, auch unter den geänderten Verhältnissen festhalten wollte. Er ergriff also die Initiative, er kam mit den beiden deutschen Schiffen einem Schlag des überlegenen Gegners gegen diese zuvor.

In der Nacht vom 2. zum 3. August liefen „Goeben" und „Breslau" aus Messina nach Westen aus, um am 4. August bei Hellwerden vor den afrikanischen Einschiffungshäfen der Truppen, Philippeville und Böne, zu stehen, um diese zu beschießen.

Klar ist mir das Bild in Erinnerung, als im Morgengrauen des 4. August die Berge, Häuser, Leuchttürme, Molen und Hafenanlagen mit Schiffen von Böne in Sicht kamen. Selbstverständlich war ich als junger Soldat von dieser ersten Kriegshandlung beeindruckt. Dampfer, Hafenanlagen und Leuchtturm wurden beschossen, ohne daß der Gegner das Feuer aus Küstenbatterien erwiderte oder während der Beschießung irgendwelche feindlichen Seestreitkräfte in Sicht kamen und eingriffen. Wir erfuhren später, daß der französische Flottenchef mit Teilen seiner Flotte in unmittelbarer Nähe gestanden hatte. Als er die Nachricht von der Beschießung der beiden Häfen erhielt, hatte er es jedoch unterlassen, die beiden deutschen Schiffe zu suchen und anzugreifen, was der beste Schutz der ihm anvertrauten Truppentransporte gewesen wäre, sondern er hatte geglaubt, daß nunmehr Oran und Algier von „Goeben" und „Breslau" bedroht seien und seine Flotte dorthin dirigiert. Gleichzeitig hatte er angeordnet, daß die Truppentransporte nur in Geleitzügen unter dem Schutz von französischen Kriegsschiffen fahren dürften. Alle diese Anordnungen hatten, entgegen den Wünschen und Befehlen von Paris, bewirkt, daß die französischen Armeekorps aus Afrika mehrere Tage später, als mobilmachungsmäßig vorgesehen, in Frankreich eintrafen. Diese Tatsache hatte ihre nachteiligen Folgen für den Aufmarsch der französischen Armee und wirkte sich für das Vordringen des deutschen Heeres günstig aus.

So hatte dieser einmalige Vorstoß der beiden unterlegenen deutschen Schiffe in die feindliche Übermacht hinein strategische Folgen, die weit über den militärischen Schaden der Beschießung der beiden Hafenplätze gingen.

Nach der Beschießung lief die „Breslau" von Böne nach einem Treffpunkt in See mit der „Goeben" ab. Als wir gegen 10 Uhr vormittags den Treffpunkt erreicht und bereits auch die „Goeben" sahen, kamen ungefähr gleichzeitig die beiden englischen Schlachtkreuzer „Indefatigable" und „Indomitable" in Sicht, die zwischen uns und der „Goeben" mit hoher Fahrt nach Westen liefen. Dies war für uns, die arme kleine, nur mit 10,5-cm-Geschützen armierte und ungepanzerte „Breslau" eine wirklich hoffnungslose Situation, falls die englischen Schlachtkreuzer aus ihren schweren Kalibern schießen würden. Denn wir wußten nicht, ob die Engländer noch „Freunde" oder bereits offenkundige Feinde waren. Der Funkspruch unseres Admiralstabs, daß England wahrscheinlich Feind sein werde, war bereits durch einen zweiten Funkspruch verschärft worden: „Gefaßtsein auf feindliche Handlungen seitens englischer Streitkräfte." Der Kommandant „Breslau" versuchte um die englischen Schlachtkreuzer herumzuholen, um seine taktisch wichtige Position in Feuer-lee der „Goeben" einzunehmen. Hierbei kamen wir einem der englischen Schlachtkreuzer auf wenige 1000 Meter nahe. Die Geschütze standen, ebenso wie auf der „Goeben" und „Breslau", in Zurr- also nicht in Feuerstellung, obwohl sie sicherlich, ebenso wie bei uns, feuerbereit waren.

Wir auf der „Breslau" waren doch ziemlich froh, als wir die Nähe unserer starken „Goeben" erreicht hatten. Nun lag die weitere Entwicklung der Situation bei unserem Admiral auf unserem „großen Bruder". Wir liefen nach Osten, die Engländer nach Westen, sie passierten uns. Dann drehten sie jedoch plötzlich auf und folgten uns. Dies geschah am 4. August vormittags in einer strategischpolitischen Situation, die an dieser Stelle geschildert werden muß.

Vor der Beschießung der beiden algerischen Häfen war in der Nacht vom 3. zum 4. August vom Admiralstab in Berlin ein Funkspruch eingegangen, daß ein Bündnis mit der Türkei geschlossen sei und „Goeben“ und „Breslau“ sofort nach Konstantinopel zu gehen hätten.

Dieser Befehl gab für die Überlegungen und Entschlüsse des Admiral Souchon eine ganz neue Lage. Sicherlich würde das Eintreffen der beiden deutschen Schiffe in Konstantinopel von größter politischer und strategischer Bedeutung sein. Es war bekannt, daß die Mitglieder der türkischen Regierung nicht einheitlich auf deutscher Seite standen. Der Kriegsminister Enver Pascha und der Innenminister Talaat Bey waren es hauptsächlich, die deutschfreundlich waren. Aber andere Kabinettsmitglieder, wie z.B. Djavid Pascha, standen auf Seiten der Entente. Das Erscheinen von „Goeben“ und „Breslau“ würde daher mit Sicherheit einen starken Machtzuwachs der deutschfreundlichen Teile der Regierung bedeuten. Nur hierdurch würden letztere den Einfluß gewinnen können, der die Türkei nicht nur ein Bündnis mit Deutschland schließen ließ, sondern sie auch an deutscher Seite Krieg führen lassen würde.

Sicher war es für Admiral Souchon daher militärisch richtig, den Befehl nach Konstantinopel zu gehen, so schnell wie möglich auszuführen, bevor seine Durchführung von den stark überlegenen französischen und englischen Mittelmeer-Streitkräften verhindert werden konnte.

Der sofortige Marsch nach Konstantinopel war jedoch nicht durchführbar. Die „Goeben“ war im November 1912 ins Mittelmeer geschickt worden, bevor sie nach ihrer Indienststellung die Erprobungsfahrten durchgeführt hatte. Dieser Nachteil wurde damals in Kauf genommen, um das schnellste und modernste deutsche Schiff in diesen Seeraum, welcher damals der Brennpunkt des politischen Geschehens war, entsenden zu können. Es stellte sich aber später heraus, daß die Kesselrohre der „Goeben“ in erheblichem Umfange leckten. Die „Goeben“ sollte daher, so war es friedensmäßig vorgesehen, zum 1. Oktober 1914 im Mittelmeer durch die „Moltke“ ersetzt werden.

Die „Goeben“ konnte daher jetzt nach Kriegsausbruch nur mittlere Geschwindigkeiten laufen und ihr Aktionsradius war wesentlich eingeschränkt, weil die havarierte Kesselanlage erheblich größeren Kohlenverbrauch erforderte. Es war daher unmöglich, ohne nochmaliges Kohlen

Konstantinopel von der algerischen Küste aus zu erreichen. Admiral Souchon faßte daher in der Nacht vom 3. zum 4. den schwerwiegenden und ebenso kühnen Entschluß: Die beabsichtigte Beschießung von Philippeville und Böne wird durchgeführt. Danach gehen „Goeben“ und „Breslau“ nach Messina zur Kohlenergänzung und versuchen von dort aus nach Konstantinopel durchzubrechen.

Die Größe dieses Entschlusses wird klar, wenn man sich bei der Überlegenheit des Gegners die Fülle von operativen Möglichkeiten vorstellt, die sich diesem boten, das deutsche Vorhaben, nach Konstantinopel zu gehen, durch die Vernichtung der beiden Schiffe zu verhindern.

Als nun am Vormittag des 4. August die beiden englischen Schlachtkreuzer die Fühlung mit dem deutschen Verband erhalten hatten, kam es Admiral Souchon darauf an, sie unter keinen Umständen erkennen zu lassen, daß die Geschwindigkeit der „Goeben“ beschränkt war. Wenn die Engländer dies wüßten, würde es von großem Wert für ihre operativen Entschlüsse sein, z. B. wenn es sich darum handelte, die „Goeben“ noch einzuholen oder ihr den Weg zu verlegen. Der deutsche Admiral ordnete daher an, daß die „Goeben“ an diesem Tage der Verfolgung durch die englischen Schlachtkreuzer mit allen nur denkbaren Mitteln zu versuchen hätte, soviel Fahrt wie möglich zu laufen. Dies gelang. Die „Goeben“ lief vorübergehend 24 Seemeilen. Die überraschende Folge hiervon war, daß die englischen Schlachtkreuzer, die nach amtlichen Angaben 26 Seemeilen laufen sollten, allmählich achteraus sackten und nachmittags außer Sicht kamen. Hiernach wurde die „Breslau“ von der „Goeben“ nach Messina vorausgeschickt, um die Kohlenübernahme für beide Schiffe vorzubereiten. Die „Breslau“ traf dort bei Hellwerden am 5. 8. ein. Einige Stunden später erschien die „Goeben“.

Bald nach unserer Ankunft in Messina erhielten wir von dem deutschen Admiralstab den Funkspruch: „England hat Deutschland am 4. August den Krieg erklärt.“

Unsere Begegnung am vorhergehenden Tag mit den beiden englischen Schlachtkreuzern war also „am Rande des Krieges“ erfolgt.

Die Kohlenübernahme von „Goeben“ und „Breslau“ war schwierig. Aus den deutschen Dampfern, die im Hafen lagen, mußten aus engen Bunkern die Kohlen heraus geholt werden. Denn die reichlichen Kohlenvorräte der deutschen Firma Stinnes in Messina, die für eine bequeme und rasche Übernahme bei den beiden deutschen Kriegsschiffen in Prähmen hätten längsseit gebracht werden können, standen uns nicht zur Verfügung. Die italienische Regierung, ängstlich auf eine strikte Neutralität bedacht, hatte die Versorgung der Schiffe durch Kohlen von Land aus verhindert. Dies waren aber nicht die einzigen Schwierigkeiten, die die Italiener machten. Der italienische Militärgouverneur von Messina sandte eine Abordnung von vier Offizieren zu Admiral Souchon, die das Auslaufen von „Goeben“ und „Breslau“ nach 24 Stunden forderte. Der deutsche Admiral lehnte dies unter Hinweis auf die internationalen Bestimmungen ab.

Von irgendeiner militärischen Unterstützung der Italiener war daher gar keine Rede mehr. Was war in dieser Beziehung von den österreichischen Seestreitkräften zu erwarten?

Die Situation für „Goeben“ und „Breslau“ war militärisch denkbar ungünstig. Es war selbstverständlich, daß unseren Feinden, den Engländern und Franzosen, der Aufenthalt unserer beiden Schiffe in Messina sehr bald nach ihrem Einlaufen am 5. August morgens bekannt sein würde. Jedes Auslaufen der Schiffe aus Messina mußte daher sofortige Kampfhandlungen mit den weit überlegenen gegnerischen Streitkräften zur Folge haben. In dieser außerordentlich bedrängten Lage war es die natürliche Pflicht des deutschen Admirals, für das Auslaufen die Unterstützung österreichischer Seestreitkräfte von Messina zu erbitten. Die Antwort war negativ, eine Hilfe wurde abgelehnt. Die Gründe hierfür waren sowohl politische wie militärische. Österreich hatte noch keinen Krieg mit England. Bei der österreichischen Diplomatie bestand noch die Hoffnung, daß England Österreich gegenüber neutral bleiben würde.

Militärisch war die österreichische Flotte dem englischen Mittelmeer-Geschwader gegenüber unterlegen. Die Ablehnung, welche Admiral Souchon am 5. August in Messina erhielt, wurde später von dem österreichischen Flottenchef, Admiral Haus, in ihren Gründen erläutert, die „den unbeschreiblich bitteren Entschluß aufgezwungen haben, den Ruf des Admiral Souchon um Hilfe und Entsatz unerfüllt zu lassen und mich und die K.u.K.-Flotte gegen den schwersten aller Vorwürfe zu rechtfertigen, als hätten wir unsere allgemein geliebten tapferen Waffenbrüder in ihrer höchst kritischen Lage ohne absolut zwingenden Grund im Stiche gelassen."

Die beiden deutschen Schiffe waren also für ihren Ausbruch aus Messina auf sich allein angewiesen. Admiral Souchon hielt an seinem Entschluß, nach Konstantinopel zu gehen fest. Er konnte auch damit rechnen, daß dieses Ziel dem Gegner nicht bekannt war. Hierauf baute er den Auslaufbefehl für die beiden Schiffe auf: Messina sollte am 6. August nachmittags verlassen und Kurs nach Nord-Osten, auf die Adria zu, gesteuert werden, um den Eindruck beim Gegner zu erwecken, daß wir uns mit den österreichischen Bundesgenossen vereinigen wollten. Bei Einbruch der Dunkelheit sollte dann nach Osten abgedreht und mit höchster Fahrt weitergelaufen werden. Dies war die grundsätzliche Absicht. Ob sie überhaupt durchführbar war und Erfolg haben konnte, war jedoch völlig ungewiß und hing von den Streitkräften des überlegenen Gegners ab, die wir vor Messina antreffen würden.

Diesen Befehl hatte Admiral Souchon an „Goeben" und „Breslau" am 6. August gegen 10.30 Uhr erlassen. Nach Erhalt rief der Kommandant der „Breslau", Fregattenkapitän Kettner, mich zu sich, und schickte mich auf die „Goeben" zu Admiral Souchon, um mündlich eine Frage, die mein Kommandant hatte, zu klären. Als ich auf der „Goeben" auf dem Deck vor der Kajüte des Admirals angekommen war, sah ich Admiral Souchon mit dem Admiralstabsoffizier, Korvettenkapitän Busse, vor der Kajüte stehen. Die schweigende, ruhige, ernste Haltung der beiden Männer, die über irgendeine Frage nachzudenken schienen, beeindruckte mich so stark, daß ich das Bild dieser Situation heute noch klar in meiner Erinnerung habe. Ich sah dann, wie der Admiral ein kurzes Wort äußerte und Kapitän Busse nickend diesem anscheinend zustimmte.

Ich wußte nicht, daß ich zufällig miterlebt hatte, wie Admiral Souchon wiederum eine schwere Entscheidung fällen mußte und sich auch diesmal wieder zielsicher zu dem kraftvolleren, kühneren Ausweg entschlossen hatte: Kurz nach dem Erlaß des genannten Auslaufbefehls für „Goeben" und „Breslau" am 6. 8. hatte Admiral Souchon gegen 11 Uhr vormittags folgendes Telegramm vom deutschen Admiralstab erhalten: „Einlaufen Konstantinopel zur Zeit noch nicht möglich aus politischen Gründen."

Durch diese Mitteilung war wiederum die Grundlage des operativen Ziels der beiden Schiffe unsicher geworden. Was sollte geschehen, wenn die Türken das Einlaufen der beiden Schiffe in die durch Minensperren und Küstenbatterien gesicherten Dardanellen verhindern würden? Was sollte geschehen, wenn wiederum Verzögerungen eintreten würden, so daß der Kohlenvorrat der beiden Schiffe, besonders auf der kesselhavarierten „Goeben", wieder aufgebraucht werden würde? Jede Verzögerung müßte sich operativ zugunsten des Gegners auswirken.

Obwohl die deutsche Regierung jetzt aus politischen Gründen das Einlaufen der beiden Schiffe in Konstantinopel verneinte, blieb Admiral Souchon bei seinem Entschluß, den kühnen Versuch zu machen, sofort nach Konstantinopel durchzubrechen. Bei einem Widerstand der Türken mußte auch ein Forcieren der Einfahrt in die Dardanellen versucht werden. Admiral Souchon hielt auf Grund seiner Kenntnis der türkischen Verhältnisse das sofortige Erscheinen der beiden Schiffe in Konstantinopel politisch und strategisch für so bedeutungsvoll, daß auch bei geringster Aussicht, es zu verwirklichen, der Versuch hierzu gemacht werden mußte.

Dies war die wichtige Entscheidung des Admirals, die ich kleiner Leutnant, in respektvoller Entfernung stehend, am 6. August vormittags auf der „Goeben" miterlebt hatte. Der Admiral wandte sich dann freundlich zu mir, und ich erledigte meinen Auftrag.

Wenn den Besatzungen unserer beiden Kriegsschiffe auch nicht das Ziel des Durchbruchs bekannt war, wenn sie auch nicht in allen Einzelheiten von der starken militärischen Überlegenheit der beiden Gegner wußten, so war ihnen doch zweifelsohne klar, daß das Auslaufen noch am selben Tage den Kampf auf Leben und Tod bedeuten würde.

Daß dieser zu erwarten war, wurde auch durch den gegebenen Befehl, die völlige Gefechtsbereitschaft der beiden Schiffe herzustellen, offenkundig. Wie es bei uns Deutschen leicht eintritt, wurden diese Maßnahmen zur Gefechtsbereitschaft mit einer „rage de perfection" durchgeführt: alles, was brennen konnte, also alles, was aus Holz war, wurde von Bord gegeben: alle Beiboote, einschließlich der Dampfboote, die Fallreeps, Tische und Stühle aus den Messen und Kammern, Schränke und Borde. Soweit möglich wurde die Ölfarbe unter Deck aus den

Räumen und Gängen von Wänden und Decken gekratzt, um auch hierdurch die Brandgefahr einzuschränken. Die Räume sahen also finster und trostlos aus. Zum Essen saßen wir auf den eisernen Decks. Dies war natürlich für einen Krieg von längerer Dauer ein unmöglicher Zustand, den wir, als der Durchbruch nach Konstantinopel gelungen war, so schnell wie möglich wieder zu beseitigen suchten. Wir kamen dann nach und nach zu Beibooten und zu einer Inneneinrichtung, die wohl die komischste war, die ein Kriegsschiff je gehabt hat.

Die soldatische Haltung der Besatzungen von „Goeben“ und „Breslau“ war trotz der Kenntnis des Ernstes unserer Lage großartig. Wir wußten, daß wir Soldaten waren, und daß wir kämpfen mußten. Hierbei unsere Pflicht zu tun und uns zu bewähren, erfüllte unser Wollen. Was dann kommen würde, lag in der Hand des Allmächtigen.

Am 6. August gegen 17.00 Uhr lief die „Goeben“, gefolgt von der „Breslau“, nach Osten aus Messina aus. Beide Schiffe befanden sich im „Klar-Schiff-Zustand“, d. h. sie waren in voller Gefechtsbereitschaft. Bald nach dem Auslaufen kam ein englischer Kreuzer in Sicht. Dies war genau das, was wir erwartet hatten: Bis in die Straße von Messina hinein wird vom englischen Flottenchef ein Aufpasser vorgeschoben, der uns melden und die hinter ihm stehende englische Mittelmeer-Flotte heranführen soll. Wir erwarteten nun jeden Augenblick das Insichtkommen dieser Flotte und den bevorstehenden Entscheidungskampf.

Es blieb uns jetzt nichts anderes übrig, als so zu handeln, wie die Lage es in jedem Augenblick erforderte. Die „Breslau“ schob sich daher zwischen die „Goeben“ und den englischen Kreuzer, welcher sich außerhalb des Feuerbereichs an die beiden deutschen Schiffe angehängt hatte und an ihnen Fühlung hielt. Wir hörten den Funkspruch: „They come!“ mit ab, den der englische Kreuzer offen als erste eilige Benachrichtigung an seinen Flottenchef gab. Dieser Meldung folgten weitere geschlüsselte Funksprüche. Es war offensichtlich, daß der englische Kreuzer Standort und Kurs der beiden deutschen Schiffe meldete.

Die „Breslau“ versuchte den englischen Kreuzer abzudrängen, indem sie Kurs änderte und auf den englischen Kreuzer zuhielt. Hierbei kam die „Goeben“ fast aus Sicht. Sicherlich verlor durch unsere Maßnahme auch der englische Kreuzer die Fühlung mit der „Goeben“, denn er drehte nach einiger Zeit hart ab, um die „Goeben“ wieder in Sicht zu bekommen.

Der englische Kreuzer hielt also weiterhin Fühlung und gab seine Funksignale. Zu unserer Verwunderung kamen jedoch weitere englische Streitkräfte nicht in Sicht.

Die Sonne ging unter, die Nacht war sehr hell, es war Vollmond, und völlig windstill. Auch weiterhin waren die beiden deutschen Schiffe gut sichtbar, besonders auch durch die dicken schwarzen Rauchwolken, welche die Folge der schlechten Kohle waren, die wir in Messina übernommen hatten. Die „Breslau“ schob sich wieder zwischen die „Goeben“ und den englischen Kreuzer, um ihn nach Süden abzudrängen.

Der englische Kreuzer mußte gemeldet haben, daß die beiden deutschen Schiffe Kurs auf die Adria hatten. Da drehte die „Goeben“ gegen 21.30 Uhr hart nach Steuerbord auf Ostkurs auf die südliche Spitze Griechenlands, Kap Matapan, zu. Im selben Augenblick wurde der Funkverkehr des englischen Kreuzers von der „Goeben“ mit größter Lautstärke gestört. Sie wollte verhindern, daß eine Meldung des englischen Kreuzers über die Kursänderung der deutschen Schiffe den englischen Flottenchef erreichte.

Tatsächlich war dem fühlunghaltenden englischen Kreuzer die Kursänderung der „Goeben“ nicht entgangen. Er wich dem Abdrängen durch die „Breslau“ wiederum aus, folgte der „Goeben“ und gab laufend seine Funksprüche ab. Hierbei kam er für die „Breslau“ aus Sicht. Wir liefen daher nach Osten weiter, um wieder an die „Goeben“ heran zu schließen. Da erschienen gegen Mitternacht voraus die Schatten abgeblendeter Kriegsschiffe, die wir als weitere Engländer, als einen Kreuzer und Torpedoboote, ausmachten. Letztere standen zu einem Angriff auf die „Breslau“ in außerordentlich günstiger Position. Die „Breslau“ drehte hart ab und ging auf höhere Fahrt. Von englischer Seite erfolgte jedoch kein Angriff. Gegen 3. 00 Uhr nachts, also am 7. August, kamen auch diese englischen Kriegsschiffe außer Sicht.

Als es hell geworden war, sahen wir voraus die „Goeben“, aber auch Steuerbord achteraus, Fühlung haltend, den englischen Kreuzer, den Aufpasser von der Messina-Straße. Weitere englische Schiffe waren nicht mehr in Sicht, auch nicht der Kreuzer und die Zerstörer, auf die wir in der Nacht gestoßen waren.

Wir fragten uns: Wie war es möglich, daß die schweren englischen Schiffe nicht schon gestern Nachmittag bei Helligkeit herangeschlossen waren? Wie konnte es geschehen, daß sie zu mindestens bis Mitternacht keine Fühlung mit uns gehalten hatten? Wie war es zu erklären, daß die englischen Streitkräfte, der allein die „Breslau" gegen 12.00 Uhr nachts begegnet war, bei ihrer Überlegenheit und ihrer günstigen Position nicht angegriffen hatten? – Den englischen Fühlunghalter waren wir jedoch nicht los geworden. Auch wir hatten ihn nicht zu vernichten gesucht. Unsere strategische Aufgabe war ja doch, nach Konstantinopel zu gehen und nicht etwa den Versuch zu machen, im Mittelmeer einen englischen Kreuzer zu versenken, wenn hierdurch unser strategisches Ziel gefährdet wurde. Es wäre taktisch falsch gewesen, daß etwa gestern Nachmittag oder in der Nacht die „Breslau" den englischen Kreuzer angegriffen hätte. Wie die Lage von uns gesehen werden mußte, hätte dies nur dem schnelleren Heranziehen weiterer englischer Streitkräfte dienen können. Der Kommandant der „Breslau" stellte sich jedoch jetzt am 7. August vormittags die Frage, ob er nicht durch einen Angriff den lästigen Fühlungshalter los werden könnte, da nach den bisherigen Erfahrungen weitere englische Streitkräfte nicht in der Nähe zu sein schienen. Für die Durchführung des Angriffs auf den englischen Fühlungshalter kam nur die „Breslau" selbst in Frage, denn der Engländer würde sich sicherlich einem Eingreifen der „Goeben" durch seine höhere Geschwindigkeit entziehen.

Der Kommandant „Breslau" fragte daher gegen Mittag durch Scheinwerferspruch bei Admiral Souchon an, ob er den englischen Kreuzer nicht angreifen könne. Souchon antwortete, wir sollten noch warten. Wir waren inzwischen in den Insel-Archipel des ägäischen Meeres eingetreten. Admiral Souchon beabsichtigte, sich mit der „Goeben" hinter der Insel Kythera in einen Hinterhalt zu legen. Erst dann sollte die „Breslau" den Engländer angreifen, damit die „Goeben" überraschend hervorbrechen und mit ihren schweren Geschützen in das Gefecht eingreifen könnte.

Dieser Absicht kam jedoch der englische Kreuzer zuvor. Er war es, der nunmehr das Feuer auf die „Breslau" eröffnete. Wir schossen sofort wieder. Die „Breslau" erhielt einen Treffer an die verstärkte Außenhaut und Sprengstücke an Deck. Die Einschläge unserer Granaten lagen gut am englischen Kreuzer. Nachdem wir zwei Treffer beobachten konnten – die später durch englische Pressemeldungen bestätigt wurden – drehte der englische Kreuzer ab und verschwand. Wir sahen ihn nicht wieder. Wahrscheinlich war er auch mit seinem Brennnstoff am Ende.

Ebenfalls für die deutschen Schiffe wurde nun die Frage der Kohlenergänzung dringend. Wir ankerten am 9. August morgens in einer einsamen Bucht der Insel Denusa. Sie lag außerhalb jeden Schiffsverkehrs, Bewohner an Land waren nicht zu sehen. Diese hätten auch sicherlich keine Nachricht über die Anwesenheit der deutschen Schiffe abgeben können, da die Insel keine Kabelverbindung besaß, von einer Funkstation in der damaligen Zeit ganz zu schweigen. Auf einem Berg in der Nähe der Bucht, in der wir geankert hatten, wurde ein Signalposten unter Führung eines Offiziers eingerichtet, der jedes Insichtkommen von Schiffen melden konnte.

Am Nachmittag des 9. August lief auch tatsächlich unser Kohlendampfer, ein Dampfer der deutschen Levante-Linie, bei uns in der Denusa-Bucht ein, ein Zeichen, wie sorgfältig und zuverlässig die Kohlenversorgung der beiden Schiffe für den Marsch nach Konstantinopel vorbereitet war. Wir nahmen nun die Nacht hindurch bis zum Morgen des 10. August aus dem Dampfer Kohlen über. Keine englischen Kriegsschiffe erschienen, niemand behelligte uns. Es war uns unverständlich und schien uns wie ein Wunder, daß wir bisher der erdrückenden französischen und englischen Übermacht entgangen waren.

Am 10. August morgens gingen „Goeben“ und „Breslau“ in der Denusa-Bucht Anker auf und traten den Weitermarsch nach den Dardanellen an. Wie würden wir dort empfangen werden? Wir waren in voller Gefechtsbereitschaft, um notwendigenfalls die Einfahrt zu erzwingen.

Vor den Dardanellen stand ein türkisches Torpedoboot. Wie im internationalen Verkehr für einlaufende Schiffe üblich, setzte die „Goeben“ die Lotsenflagge, d.h. sie forderte einen Lotsen für das Einlaufen in die Dardanellen an.

Wie würde das Torpedoboot auf diese friedliche Geste reagieren? Welche Weisungen hatte es von seiner Regierung erhalten? Würde es die Bitte um einen Lotsen ablehnen, und müßten wir dann versuchen, die Minensperren der Einfahrt, die uns in ihrer Lage nicht genau bekannt waren, ohne Lotsen, sie vielleicht dicht unter Land umgehend, zu passieren und dies unter dem Feuer der türkischen Küstenbatterien? – Auf Grund des Dardanellen-Statuts wäre die türkische Regierung völkerrechtlich im Recht gewesen, falls sie versuchte, unser Einlaufen zu verhindern.

Die spannende Unsicherheit, in der wir uns nach Setzen der Lotsenflagge auf der „Goeben“ befanden, wurde jedoch bald durch das türkische Torpedoboot beendet. Es setzte das internationale Signal „Folgen Sie mir“ und führte die beiden deutschen Schiffe durch die türkischen Minensperren in die Dardanellen hinein. Kurz vor Dunkelheit ankerten „Goeben“ und „Breslau“ am 10. August vor Tschanak innerhalb der Dardanellen.

Gegen 9.00 Uhr abends standen vor den Dardanellen abgeblendete Kriegsschiffe. Die englische Flotte war dort eingetroffen. Zu spät! Ihr Einlaufen wurde von der türkischen Regierung abgelehnt. Der Hinweis der Engländer, daß ja auch die beiden deutschen Schiffe „Goeben“ und „Breslau“ eingelassen worden wären, stieß bei den Türken auf höfliche kühle Ablehnung: „Es gibt keine deutschen Schiffe in den Dardanellen, sondern nur den türkischen Schlachtkreuzer „Sultan Jawus Selim“ und den türkischen kleinen Kreuzer „Midilli“.

Über diese Zusammenhänge ist später noch einiges zu sagen. Hier nur soviel: Das Einlaufen von „Goeben“ und „Breslau“ in die Dardanellen hatte außerordentliche politische und strategische Folgen. Die Türkei trat an deutscher Seite in den Krieg ein. Die politische und strategische Lage im nahen Orient, der für die Feindmächte von großer Bedeutung war, änderte sich hierdurch schlagartig. Bulgarien folgte mit seinem Kriegseintritt Herbst 1915 an unserer Seite. Die Südflanke der deutschen Heeresfront gegen Rußland war nunmehr vor einer Umklammerung oder Umgehung durch die Russen im Süden gesichert. Für die Russen kam die Kaukasusfront gegen die Türkei hinzu, für die sie Armeekorps abstellen mußten. Dieses bedeutete Entlastung unserer eigenen Ostfront. Englands Herrschaft in Ägypten, Englands Seeweg durch den Suez-Kanal waren durch die nunmehr feindliche Türkei bedroht. Für England war die Beseitigung dieser Bedrohung von so großer strategischer Wichtigkeit, daß es den Angriff auf die Dardanellen wagen mußte, der zu einer Niederlage führte und Großbritannien ungeheure Verluste an Soldaten und Material brachte. Es mußte Truppen nach Syrien und Arabien entsenden, die bei Kut el Amara von dem in türkischen Diensten stehenden deutschen Generalfeldmarschall v. d. Goltz geschlagen wurden. Der Eintritt der Türkei an der Seite Deutschlands zwang die Alliierten das Saloniki-Unternehmen durchzuführen, das starke Kräfte der Feindmächte band und zu erheblichen personellen und materiellen Verlusten führte. So war durch das Einlaufen von „Goeben" und „Breslau" in die Dardanellen, das den Kriegseintritt der Türkei zur Folge hatte, der denkbar größte politische und strategische Erfolg für Deutschland im ersten Weltkrieg eingetreten. Aber nicht nur für den ersten Weltkrieg wirkte sich das Einlaufen der beiden Schiffe aus. Die Feindschaft der Türkei zwang die Engländer während des ersten Weltkrieges die arabischen Völker, die damals unter türkischer Herrschaft standen, in ihrem Freiheitsstreben zu unterstützen, sie gegen die Türkei aufzuwiegeln und ihre politische Selbständigkeit zu propagieren. Damit wurde der Grund zur panarabischen Bewegung gelegt, die Großbritannien seine Herrschaft über Ägypten und seine Autorität in den arabischen Ländern am Suez-Kanal verlieren ließ. So wirkte sich mittelbar das Einlaufen der „Goeben" und „Breslau" in die Dardanellen bis auf den heutigen Tag aus.

Sehr bald, bereits im ersten Weltkrieg, erkannten die Engländer diese obengenannte strategische und politische Bedeutung des Durchbruchs der „Goeben" und „Breslau" nach Konstantinopel und sahen sie als schwere Niederlage an. Zunächst versuchte jedoch die englische Presse die Öffentlichkeit über diesen schweren Rückschlag hinweg zu täuschen. Am 26. August 1914 schrieb die Marinezeitschrift „Naval and Military Record" folgendes: „Keine Kriegsbegebenheit, seit dem Schiffe gebaut werden, hat größere Überraschung hervorgerufen als die Flucht der „Goeben" und ihres kleinen Begleiters „Breslau". Beim bloßen Sichten des leichten Kreuzers „Gloucester" nahmen die deutschen Schiffe Reißaus und suchten den Schutz der Dardanellen. Was immer der Ausgang des Krieges sein möge, dieser Vorgang ist kaum glaublich.

Es ist nicht sicher, ob jetzt endlich der deutsche Admiralstab mit der Sprache herauskommen und dem deutschen Volke das schmachvolle Los eingestehen wird, daß diese beiden Schiffe im Mittelmeer ereilt hat."

Sehr bald danach wurde jedoch der Chef der englischen Mittelmeer-Flotte, der Admiral Milne, und der zweite Admiral im Mittelmeer, Konteradmiral Troubridge, vor ein Kriegsgericht gestellt. Das englische Parlament beschäftigte sich mit dem gelungenen Durchbruch von „Goeben" und „Breslau". Im Laufe des Krieges machte die englische Presse dann kein Hehl mehr daraus, daß der gelungene Durchbruch der beiden Schiffe von Messina nach den Dardanellen eine der größten englischen Niederlagen gewesen sei. Die „Times" schrieb am 22. Januar 1918: „Trotz ihrer schändlichen Laufbahn haben keine anderen zwei Schiffe eine so bedeutende Wirkung auf den Krieg ausgeübt wie die „Goeben" und „Breslau". In der Seekriegsgeschichte werden sie denkwürdig bleiben. Die Geschichte ihres Entkommens aus Messina stellt einen unserer größten Fehler dar. Der Fehler von der Straße von Messina führte geradeswegs zu dem glänzenden Fehlschlage von Gallipoli und zu der Belagerung von Kut el Amara. Selten hat im Kriege ein einziger Irrtum weitertragende Folgen gehabt." – Der „Observer" schrieb zur selben Zeit: „Keine zwei anderen Schiffe haben in der Weltgeschichte einen so unheilvollen Einfluß ausgeübt. ... Kein Fehler aber kam uns so teuer zu stehen, wie der, daß wir die „Goeben" aus Messina entwischen ließen. Ihrem Entwischen verdanken wir die Hekatomben von Gallipoli, den Eintritt Bulgariens in den Krieg und das Saloniki-Abenteuer, das unseren Hilfsquellen eine so große Last auferlegt hat. Die gleiche Ursache hat uns an der vollen Ausnutzung unserer Seemacht in Ägypten und Palästina behindert." Und der englische Historiker Corbett schreibt in seiner Geschichte „History of the great War" über den Durchbruch der beiden deutschen Schiffe durch die Dardanellen folgendes: „Monate hat es gedauert, bis es möglich geworden war, die in dem Durchbruch vereint bewiesene Keckheit, Fixigkeit und Spürkraft voll zu würdigen. Stellen wir uns vor, die Dardanellen waren durch Minen gesperrt, keine Erlaubnis zur Einfahrt lag vor, alles hing von der deutschen Verführungskunst in Konstantinopel ab. Erinnern wir uns gleichzeitig der unabsehbaren Folgen, die eintraten, so sage ich nicht zu viel, wenn ich behaupte, daß kaum jemals im Seekrieg eine kühnere und klüger überlegte Entscheidung getroffen worden ist. So gründlich verwandelte das riskante Wagnis eine verzweifelte Lage in eine solche von hoher moralischer und materieller Überlegenheit, daß es den fundamentalen Fehler der deutschen Staatskunst, den deutschen Einfall in Belgien, aufwiegt."

Es muß noch ein Wort gesagt werden, wie die Operationen der gegnerischen Streitkräfte waren, die zu einem solchen Mißerfolg ihrer Aufgabe, die beiden deutschen Schiffe zu vernichten, führten.

Der Oberbefehlshaber der französischen Mittelmeerflotte hatte diese in drei Gruppen, bestehend je aus 6–4 schweren Schiffen, einigen Kreuzern und Zerstörerflottillen, eingeteilt und bei Kriegsbeginn diese Gruppen nach den Einschiffungshäfen in Nordafrika geschickt. Sie sollten dort Schutzaufgaben übernehmen. Der französische Flottenchef blieb auch bei dieser defensiven Haltung, nachdem „Goeben" und „Breslau" Philippeville und Böne beschossen hatten. Nichts wäre natürlicher gewesen, im Sinne seiner Schutzaufgabe der Truppentransporte, als die beiden deutschen Schiffe mit seiner gewaltigen Übermacht zu stellen und zu vernichten. – Die französische Regierung ließ daher auch im Laufe des ersten Weltkrieges die bei Kriegsbeginn gegen „Goeben" und „Breslau" getroffenen Maßnahmen untersuchen. Das Ergebnis war, wie die französische Presse schrieb, derartig, daß jedem französischen Patrioten beim Lesen die bittersten Gefühle kommen mußten.

Der englische Oberbefehlshaber im Mittelmeer, Admiral Milne, hatte bereits vor Kriegsbeginn am 30. Juli von seiner Admiralität die Weisung erhalten, den Franzosen bei der Überführung ihrer afrikanischen Armee zu helfen. Zu diesem Zwecke wäre es das Beste, die beiden deutschen Schiffe zu vernichten. Admiral Milne selbst sollte in Malta bleiben und von dort aus mit seinen Schiffen eine beherrschende Stellung im Mittelmeer einnehmen. Milne sandte daraufhin den englischen zweiten Admiral, Konteradmiral Troubridge, mit vier Panzerkreuzern und mit Zerstörern nach der Straße von Otranto, dem Eingang zum Adriatischen Meer. Er wollte hierdurch verhindern, daß „Goeben" und „Breslau" sich mit der österreichischen Flotte vereinigen konnten.

Am 3. August nachmittags gab die englische Admiralität Admiral Milne den Befehl, daß die beiden Schlachtkreuzer „Indomitable“ und „Indefatigable“ beschleunigt nach der Gibraltar-Straße zu entsenden wären, damit die beiden deutschen Schiffe nicht in den Atlantik gehen könnten. Als die englischen Schlachtkreuzer sich auf dem Marsch dorthin befanden, trafen sie am 4. August vormittags, wie geschildert, mit der „Goeben“ und „Breslau“ zusammen. Admiral Milne folgte unseren beiden Schiffen, nahm also mit den englischen Schlachtkreuzern wieder Kurs nach Osten, verlor aber dann die Fühlung mit „Goeben“ und „Breslau“.

Am 5. August erhielt Admiral Milne die Nachricht, daß die beiden deutschen Schiffe in Messina seien. Er glaubte, daß die Franzosen den westlichen Ausgang der Messina-Straße überwachen würden. Vor ihren östlichen Ausgang schickte er den kleinen Kreuzer „Gloucester“ als Aufpasser. Admiral Milne selbst blieb aber mit seinen Schlachtkreuzern und leichten Seestreitkräften in der Enge zwischen Sizilien und Afrika stehen, um den Durchbruch von „Goeben“ und „Breslau“ nach Westen zu verhindern. Falls diese aber in die Adria gehen würden, hielt er die englischen Streitkräfte seines zweiten Admirals für so überlegen, daß sie der „Goeben“ und „Breslau“ in einem Kampf gewachsen sein würden.

Es kam dann der Tag des Auslaufens von „Goeben“ und „Breslau“ aus Messina am 6. August nachmittags. Beide englischen Admirale erhielten von der „Gloucester“ die entsprechende, bereits erwähnte Meldung. Admiral Milne blieb jedoch in der Enge Sizilien-Afrikanische Küste stehen. Nunmehr griff die englische Admiralität ein und befahl ihm, den deutschen Schiffen zu folgen. Diesen Befehl erhielt Milne jedoch erst gegen Mitternacht, und er glaubte nun, daß es hierfür zu spät geworden sei. Er lief daher am 7. August mit seinen Schiffen nach Malta zum Kohlen ein.

Auch Admiral Troubridge in der Otranto-Straße blieb, als er die Auslaufmeldung der beiden deutschen Schiffe erhielt, zunächst dort stehen. Als ihm aber nach Mitternacht klar geworden war, daß „Goeben“ und „Breslau“ nach Osten Kurs geändert hatten, stieß er nach Süden vor, um ihnen den Weg zu verlegen. Er gab aber am 7. August gegen 4.00 Uhr morgens diese Absicht wieder auf, weil er, wie er später vor dem Kriegsgericht aussagte, „weder ermächtigt gewesen sei, seine Stellung am Eingang der Adria zu verlassen, noch Befehl erhalten habe, ‚Gloucester' zu unterstützen".

Der englische Kreuzer mit Zerstörern, welche die „Breslau" in der Nacht vom 6.-7. August kurz nach Mitternacht in Sicht bekam, war der englische Kreuzer „Dublin". Er war mit dem Befehl, mit seinen Zerstörern „Goeben" und „Breslau" anzugreifen, von Malta entsandt worden. Daß er bei dem erwähnten Treffen mit „Breslau" nicht angriff, ist unerklärlich.

Als Admiral Milne am 7. August abends in Malta seine Kohlenübernahme beendet hatte, lief er nach Kap Matapan, der Südspitze Griechenlands, aus, um „Goeben" und „Breslau" zu verfolgen. Da erhielt er in der Nacht vom 7. zum 8. August von der englischen Admiralität einen – wie sich später ergab irrtümlichen – Funkspruch, daß der Krieg mit Österreich ausgebrochen sei. Nun fürchtete er, daß die österreichischen Kriegsschiffe ihn von seiner Basis abschneiden könnten. Er gab daher die Verfolgung von „Goeben" und „Breslau" wieder auf, um sich zunächst einmal mit den Panzerkreuzern von Admiral Troubridge zu vereinigen. Am 9. August bekam er dann von der Admiralität das richtigstellende Telegramm, daß England sich nicht im Kriege mit Österreich befände, und er die Verfolgung der „Goeben" wieder fortsetzen solle. Hierzu war es aber nun sehr spät und deshalb ungünstig geworden, da Admiral Milne nicht mehr wußte, wo die beiden deutschen Schiffe sich befanden. Er schickte den Admiral Troubridge wieder nach der Adria, und er selbst ging in den Seeraum zwischen Griechenland und Kreta. Am 11. August erhielt er dann die Mitteilung, daß „Goeben" und „Breslau" in die Dardanellen eingelaufen seien. Schleunigst setzte er seine Schlachtkreuzer, seine drei kleinen Kreuzer und seine Zerstörer dorthin in Marsch und nahm eine Blockadestellung vor den Dardanellen ein.

Am selben Tage des 11. August wurde er jedoch von seiner Admiralität abberufen. Beide Admirale, Milne und Troubridge, wurden zwar später von einem englischen Kriegsgericht freigesprochen, aber während des ersten Weltkrieges nicht wieder verwendet. Ein Kommentar zu der englischen Führung bei der Erfüllung ihres Zieles, die „Goeben" und „Breslau" zu vernichten, erübrigt sich. Sicherlich steht sie im Gegensatz zu der unbeirrbaren, klaren und folgerichtigen Führung von

Admiral Souchon und auch von der des deutschen Admiralstabes, der sich einer operativen Einmischung enthielt und sich nur auf grundsätzliche Weisungen strategischer und politischer Art beschränkte.

5. Kapitel

SMS „Breslau“ wird der türkische Kreuzer „Midilli

Als wir am 10. August abends nach dem Einlaufen in die Dardanellen gegenüber von Tschanak vor Anker gegangen waren, sah die schmucke „Breslau“ wie ein völlig verschmutztes, heruntergekommenes Tramp-Schiff aus: Die Schornsteine waren ausgebrannt, überall an Deck, in jedem Beiboot, in jedem Winkel lagen Haufen von Kohlenstaub. Die tagelange forcierte Fahrt, und dazu noch mit schlechter Kohle, hatte unser schönes Schiff so verändert. Unter Deck in unseren Räumen war außer unseren Kojen nichts mehr vorhanden. Tische und Stühle waren ja in Messina von Bord gegeben worden. Wir hockten also zu den Mahlzeiten in irgendeiner Form auf dem Boden. – Merkwürdig, nachdem die Spannung der letzten Tage vorbei war, sank unser Stimmungsbarometer. Wir wurden gereizt und manch einer versuchte, sich in einem kurzen Streit an einem der Kameraden abzureagieren. Aber das legte sich wieder, nachdem wir ein paar Nächte geschlafen hatten. An einem Vormittag kam ein türkisches Motorboot bei uns an einem schnell herausgehängten See-Fallreep längsseit. Ihm entstieg ein Herr in eleganter Generalsuniform, bekleidet mit sauberen weißen Glacehandschuhen. Als er oben an Deck von dem Wachoffizier der „Breslau“ empfangen wurde, ließ er sein Monokel fallen und sagte, unser Schiff betrachtend: „So, das ist also der „Goeben“. Dies war jedenfalls die spätere Schilderung unseres Kameraden in der Messe.

Der General war der deutsche Befehlshaber der Dardanellen-Festungen, welcher als Mitglied unserer Militärmission unter General Liman von Sanders, dem türkischen Gouverneur der Dardanellen beigeordnet war. Unser Kommandant empfing ihn, wir jungen Leutnants hielten uns in respektvoller Entfernung. Ich ahnte damals nicht, daß dieser General einmal mein Schwiegervater werden würde.

Die Türkei übernahm die beiden deutschen Kriegsschiffe. Die „Goeben“ wurde die „Sultan Yavus Selim“. Die „Breslau“ bekam den Namen „Midilli“. Am 16. August setzten wir die türkische Flagge. Die deutschen Besatzungen trugen von diesem Tage an zur deutschen Uniform den türkischen Fez. So waren wir allen Türken als Angehörige der türkischen Wehrmacht kenntlich.

Unser Admiral Souchon wurde vom Sultan zum Flottenchef der gesamten türkischen Seestreitkräfte ernannt. Wir sammelten uns mit den türkischen Schiffen in dem Golf von Ismid im Marmarameer. Es folgten nun anstrengende Wochen vorbereitender Arbeiten und gemeinsamer Übungen. Die beiden Nationen mußten sich, wenn ihre Kriegsschiffe zusammen fahren sollten, erst einmal eine gemeinsame Grundlage für die Befehlsgebung schaffen.

Der Flaggleutnant der „Goeben" und die Signaloffiziere der beiden Schiffe, also auch ich von der „Breslau", setzten uns zusammen und redigierten unter Verwendung der Flaggen des internationalen Signalbuches einen Signalcode, der alles enthielt, was Kriegsschiffe an Befehlen und taktischen Mitteilungen zum gemeinsamen Operieren brauchten.

So gingen die Monate August und September für uns jungen Offiziere auf dieser unteren Ebene in andauernder Ausbildungsarbeit vorbei. Inzwischen hatte Admiral Souchon, neben seiner Führung des Verbandes, eine ungleich wichtigere Aufgabe: Er versuchte die türkische Regierung zu überzeugen, daß ein Sieg der Alliierten, also der Westmächte und Rußlands, unbedingt die Aufteilung der Türkei zur Folge haben würde. Um dies zu verhindern, sei es daher erforderlich, daß die Türkei an Deutschlands Seite in den Krieg einträte. – Die Ansichten hierüber waren im türkischen Kabinett geteilt, aber schließlich setzte sich doch die genannte Meinung im starken Maße durch. Aber bis Mitte Oktober hinein schwankte die osmanische Regierung in dieser Frage immer noch hin und her. Nach wie vor gab es in Konstantinopel auch noch die englische Marinemission, gebildet aus englischen Seeoffizieren, welche in gleicher Weise, wie der deutsche General Liman von Sanders das türkische Heer, seit 1913 die türkische Marine reorganisieren sollten. Wenn diese englische Marine-Mission auch zur Zeit arbeitslos war, denn der deutsche Admiral Souchon befehligte ja die türkischen Schiffe, so war sie jedoch noch nicht abberufen und sicherlich über alles orientiert, was von unserer Seite geschah.

Eine große Schwierigkeit bestand für uns darin, daß zu Beginn des Krieges keinerlei Zeitungen oder Nachrichten aus Deutschland, also von der deutschen Kriegsseite, nach der Türkei kamen. Als ich einmal in der zweiten Augusthälfte in Konstantinopel zu tun hatte, riefen die Zeitungsjungen, besonders die der westlich orientierten Zeitung „Stambul“, die größten Siegesmeldungen der Alliierten aus. In der Nordsee, ich entsinne mich deutlich daran, wäre eine große Seeschlacht geschlagen, bei welcher 10 deutsche Schiffe versenkt worden wären. Besonders nachteilig war dieser Mangel der Unterrichtung der türkischen Öffentlichkeit von deutscher Seite, als wir dann tatsächlich durch das Geschehnis der Marneschlacht eine ernste Niederlage erlitten hatten.

So war die Aufgabe, die Admiral Souchon sich der türkischen Regierung gegenüber gestellt hatte, schwierig. Eindeutig war jedoch die Einstellung des türkischen Volkes zu den beiden ehemals deutschen und nunmehr türkischen Schiffen. In einer Parade, mit dem „Sultan Yavus Selim“ und der „Midilli“ an der Spitze, wurde die türkische Flotte vor der Staatsyacht vorbeigeführt, auf der der Sultan sich befand. Zahlreiche Hafendampfer, die türkischen „Tscher-ketts“, umsäumten den Weg, den die Kriegsschiffe durch das Wasser zogen. Schräg, mit großer Schlagseite, lagen die türkischen Verkehrsdampfer im Wasser, wenn wir an ihnen vorbeifuhren. Denn eine Überfülle von Menschen war bei ihnen an Bord, die alle nach der einen Seite drängten, um uns zuzujubeln. Besonders lebhaft war das Klatschen und Winken der verschleierten türkischen Frauen, welche sich auf den „Tscherketts“, achtern in dem Frauenteil des Oberdecks, dem „Haremlik“ befanden.

Aber all diese Sympathie, welche uns das türkische Volk entgegenbrachte, konnte uns nicht über die wachsende Sorge, die wir selbst empfanden, hinwegtäuschen: Daß wir Soldaten auf der „Goeben“ und „Breslau“ in diesem Ringen unseres Volkes um seine Existenz kampflos zusehen müßten, wenn die Türkei neutral bliebe. Denn wir wußten natürlich nichts davon, was sich weiterhin auf hoher Ebene der Politik hinter den Kulissen abspielte. Wir wußten wohl: der „Moskowiter“ war der jahrhundertelange Gegner des osmanischen Reiches. Er hatte den Türken die Gebiete im Norden des Schwarzen Meeres abgenommen und sie immer mehr aus dem Balkan und dem Kaukasusraum zurückgedrängt. Ihn an der Seite des starken Deutschland zu bekämpfen, lag daher wohl im Sinne der türkischen Politik.

Aber bei all dieser feindlichen Einstellung der Türken Rußland gegenüber hatten sie andererseits starke Hemmungen, sich auch einen Krieg mit England aufzuladen. Daher ihr Schwanken und Zögern!

In Unkenntnis all dieser Zusammenhänge taten wir Leutnants unseren Dienst und begrüßten es sehr, als am 27. Oktober Admiral Souchon mit der gesamten deutsch-türkischen Flotte zu Übungen aus dem Bosporus in das Schwarze Meer auslief. Der Vormittag war mit Exerzieren des Flottenverbandes ausgefüllt. Am Nachmittag ging auf der „Goeben", dem Flaggschiff von Admiral Souchon, ein Signal hoch: Es forderte die Kommandanten der Schiffe auf, zu einer Sitzung an Bord zu kommen. – Wir Leutnants schüttelten den Kopf: Was gibt es da eigentlich schon zu besprechen, wir haben ja noch gar nicht viel geübt! – Wir ankerten, und der Kommandant der „Breslau", Kapitän zur See Kettner, fuhr auf die „Goeben". Mit leuchtenden Augen, ich werde diesen Eindruck nie vergessen, kam er wieder zurück. Etwa gleichzeitig wurde auf der „Goeben" das Flaggsignal gesetzt: „Tun Sie Ihr Äußerstes. Es gilt die Zukunft der Türkei!"

Nun wußte die „Breslau"-Besatzung Bescheid, auch ohne daß schon unser Kommandant zu uns gesprochen hatte!

Aufgrund bestimmter Operationspläne fuhren die Schiffe der deutsch-türkischen Flotte nach dem Norden und Osten des Schwarzen Meeres mit hoher Fahrt davon. Die „Breslau" hatte die Aufgabe, vor der Straße von Kertsch Minen zu legen und dann die für Rußland wichtigen großen Öltanks in Novorossisk zu beschießen.

All diese Dinge geschahen. Damit war der Krieg gegen Rußland eröffnet. Aber auch die englischen und französischen Botschafter in Konstantinopel forderten ihre Pässe: Die Türkei befand sich nunmehr an der Seite Deutschlands im Kriege gegen die Alliierten.

Wie konnte sie gesamt-strategisch in der gemeinsamen Kriegführung helfen? Es gab für eine strategische Offensive der Türkei zwei Ziele: Das eine war der Kaukasus und das andere der Suezkanal. Eine türkische Offensive im Kaukasus-Gebiet würde den Russen dort binden und gleichzeitig sein Vordringen nach Konstantinopel verhindern. Eine Offensive gegen den Suezkanal würde England treffen. Denn durch diesen liefen der übliche englische Schiffsverkehr und zweifelsohne jetzt auch Truppentransporte aus dem indischen Raum nach Europa.

Beide strategischen Ziele waren jedoch mit den Schwierigkeiten unzureichenden Nachschubes infolge der großen Entfernungen belastet. Die Türken entschlossen sich daher, den Russen an ihrer Grenze im

Kaukasus-Raum anzugreifen. Denn hier hofften sie, ihrer Kampfkraft zusätzlich über See im Schwarzen Meer immerhin einen gewissen Nachschub zuführen zu können.

Damit war auch die Aufgabe der deutsch-türkischen Flotte gegeben: Wir hatten den Bosporus von russischen Angriffen freizuhalten, die Einfuhr der Kohle aus dem türkischen Schwarzmeerhafen Songuldak zu sichern und vor allem die genannten Transporte nach dem Kaukasus vor der russischen Flotte zu schützen. Letzteres war keine leichte Aufgabe. Denn abgesehen von der „Goeben", mit ihrer schweren Artillerie und hohen Geschwindigkeit, war der russische Flottenverband aus Linienschiffen, Kreuzern und Zerstörern uns natürlich weit überlegen. Es kam für die Russen hinzu, daß der Marinestützpunkt Sewastopol in der Mitte des Schwarzen Meeres und an seiner engsten Stelle lag, so daß die russischen Schiffe von dort aus leicht gefährdete Punkte erreichen konnten, sobald eine entsprechende Nachricht einging. Anders lag es für uns. Wir waren für den Kampf im Schwarzen Meer auf ein einziges Ausfalltor, den Bosporus, angewiesen und dieses Ausfalltor lag in der südwestlichsten Ecke unseres Kampfgebietes. Lang waren daher jedesmal unsere Anmarschwege. Lang war daher auch der Rückweg, wenn wir durch überlegene Streitkräfte gefährdet waren. Immer stand uns nur dieser einzige Zufluchtsort, der Bosporus, zur Verfügung, auf den sich natürlicherweise daher auch die gesamte Kraft des Gegners konzentrieren konnte, ihn durch Minen zu blockieren oder seine Benutzung durch Aufstellung von U-Booten oder sogar von überlegenen schweren Streitkräften zu behindern oder unmöglich zu machen.

So spürten wir daher sehr bald, daß unsere Kriegführung im Schwarzen Meer nicht einfach war. Unentwegt mußte die „Breslau" im November und Dezember 1914 einen Transport nach dem anderen geleiten. Immer wieder liefen wir die 500 sm vom Bosporus nach Osten, um die Truppen meistens in Trapezunt auszuladen. Selbst am Heiligabend gingen wir in See, weil sicherlich die Russen, die ihr Weihnachtsfest nach dem griechischen Kalender erst einige Tage später hatten, an diesem Tage irgendeinen Offensivstoß gegen unsere Seeverbindungen unternehmen würden. Diese Annahme war auch richtig. Am 24. Dezember 1914 abends stieß die „Breslau" in dunkler, unsichtiger Nacht überraschend in die russische Flotte hinein. Plötzlich blitzte drüben eine

Klapplaterne auf. Unsere Scheinwerfer leuchteten und hatten im Ziel auf nächste Entfernung, zu unserer großen Überraschung, das russische Linienschiff „Rostislaw“.

Unser tüchtiger Artillerieoffizier, der spätere Admiral Carls, überschüttete das Schiff mit unseren 10,5-cm-Granaten. Dies war wirklich kein Mittel, dieses schwergepanzerte Linienschiff zu versenken, aber immerhin wirkungsvoll genug, die bei Nacht von der russischen Besatzung an Oberdeck eingenommenen Gefechtspositionen zu treffen. Daß wir in diesem einmalig günstigen Überraschungsmoment von unserer Torpedowaffe keinen Gebrauch gemacht haben, war ein schwerer Fehler. Der Kommandant befahl dann abzudrehen und die Scheinwerfer zu blenden, weil er sich, mit Recht, nicht in ein Artillerieduell mit dem Linienschiff einlassen konnte und wollte. Bei Hellwerden bekamen wir den nächtlichen Gegner, die ganze russische Flotte wieder in Sicht. Wir hielten an den Linienschiffen Fühlung und beschossen russische Zerstörer, die uns abdrängen wollten. Unsere Funkantennen schnarrten, mit größter Lautstärke gab der Funkoffizier unsere Aufklärungssignale an die „Goeben“, doch sie kam nicht. So gingen die beiden Weihnachtstage vorbei. Die russische Flotte lief in Sewastopol ein und wir drehten ab. In der Nacht erhielten wir von der „Goeben“ einen Funkspruch, in welchem ein Treffpunkt mit ihr für den nächsten Morgen festgelegt war. Als das Flaggschiff in Sicht kam, machte der Admiral an den Kommandanten der „Breslau“ einen Scheinwerferspruch „Gut gemacht!“ Das Lob war verdient, das zweitägige Fühlunghalten an der russischen Flotte unter ständigen Kampfhandlungen eine Leistung. Das Unglück war, daß die „Goeben“ unsere Funksprüche erst in den letzten Stunden des zweiten Tages erhalten hatte. Es gab damals noch keine Kurzwelle in der Funkentelegraphie und die Reichweite der gebräuchlichen Langwellen war wesentlich kürzer und durch atmosphärische Störungen oft sehr behindert.

So war diese große Gelegenheit, daß die „Goeben“, unangreifbar wegen ihrer überlegenen Geschwindigkeit, bei sichtigem Wetter ihre kampfkräftige Artillerie gegen diese älteren russischen Linienschiffe zum Tragen bringen konnte, unglücklicherweise verpaßt. Wir hatten vorher schon einmal, es war am 18. November 1914, vor Sewastopol im Nebel ein plötzliches Zusammentreffen mit der russischen Flotte gehabt. Auf nahe Entfernung kam überraschend die Linie der russischen Linienschiffe in Sicht. Der Kampf dauerte nur 10 Minuten, dann hatte der Nebel den Gegner wieder verschluckt. Aber wie wir heute wissen, hatten diese wenigen Minuten genügt, dem russischen Flaggschiff durch die 28-cm-Granaten der „Goeben“ erheblichen Schaden zuzufügen. So blieb durch die Wetterverhältnisse auch an diesem Tage die Kampfkraft der „Goeben“ ungenutzt.

Und dann sollte eine weitere Wende zu unserm schweren Nachteil kommen: Als die „Goeben“ nach den oben genannten Weihnachtstagen wieder in den Bosporus zurückkehren wollte, lief sie auf zwei Minen, in Wassertiefen über 180 m, in denen nach damaliger deutscher Ansicht ein Minenlegen nicht mehr möglich war. Die „Goeben“ blieb schwimmfähig, sie lief ein und zeigte sich noch einmal in einer Rundfahrt der Bevölkerung von Konstantinopel, um anderen Gerüchten vorzubeugen. Dann ging sie in die Steniabucht am Bosporus. Wie sollte sie dort repariert werden? Es gab in der Türkei kein Dock, das groß genug war, sie aufzunehmen. Deutsche Techniker und Arbeiter mußten aus Deutschland nach Konstantinopel kommen. Große Kaissons wurden gebaut, mit denen die Löcher am Rumpf der „Goeben“ abgedichtet und dann repariert wurden.

Durch den Ausfall der „Goeben“ hatte sich die operative Lage für uns im Schwarzen Meer wesentlich zu unseren Ungunsten verändert. Der leichte Kreuzer „Breslau“, mit 10,5-cm-Geschützen bestückt, war jetzt unser kampfkräftigstes Schiff in diesem Seeraum. Die Hauptlast des Einsatzes lag also auf ihm. Am 4. Januar des neuen Jahres gingen wir bereits wieder in See, um Transporter nach dem Osten zu begleiten. Hinter Minensuchern verließen wir den Bosporus. In dunkler, regnerischer Nacht passierten wir den Seeraum, wo die „Goeben“ auf Minen gelaufen war. Plötzlich erschütterte eine schwere Detonation unser Schiff, doch unser Leckdienst meldete auf die Brücke „Keinerlei Wassereinbruch“. Die Mine war unmittelbar vor uns im Suchgerät unserer Minensuchboote hochgegangen. Wir lagen gestoppt und warteten bis unser Geleit wieder klar war. Da hörte ich eine Stimme aus dem Wasser und leuchtete mit dem Signalscheinwerfer von der Brücke hin. Ein Mann schwamm dort in der See. Wir retteten ihn. Als er pudelnaß an Bord kletterte, wurde er mit kritischen Bemerkungen von an Deck stehenden Kameraden begrüßt: Der kühne Schwimmer war ein junger

Matrose, der bei Kriegsausbruch in Messina zu uns als Freiwilliger an Bord gekommen war. Als die Mine vor unserem Schiff detoniert war, glaubte dieser Jüngling: „Nun ist die ‚Breslau' hin und rette sich, wer kann!" Er hielt jedenfalls den Aufenthalt im kalten Wasser für sicherer als den auf dem sinkenden Schiff.

In viel See- und kurzen Hafentagen verliefen auch die kommenden Monate im Jahre 1915 für die „Breslau": Geleitung von Truppentransportern und nächtliche Zerstörerkämpfe. Einmal hatten wir auch eine sonderbare Aufgabe. Wir schleppten einen kleinen türkischen Dampfer nach der russisch-rumänischen Grenze. Auf diesem Schiff waren 24 türkische Reiter tscherkessischen Stammes, große, schlanke, gut aussehende Männer. Sie steckten in russischen Uniformen. Ihre Pferde standen an Deck und hielten sichtlich sehr wenig von der Seefahrt. Bei den Schlangeninseln in der Nordwestecke des Schwarzen Meeres setzten wir nachts diese 24 Reiter an das Festland. Sie sollten die strategisch wichtige Bahnlinie der Russen von Nikolajew nach dem Westen sprengen. Wie wir nach einiger Zeit erfuhren, waren sie statt dessen dort gefangengenommen worden. – Ein anderes Mal erhielten wir in einem nächtlichen Zerstörerkampf mehrere Artillerietreffer und hatten erhebliche Verluste an Personal. Den einen der russischen Zerstörer hatten wir hierbei zusammengeschossen. Ich bildete mir während des Nachtgefechtes ein, in dem Flimmer und Wechsel von Scheinwerferlicht und Dunkelheit zu erkennen, daß sein Heck bereits unter Wasser war. Ich glaubte, noch ein paar Salven und der russische Zerstörer sinkt. Doch aus Sorge vor den Torpedos des anderen Zerstörers drehte die „Breslau" hart ab. So endete auch dieses Gefecht nur mit halbem Erfolg.

Wenn ich heute das Fazit dieser ersten Kriegsmonate im Schwarzen Meer ziehe: Ich glaube, daß wir die überlegene Kampfkraft der beiden deutschen Schiffe den Russen gegenüber unterschätzt haben. Ein rücksichtsloses Durchschlagen des Gefechts wäre in manchen Fällen besser gewesen und hätte erhebliche Erfolge bringen können. Auf der anderen Seite waren wir zu selbstsicher: Wenn selbst wir nicht auf 100 Faden Wassertiefe Minen legen können, so können die Russen es auch nicht! Hierbei unterschätzten wir das hervorragende technische Können der Russen und hatten kein Verständnis für die Mentalität der Marine des Kontinentalstaates Rußland.

Im Juli 1915 lief auch die „Breslau" vor dem Bosporus auf etwa 200 m Wassertiefe auf eine russische Mine. So waren beide deutschen Schiffe durch diese Art der russischen Kriegführung außer Gefecht gesetzt.

Die Lehre, die für den Seekrieg hieraus zu ziehen ist, läßt sich vielleicht folgendermaßen fassen: Riskiere nichts, wenn Du Dich nicht im Kampf befindest. Laufe ein und aus, und bewege Dich in See mit größter Vorsicht und größtem Mißtrauen. Bist Du aber im Kampf, dann riskiere alles und schlage dieses Gefecht rücksichtslos durch. Handelst Du so im Kampf, dann wirst Du auch einen überlegenen Gegner in vielen Fällen durch schnelles, hartes und andauerndes Zuschlägen besiegen können.

Mit 600 t Wasser im Schiff kam die „Breslau", nachdem sie vor dem Bosporus auf die Mine gelaufen war, noch an ihren Liegeplatz an der Steniabucht am Bosporus an. Eine monatelange Reparatur erwartete das Schiff. Was sollte in dieser Zeit mit dem Offizierkorps und den Mannschaften der Besatzung geschehen? –

Unten an den Dardanellen waren inzwischen die Engländer gelandet. Die türkische Armee stand dort im schweren Abwehrkampf. Die Dardanellen unter allen Umständen zu halten, war das erste Gebot der Stunde. Aus Offizieren und Mannschaften der „Breslau" wurde daher ein Landungskorps gebildet, das unseren türkischen Kameraden an Land auf der Halbinsel Gallipoli helfen sollte. Ich selbst hatte eine andere Aufgabe erhalten: Ich sollte auf den wenigen deutschen Flugzeugen als Fliegerbeobachter und Bordschütze gegen die überlegenen englischen und französischen Flugzeuge eingesetzt werden.

Kaum hatte die „Breslau" nach dem Minentreffer in der Stenia-Bucht festgemacht, so kam auch schon das türkische Torpedoboot längsseits, das uns durch das Marmarameer nach den Dardanellen bringen sollte. Übernächtigt nach dem Unglücksfall, ungewaschen und unrasiert kletterte ich von Bord der „Breslau" auf den türkischen Zerstörer. Er legte ab, lief durch den Bosporus und mußte dann jedoch noch einmal in Konstantinopel bei Top Hane an den Kai gehen, um seine Wassertanks aufzufüllen. Welche Chance, dachte ich! Ich stürzte von Bord, rannte eine kurze Straße hinauf in das Lazarett der deutschen Botschaft, fragte dort nach Schwester Inge, bestand darauf, daß sie aus dem Behandlungssaal kam, verlobte mich mit ihr innerhalb von 3-4 Minuten in meinem ungewaschenen Zustand und bei 30 Grad Hitze und kam im Laufschritt wieder rechtzeitig auf dem türkischen Torpedoboot an, um für meinen Kriegseinsatz als Flieger nach den Dardanellen zu fahren.

Aber nun zurück zur „Breslau“.

Am 27. Februar 1916 war sie wieder fahrbereit. Etwa zur gleichen Zeit erfuhren wir, daß die russische Flotte im Schwarzen Meer einen starken Zuwachs an Kampfkraft erhalten hatte: Das moderne Schlachtschiff „Imperatriza Maria“ war in Dienst gestellt. Es war bestückt mit 30,5-cm-Geschützen und konnte, entsprechend den erhaltenen Nachrichten, 25 sm laufen. Dies war die Geschwindigkeit, welche die „Breslau“, unser leichter Kreuzer ohne jede Panzerung, nur bei günstigen Kohlen- und Kesselverhältnissen und auch nur für kurze Zeit erreichen konnte. Für unser Schiff, diese ungeschützte „Blechschachtel“, war daher im Schwarzen Meer eine neue taktische Situation entstanden. Trafen wir dort die „Imperatriza Maria“, so mußten wir davonlaufen, was wir konnten, damit wir von ihrer schweren Artillerie nicht weggeblasen wurden. Stießen wir auf sie in nur geringer Entfernung, z. B. bei unsichtigem Wetter oder bei Hellwerden, so war unsere Lage eigentlich hoffnungslos, weil wir uns auch bei schnellster Flucht lange Zeit im Feuerbereich der schweren Geschütze des Schlachtkreuzers befinden mußten.

Sicherlich hatte unser Kommandant daher Überlegungen angestellt, wie wir uns mit dem Schiff bei plötzlichem Zusammentreffen verhalten sollten. Seit dem Herbst 1915 hatte der Korvettenkapitän von Knorr, Sohn des Kommandierenden Admirals der alten Kaiserlichen Marine, vor dem Kriege Marineattache in Japan, bei Kriegsausbruch Kommandant des Hilfskreuzers „Meteor“, den er bis zu seiner Versenkung hervorragend geführt hatte, die Führung unseres Schiffes übernommen. Er war ein überragend kluger Mann, mit geballter Energie geladen. Alle Angelegenheiten des Schiffes dachte er gründlich durch und gab dann in sehr kurzer Weise seine Anordnungen. In zahlreichen Klar-Schiff-Übungen hatte er am Ende unserer Reparaturzeit die Besatzung auf den kommenden erneuten Kriegseinsatz vorbereitet. Er wählte mich zu seinem Adjutanten. Über Arbeitsmangel konnte ich nicht klagen. Die Ausarbeitung der von ihm befohlenen Gefechtsbilder war meine Aufgabe. Die Begriffe Dienstzeit und Freizeit gab es, was meine Person anbetraf, für Knorr nicht. War er in der Hafenzeit an Bord, so mußte ich gewärtig sein, auch nachts noch mit ihm zusammen zu arbeiten. Ich war infolgedessen von allem anderen Dienst, z.B. dem Wache gehen, befreit. War die „Breslau“ in See, so wich ich nicht von seiner Seite. Hatten wir nachts keine Berührung mit dem Gegner, so saßen wir zusammen oberhalb der Brücke am Peilkompaß auf zwei leeren Seifenkisten und hielten Ausguck. Ich verdanke dem Kapitän von Knorr für meine taktische Ausbildung sehr viel.

Das überraschende Zusammentreffen unseres Schiffes mit der „Imperatriza Maria“ ließ nicht lange auf sich warten. Nachdem wir einen Geleitzug nach Trapezunt begleitet hatten, stand die „Breslau“ am 4. April 1916 in der Ostecke des Schwarzen Meeres dicht unter Land vor der Küste des Kaukasus. Wie eine gläserne Wand erhob sich dieses 3000 m hohe Gebirge hoch in den Himmel hinein und seine Silhouette wurde klarer, als es in den Morgenstunden hell wurde. Da schrillten plötzlich die Alarmglocken auf unserem Schiff. Westlich von uns, also auf dem Weg, den wir nach dem Bosporus einschlagen mußten, waren urplötzlich in wenigen tausend Meter Entfernung die Schatten des russischen Schlachtkreuzers und eines kleinen Kreuzers erkennbar. Auch sie mußten uns gesehen haben. Warum schoß die „Imperatriza“ nicht? Wenige Salven ihrer schweren Artillerie hätten genügt, uns auf diese geringe Entfernung zu versenken. Dies war der Gedanke, der uns alle erfüllte. Ich sah meinen Kommandanten an. Er ging mit dem Schiff nicht auf hohe Fahrt, er gab der Maschine nur den Befehl, dafür zu sorgen, daß keinerlei Funken aus den Schornsteinen wehen könnten. Dann „mogelte“ er sich mit der „Breslau“, ganz allmählich Kurs ändernd, hinter den russischen Schiffen herum, bis er sie im Osten hatte und für die „Breslau“ der Weg nach Westen, also nach dem Bosporus, frei war. Bald nach dem ersten Sichten wurden wir von der „Imperatriza Maria“ mit einem Scheinwerfer angemorst, anscheinend ein Erkennungssignal! Ich antwortete mit genau denselben Buchstaben. Dies wiederholte sich zwei- bis dreimal. Dann hatte unser Abstand zugenommen. Erst jetzt befahl Knorr „hohe Fahrt“ und mit schäumender Hecksee raste die „Breslau“ davon. Zuversichtlich sagte Knorr zu mir, „nun wünschen Sie dem Russen ruhig glückliche Reise!“ In Seekriegswerken steht, daß ich dann diesen höflichen Gruß in deutscher Sprache an den russischen Schlachtkreuzer abgegeben hätte. Dies trifft nicht zu. Noch übermütiger als mein Kommandant, wegen des gelungenen Herumholens des Schiffes nach Westen, machte ich mit dem Scheinwerfer nur die Morsezeichen L.M. A., in abgekürzter Sprache den Gruß des Götz von Berlichingen. Jetzt drehte die „Imperatriza Maria" ab, ihre schwere Artillerie flammte auf. Wir glaubten uns außer Schußweite. Da schoß plötzlich der Bug der „Breslau" in ein Wasserloch. Die Aufschläge des Russen hatten unmittelbar vor unserem Schiff gelegen, unsere Back war durch Sprengstücke durchlöchert, die Wassersäulen ergossen sich über unser Mitteldeck, unsere Geschützbedienungen standen dort für einen Augenblick bis zu den Hüften im Wasser. Nun wurde es uns erst klar, daß jetzt ein Rennen auf Tod und Leben beginnen würde. Wir hatten Glück und Knorr manövrierte ausgezeichnet. Er hielt mit dem Kreuzer immer in die Wassersäulen der ganz in Schiffsnähe liegenden Aufschläge hinein, aus dem Gedanken heraus, daß die Lageverbesserungen des russischen Artillerieoffiziers für die nächste Salve dann falsch sein würden. Außerdem drehte das russische Schiff, sobald es uns in Reichweite hatte, stets sofort vom Verfolgungskurs zum Schießen ab, um alle Geschütze zum Tragen zu bringen. Dies war sicherlich ein taktischer Fehler. Richtiger wäre gewesen, wenn das Schlachtschiff seinen Geschwindigkeitsüberschuß zunächst einmal dazu ausgenutzt hätte, uns erheblich näher zu kommen. Dann hätten wir längere Zeit in seinem Feuerbereich liegen müssen. So gelang es uns, allmählich in den Vormittagsstunden, nachdem auch die „Breslau" ihre Höchstgeschwindigkeit laufen konnte, dem Beschuß der „Imperatriza" zu entfliehen, und am nächsten Morgen liefen wir glücklich in den Bosporus ein. – Mehrere Stunden in den deckenden 30,5-cm-Salven des russischen Schlachtkreuzers zu liegen, war für uns immerhin ein Erlebnis. Als Knorr mir nach dem Festmachen am nächsten Morgen „Gute Nacht" sagte, äußerte er zu mir, „jetzt habe ich aber meine Pappenheimer kennengelernt!" Der Leutnant zur See Deckert, der zweite Funkoffizier unseres Schiffes, den der Kommandant bisher nicht, wie Deckert es verdient hätte, gewürdigt hatte, bekam das Eiserne Kreuz 1. Klasse. Die Stänge unseres achteren Mastes war abgeschossen worden und die Funkanlage hing unbrauchbar an Deck herunter. Deckert kletterte hoch und brachte während der Beschießung durch den Gegner eine neue Antenne in kürzester Zeit aus, so daß das Schiff wieder nachrichtenempfangsklar war. – Ein anderer Leutnant, der bisher persona grata beim Kommandanten gewesen war, hatte diese Position für immer verloren. So offenbart eine Krisis, was ein Mensch wirklich wert ist.

Es bleibt nun noch ein Wort zu sagen, warum die Russen die „Breslau" bei dem überraschenden Zusammentreffen im Morgengrauen auf so kurze Entfernung nicht durch wenige Salven vernichtet haben. Hierzu berichtet der damalige Flaggleutnant des russischen Admirals und Befehlshabers der Schwarzmeer-Flotte, der russische Kapitänleutnant Walter von Schoen im Jahre 1933 folgendes: „Wie kam es, daß wir nicht sofort das Feuer auf die „Breslau" eröffneten? Wie hing es zusammen, daß sie uns entkommen konnte? Warum ließen wir uns auf langes Signalisieren ein? – Wir erwarteten bei Sonnenaufgang den Kreuzer „Pampjatj Merkuria". Beim Morgengrauen sichteten wir hinter uns, im Schatten der hohen Berge des Kaukasus ein Schiff. Aller Augen sind auf die Silhouette gerichtet. Ist dieses Schiff unser Kamerad oder ist es der Feind? Der Artillerieoffizier will sofort schießen, denn er behauptet steif und fest, daß es die „Breslau" ist. Der Admiral ist unschlüssig. Und wenn das Schiff doch unser Kreuzer ist? Wenn wir das Feuer eröffnen, können wir unser eigenes Schiff vernichten! Das ist ein entsetzlicher Gedanke! Der Artillerieoffizier tobt innerlich. So vergehen kostbare Minuten. Wir blinken das Schiff an, das Schiff beantwortet die Signale mit seinem Scheinwerfer. Die Signalmaate sind fassungslos und verzweifelt, sie können die Signale nicht entziffern. Was sind denn das auch für sonderbare Zeichen?" – Der russische Kapitänleutnant, Walter von Schoen, schließt seinen Bericht, nachdem er noch unser Entkommen geschildert hatte, mit den Worten: „Es war eine ungemütliche Stimmung auf der ‚Imperatriza Maria'. Tatsächlich, sie hatte eine große Chance verpaßt." – So entgingen wir der Vernichtung.

Dieses Glück hatten wir ein zweites Mal und an diesem Tage hing das Leben der „Breslau" an einem noch dünneren seidenen Faden, als an dem vorstehend geschilderten.

Am 22. Juli mittags gegen 1.00 Uhr stand die „Breslau" mitten im Schwarzen Meer mit Ostkurs. Auf der Schanze unseres Schiffes drängten sich 60 Minen, die wir in der nächsten Nacht vor Noworossisk legen wollten. Da kamen Rauchwolken in Sicht und sehr bald wurden 3 große russische Zerstörer ausgemacht, die auf uns zuliefen und mit denen wir uns dann herumschossen. Hinter diesem Zerstörer-Schirm stand eine vierte große Rauchwolke, die rasch größer wurde. Und kurz darauf war unter ihr die „Imperatriza Maria“ zu sehen. Obwohl wir 24 bis 25 sm liefen, kam die „Imperatriza Maria“ zu unserer sehr ungemütlichen Feststellung trotzdem schnell näher. Das russische Schlachtschiff schoß mit seiner schweren Artillerie und die Aufschläge lagen unmittelbar an unserem Schiff. Der Kommandant der „Breslau“ ließ einen unserer neuen Nebelkästen abbrennen. Als der schützende Nebel wieder verflogen war, sahen wir, buchstäblich zu unserem Entsetzen, daß die „Imperatriza Maria“ wieder näher gekommen war. Sie schoß, und wir erwarteten auf der Brücke das Heranbrausen der schweren Granaten. Wo würden sie diesmal einschlagen? Da türmten sich wiederum Wassersäulen um das Schiff empor. Ich sah über die Brücke. Der wachhabende Offizier, Oberleutnant zur See Schäfer, mein Signalmaat und einige Posten lagen an Deck, durch Sprengstücke schwer verwundet. Knorr ließ wieder nebeln und einige Minen als Treibminen über Bord werfen. Unsere Lage war sehr ernst. Was würde geschehen, wenn die „Imperatriza“ auch weiterhin mehr laufen könnte als wir! Dies würde mit unserer sicheren Vernichtung enden. Ich stand neben Knorr auf der Brücke, er sagte zu mir: „Ich überlege mir, ob ich nicht auf die Anatolische Küste zulaufen und dort den Kreuzer auf die Felsen setzen soll, um wenigstens die Besatzung vor dem Tode zu retten.“ Bei diesen Worten sah er mich fragend an. Wenn er auch keine Frage an mich gestellt hatte, so wußte ich doch in diesem Augenblick, daß ich ihm antworten mußte. Ich werde diese Situation nie vergessen. Die Brust sprang mir fast vor harter Sorge und es entrangen sich mir die Worte: „Ich weiß nicht, ob man das tun soll, vielleicht kommen wir diesmal auch wieder so davon!“ – Knorr behielt den Kurs des Schiffes, auf den Bosporus zu, bei. Nebelkästen wurden abgebrannt, Treffer der „Imperatriza“ lagen in der Nähe der „Breslau“. Minen wurden ins Wasser geworfen, in der vagen Hoffnung, daß diese vielleicht doch das verfolgende russische Schlachtschiff treffen oder wenigstens durch Ausweichmanöver hemmen könnten. Gegen 4 Uhr nachmittags stellten wir zu unserer starken Erleichterung fest, daß die „Imperatriza“ achteraus sackte, also unsere Geschwindigkeit nicht mehr halten konnte.

Am nächsten Morgen liefen wir in den Bosporus ein. Sicherlich verdankten wir unsere Rettung wieder dem geschickten taktischen Verhalten unseres Kommandanten. Aber das Hauptverdienst bei den beiden geschilderten Fällen gebührt unserem Maschinenpersonal: Ohne eine bis zur Meisterschaft durchgeführte Ausbildung und Organisation, ohne höchste Anspannung aller Kräfte unseres technischen Personals hätten wir nicht diese langen, gefährlichen Stunden die hohe Fahrt des Schiffes halten können. Daß es gelang, und daß dies die „Imperatriza" nicht fertigbrachte, war der entscheidende Grund unserer Rettung.

Am 1. Oktober 1916 wurde ich nach 4jährigem Kommando auf der „Breslau" in die Heimat zur U-Boot-Waffe abkommandiert. Bevor ich das Fazit meines Kriegserlebens auf der „Breslau" ziehe, möchte ich noch der Ordnung halber ein Wort über meine Fliegerei während der Reparaturzeit der „Breslau" sagen. Hierbei ist gar nichts Wesentliches herausgekommen. An den Dardanellen saß ich als Beobachter und Schütze an einem leichten Maschinengewehr in einer einmotorigen Gotha-Maschine. Diese war langsamer als die französischen und englischen Farmans. Wir mußten also abdrehen, wenn diese in Sicht kamen. Um über den Dardanellen auf die übliche Höhe von 2000 m zu kommen, brauchten wir etwa eine ¾ Stunde, so schwach war damals die Zugkraft unseres Motors. In dieser Höhe erfüllten wir die uns gegebenen Aufklärungsaufträge. Einmal hatte ich auch die Aufgabe, eine Fülle von Konservengläsern mit Flugblättern, welche für die indischen Soldaten der englischen Front bestimmt waren, abzuwerfen. Wir flogen in großer Höhe bei Hellwerden, also nachts gegen 3 Uhr, über die feindlichen Stellungen und ich warf befehlsgemäß die Gläser ab. Sicherlich stand in den Flugblättern, die in indischen und arabischen Schriftzeichen geschrieben waren, daß die Inder die Kampffront der Engländer verlassen sollten. Aber ich hatte Zweifel, ob ein armer Inder, der ein solches Konservenglas zufällig – wenn die Wahrscheinlichkeit hierfür auch sehr gering war – an den Kopf bekommen hat, unserer Aufforderung mit besonderem Dank nachkommen würde. – Nach dem Einsatz in den Dardanellen hatte ich den Auftrag, bei St. Stefano eine Wasser-Flugstation einzurichten. Ein deutsches Seeflugzeug mit 2 Schwimmern, auch wieder vom Gotha-Typ, war unsere einzige Maschine. Hiermit machten wir Jagd auf englische U-Boote. Die alte Konstruktion des Rumpfes unseres Flugzeuges gestattete es nicht, daß Löcher für den

Bombenabwurf eingeschnitten wurden. Ich mußte daher zum Bombenwerfen auf die Tragfläche hinausentern und die kleine Bombe zwischen meinen Beinen fallen lassen. Von einer Präzision des Wurfes konnte daher gar keine Rede sein. Ich entsinne mich eines wegtauchenden englischen U-Bootes, um das die Aufschläge meiner Bomben herumlagen, ohne es zu treffen.

Nun abschließend zu den Kriegserlebnissen auf der „Breslau“ zurück! Der Artillerieoffizier unseres Schiffes war, wie schon gesagt, der Kapitänleutnant Carls. Dieser sagte 1938, als er Flottenchef der deutschen Kriegsmarine war, einmal zu mir: „Dönitzken, die Grundlage meines taktischen Könnens stammt von der ‚Breslau‘. Ich glaube nicht, daß im letzten Krieg ein anderer Kreuzer der Kaiserlichen Marine sich in einem solch unaufhörlichen Einsatz befunden hat, mit den vielseitigsten taktischen Situationen und immer in einem Katz- und Maus-Spiel, mit der ständigen Gefahr, daß die Katze, die überlegenen russischen Schiffe, die arme Maus, die „Breslau“, in diesem Knobelbecher des Schwarzen Meeres einmal verschlingen würde.“ Ich bin der gleichen Ansicht wie Carls und bin dieser „Breslau“-Zeit, was meine taktische Ausbildung anbelangt, zu größtem Dank verpflichtet. – Heute schreibt man oft, daß ich ein einseitiger U-Boot-Mann gewesen wäre. Dieses ist falsch. Von 1912 bis 1939, also in 27 Jahren, war ich sechs Jahre bei der U-Boot-Waffe und in der Zeit der übrigen 21 Jahre auf der „Breslau“, Torpedoboots-Kommandant, Torpedobootshalbflottillen-Chef, Navigationsoffizier auf dem Flaggschiff des Befehlshabers der Seestreitkräfte der Ostsee, Referent und Admiralstabs-Offizier und Kommandant des Kreuzers „Emden“. Ohne diese meine Überwasser-Erfahrungen, besonders als Torpedoboots-Halbflottillenchef, hätte ich auch nie später die zweckmäßigste Form der „Rudel-Taktik“ für U-Boote schaffen können. – Aber wenn einmal einer heute als etwas abgestempelt ist, so ist es nicht so einfach, diesen Stempel zu ändern, auch wenn dieser Stempel in keiner Weise zutrifft.

Der Abschied am 1. Oktober 1916 von meinem geliebten Schiff, meinen Kameraden und der Besatzung fiel mir schwer. Aber zu einem anderen Teil war mein Herz sehr leicht: Ich kam zur U-Boot-Waffe, deren entscheidende Rolle in der deutschen Seekriegführung immer mehr erkannt wurde. Und ich kam nach 4 Jahren in die Heimat zurück, wo meine Frau auf mich wartete. Wir hatten im Mai 1916 geheiratet.

Besichtigung durch die Königin von Spanien 1910 auf SMS „Hertha“ in Pasajes bei San Sebastian (Privatbesitz)

SMS „Hertha“ in Norwegen, Sommer 1910. (Privatbesitz)

Besichtigung durch den deutschen Kronprinzen, Dezember 1910 in Port Said. (Privatbesitz)

1911 als Fähnrich zur See auf der Marineschule (in der Mitte sitzend). (Privatbesitz)

1912 als Fähnrich zur See bei der Infanterie-Ausbildung (unter dem Kompaniechef zu Pferde). (Privatbesitz)

Frühjahr 1913 in Albanien mit albanischen Kindern. (Privatbesitz)

SMS „Breslau“ im Goldenen Horn in Konstantinopel, Herbst 1914. (Privatbesitz)

Das Offizierskorps SMS „Breslau“, – Türkischer Kreuzer „Midilli“, Herbst 1914.

Als Wachoffizier auf U 39, Sommer 1917. (Privatbesitz)

Als Kommandant UB 68, Herbst 1918. (Privatbesitz)

Die 4. Torpedoboots-Halbflottille 1930 im Atlantik. (Privatbesitz)

Die drei Dönitz-Kinder auf einer Segelreise, Sommer 1932. (Privatbesitz)

Indienststellung des Kreuzers „Emden“, September 1934. (Privatbesitz)

Kreuzer „Emden“ im Nordostsee-Kanal. (Privatbesitz)

Als Kommandant des Kreuzers „Emden" mit dem 1. Offizier, Korvettenkapitän Lange, Herbst 1934. (Privatbesitz)

Frühjahr 1935 als Kommandant der „Emden“ in Trincomali (Ceylon) mit dem englischen Befehlshaber, Vizeadmiral Rose (rechts). (Privatbesitz)

U-Boot-Flottile Weddingen 1936 an der Tirpitzmole in Kiel mit Führungsschiff „Saar“. (Privatbesitz)

Mein Schwiegersohn, Kapitänleutnant Günter Hessler, mit Frau Ursula 1942. (Privatbesitz)

Deutsches U-Boot im Atlantik. (Privatbesitz)

Deutsches U-Boot hilft Schiffbrüchigen. (Privatbesitz)

Im Kampf gegen einen Tanker-Geleitzug. (Privatbesitz)

Deutsches U-Boot in See. (Privatbesitz)

Geleitzugschlacht gegen den Tankergeleitzug für die englische Armee in Nordafrika, Januar 1943. (Privatbesitz)

Deutsches U-Boot im Atlantik. (Privatbesitz)

Sohn Peter, gefallen auf einem U-Boot, Mai 1943, im Atlantik. (Privatbesitz)

Begrüßung einer Torpedoboot-Besatzung. (Privatbesitz)

Begrüßung einer U-Boot-Besatzung.
(Privatbesitz)

Oberleutnant zur See H. J. v. Doeberitz,
Flaggleutnant v. 26.2. - 27.8.1940
(Privatbesitz)

Sohn Klaus, gefallen Mai 1944 auf einem Schnellboot im Englischen Kanal. (Privatbesitz)

Kapitänleutnant Fuhrmann,
mein Flaggleutnant 1941-1943 (Privatbesitz)

Korvettenkapitän Freiwald,
mein Adjutant Frühjahr 1943. (Privatbesitz)

Korvettenkapitätn Hansen-Nootbaar,
mein Adjutant 1943/1944. (Privatbesitz)

Korvettenkapitän Lüdde-Neurath,
mein Adjutant 1944/1945. (Privatbesitz)

Der Oberkommandierende der Mittelmeerflotte:
Admiral Sir Andrew Brown Cunningham, K.C.B., D.S.O.,
14. August 1940.
Ab 1943 Erster Seelord der englischen Admiralität
(Imperial War Museum, London)

Admiral Nimitz, U.S.N. Oberkommandierender der Pazifischen Flotte und des Pazifischen Kampfgebietes, der die amerikanischen Streitkräfte in der Schlacht von Midway leitete.
(Imperial War Museum, London)

Meine Festsetzung als Staatsoberhaupt am 23.5.1945 durch die Alliierten.
(Imperial War Museum, London)

Mein Verteidiger im Nürnberger Prozeß
Flottenrichter Otto Kranzbühler.
(Anny Breer, Hamburg)

Ehepaar Dönitz und Familie Hessler, Oktober 1956, nach meiner Rückkehr aus elfjähriger Haft.

Frau Ingeborg Dönitz (Privatbesitz)

THOS. C. HART

KING HOUSE SHARON, CONNECTICUT

I2 April,I957.

Grand Admiral Karl Doenitz,

My dear Admiral;-

I was far from here when I read of your release from imprisonment,by my and other Nations. I at once felt impelled to say something about it and I am glad that some others are so doing, First, I'll identify myself,briefly.

I retired from our Navy,in I945, after 52 years of service,eight of which were in Submarines. In I9I7-I8,my Flotilla was engaged in hunting your Submarines. When we entered World War II,Dec.,I94I,I was Commander-in-Chief of our Asiatic Fleet,the principal power of which lay in 27 S/Ms.

One of my first duties,when we entered the last War,was to pass to my Submarines our Navy Department's order to carry on " unrestricted " war against Japan. As I recall the specifications of your so-called trial,the main charge against you was exactly that same thing. I did what I was ordered to do. You,my dear Admiral,have suffered over ten long years of imprisonment for likewise carrying out your Government's orders.

Of course the action against you was grossly unjust; and it is a sorry blot on my Comntry's history. I could write much more along that line but I'll only express my one bit of satisfaction;- Despite some titles and uniforms worn by my own Countrymen in the Nuremberg affair,none of them were really Military or Naval men.

Admiral, you have endured much. You may be very sure that at least your place in history will be of the best. You fought the kind of war that you were ordered to fight,over long difficult years, with great efficiency,-technically and as an inspired leader of men. Then,at the end,when charged with the full burden of your Nation's affairs, you also met that test superlatively well. You probably are far from wishing my sympathy but - may I salute you?.

Finally, I ardently hope you are in health and that you will have many years of happiness and satisfaction.

Sincerely yours,

Thos. C. Hart.

Brief von Admiral Thos. C. Hart,
Oberbefehlshaber der Asiatischen Flotte der U.S.A.
(Übersetzung auf der nächsten Seite)

Übersetzung

Thos. C. Hart | King House | Sharon, Connecticut
12. April 1957

Großadmiral Karl Dönitz,

Sehr verehrter Admiral,

ich war auf Reisen als ich von Ihrer Freilassung aus dem Gefängnis durch mein Land und andere Nationen las. Es drängte mich sofort, irgend etwas dazu zu sagen und ich freue mich, feststellen zu können, daß es auch anderen so ergangen ist; erlauben Sie aber, daß ich mich zuerst kurz vorstelle.

Ich bin im Jahre 1945 aus unserer Marine ausgeschieden, nach 52 Dienstjahren, von denen ich acht auf Unterseebooten verbrachte. In den Jahren 1917 und 18 hat sich meine Flottille an der Jagd auf Ihre Unterseeboote betätigt. Als wir in den Zweiten Weltkrieg eintraten, war ich im Dezember 1941 Oberstkommandierender unserer asiatischen Flotte, deren Hauptmacht aus 27 Unterseebooten (S/Ms) bestand.

Eine meiner ersten Dienstobliegenheiten bei unserem Eintritt in den letzten Krieg bestand darin, meinen Unterseebooten den Befehl unserer Marineleitung mitzuteilen, gegen Japan einen „unbeschränkten" Krieg zu führen. Wenn ich mir die Einzelheiten des sogenannten Gerichtsverfahrens gegen Sie in Gedächtnis zurückrufe, bestand der Hauptanklagepunkt gegen Sie in genau demselben Tatbestand. Ich führte einen Befehl aus. Sie, verehrter Admiral, haben über zehn Jahre lang im Gefängnis gelitten, weil auch Sie die Befehle Ihrer Regierung ausgeführt hatten.

Natürlich war das Vorgehen gegen Sie in höchstem Maße ungerecht; und es stellt einen bedauerlichen Flecken auf der Geschichte meines Landes dar. Ich könnte mich in diesem Sinne noch sehr viel mehr verbreiten, aber ich möchte hier nur wenigstens meine Befriedigung zum Ausdruck bringen; — meine Landsleute, die im Nürnberger Gerichtsverfahren tätig waren, hatten zwar einige Titel und Uniformen, aber keiner von ihnen war wirklich ein Militär oder Seemann.

Herr Admiral, Sie haben viel durchgemacht. Sie können aber absolut sicher sein, daß zumindest Ihr Platz in der Geschichte einer der besten sein wird. Sie haben den Krieg geführt, der Ihnen befohlen worden war, und zwar kämpften Sie lange Jahre unter größten Schwierigkeiten mit außerordentlicher Wirksamkeit, — technisch und als inspirierter Truppenführer. Und dann, als Sie am Ende die volle Last der Staatsgeschäfte Ihres Landes übernehmen mußten, haben Sie auch diese Aufgabe glänzend gelöst. An meinem Mitgefühl liegt Ihnen wahrscheinlich nichts, darf ich Ihnen aber meine Hochachtung aussprechen.

Darf ich zum Schluß noch der aufrichtigen Hoffnung Ausdruck geben, daß Sie gesund sind und daß Ihnen noch viele Jahre des Glücks und der Zufriedenheit beschieden sein mögen.

Ihr sehr ergebener
gez. Thos. C. Hart

Dear Admiral Dönitz,

Thank you for your kind letter of August 21. I was delighted to contribute to Mr Thompson's Symposium, because I and many soldiers and sailors in England were revolted by the infamous Nuremberg trials, which were a travesty of justice and a disgrace to all civilized peoples. Hoping that your health has now improved, believe me, Yours sincerely,

J. F. C. Fuller

Septr 1st, 1957.

Brief von J. C. Fuller, englischer Historiker

6. Kapitel

U-Boot-Kommandant 1918

Im Februar 1918 wurde ich Kommandant U C 25. Ich fühlte mich mächtig wie ein König. Seit 1½ Jahren war ich bei der U-Bootwaffe. Als Wachoffizier auf U 39, unter seinem hervorragenden Kommandanten, Walter Forstmann, hatte ich gelernt und auf Feindfahrten im Atlantik und Mittelmeer Erfahrungen gesammelt. Jetzt galt es zu zeigen, ob ich fähig war, allein auf mich gestellt, etwas zu leisten.

Der Gipfelpunkt der Erfolge des deutschen U-Bootkrieges war Februar 1918 bereits überschritten. Die Einführung des Geleitzugsystems stellte ihn vor Schwierigkeiten, denen die nur einzeln operierenden U-Boote, ohne eigene Fernaufklärung und Nachrichtenübermittlung untereinander, nicht gewachsen waren. Um so mehr, so glaubten wir, kam es für jeden U-Bootkommandanten darauf an, die Möglichkeiten der Waffe bis zum letzten auszuschöpfen.

So sah es auch in mir aus. Ich wollte kämpfen. – Der Typ dieser UC-Boote war sehr glücklich: ihre Kampfkraft war groß, sie konnten 18 Minen tragen und hatten außerdem 2 Torpedorohre und 5 Torpedos an Bord. Jede Unternehmung begann daher mit der Aufgabe einer Minenverseuchung und anschließend mußte versucht werden, mit den 5 Torpedos dem Gegner möglichst hohe Verluste beizubringen. Tauchtechnisch waren es sehr handliche Boote. Schon bei den ersten Probefahrten vor dem österreichischen Hafen Pola, wo die deutsche U-Flottille, zu der das Boot gehörte, stationiert war, hatte ich das Gefühl, die Eigenschaften von UC 25 verstanden zu haben und sie zu beherrschen. Es geht einem dann so, wie einem Reiter, der eine Einheit mit seinem Pferde bildet. So fühlte ich mich auch mit dem U-Boot wesenseins. Ich kann es nicht anders ausdrücken.

Für meine erste Unternehmung bekam ich den Auftrag, die Minen vor die Eingänge des Hafens Palermo auf Sizilien zu legen. Gleichzeitig gab man mir die Nachricht mit, daß in dem italienischen Kriegshafen Porta Augusta, an der Ostseite Siziliens, das große und wichtige englische Werkstattschiff „Cyclops" vor Anker läge. Letztere Nachricht begrüßte ich sehr. Denn der Nachteil meines Bootes war seine geringe Überwassergeschwindigkeit. Einen Bewegungskrieg mit dem Boot zu führen, d.h. im freien Seeraum zu versuchen, feindliche Schiffe zu finden, sich nach Sichten vorzusetzen und sie anzugreifen, war wegen der eigenen Langsamkeit eigentlich aussichtslos. Man mußte, wenn man Torpedoerfolge erreichen wollte, sich daher unmittelbar vor die Brennpunkte des Verkehrs, am besten vor die Häfen selbst in stationäre Wartestellung begeben, in der Hoffnung, daß der Feind einen anlaufen würde, weil er beim Aus-und Einlaufen diese Stelle passieren mußte. Zu dieser von mir beabsichtigten stationären Verwendung meines Bootes paßte natürlich diese Meldung einer sicheren Ortsangabe über den Aufenthalt eines Gegners. Daß die Abwehr an diesen Brennnpunkten des Verkehrs unmittelbar vor den Häfen am stärksten war und die Gefahr das eigene U-Boot am größten, liegt auf der Hand.

Ich lief Ende Februar 1918 von Pola aus. Der lange Schlauch Adria hatte an seinem südlichen Ende, an der engsten Stelle, Otranto-Straße, für jedes ein- oder auslaufende deutsche U-Boot eine Gefahrenzone. Dort hatten die Engländer durch Netz-Minensperren, durch Fischdampfer, die Stahlnetze schleppten, durch Zerstörerbewachung einen „Westwall" errichtet, mit Ziel, die deutschen U-Boote, die in den österreichischen Häfen und Cattaro stationiert waren, überhaupt am Eindringen in Mittelmeer zu hindern, zumindest aber, ihnen in dieser Sperrzone so viel Verluste zuzufügen, daß der Durchmarsch durch die Straße für die U-Boote ein großes Risiko wurde. Das Günstigste war, die Otrantostraße bei Nacht über Wasser zu passieren. Es ergab sich hierbei die Möglichkeit, den englischen Zerstörern und Fischdampfern über Wasser auszuweichen. Mußte man hierbei, da man gesehen worden war, tauchen, so war dies gefährlich, weil man blind geworden war und nun möglicherweise in eine Sperre von Unterwasserminen bzw. von Stahlnetzen, die unter Wasser gegen die U-Boote aufgehängt waren, hinein lief.

Ich hatte Pech. Schon am späten Nachmittag vor der Nacht, in der ich die Otrantostraße passieren wollte, sichtete ich ein englisches Flugzeug, das auch mein U-Boot bereits gesehen hatte, und mußte tauchen. Ich bekam Fliegerbomben, als ich unter Wasser war. Das war nicht schlimm. Die Geschwindigkeit der Flugzeuge war damals gering und die Zielsicherheit ihrer Bombenwürfe nur sehr mäßig. Aber ich war nunmehr stationär geworden, hatte also Zeit verloren und würde mit Sicherheit bis zum Hellwerden die Otrantostraße nicht mehr passieren können. So wie es dunkel geworden war, tauchte ich wieder auf, wich in der Nacht feindlichen Bewachern über Wasser aus, mußte dann aber bei Hell werden, natürlich noch inmitten der englischen Bewachung, wieder tauchen. Ich ging auf größtmögliche Tauchtiefe von etwa 50 m, weil ich hoffte, in dieser Tiefe mich unterhalb von Netz- und Minensperren zu befinden. Mit geringer Marschfahrt von 2–3 sm kam ich natürlich während des Tages kaum vorwärts und befand mich am kommenden Abend immer noch im englischen breiten Bewachungsstreifen der Otrantostraße. Wiederum wich ich über Wasser aus, kam diesmal rasch vorwärts und mußte schließlich bei Hellwerden vor einem Flugzeug tauchen. Diese, für die damalige Zeit erhebliche Luftbewachung wunderte mich. Sie war ungewöhnlich. Der Grund hierfür wurde mir klar, als ich gegen Mittag südlich der Otrantostraße auftauchen konnte: im Norden in der Bewachungszone sah ich drei große Truppentransporter, die wahrscheinlich von Brindisi, auf dem Wege nach dem Balkan waren und sicherlich Truppen dorthin für die beginnende Balkanoffensive der Entente brachten. Ich kam mir sehr dumm vor. Welches Glück, auf meiner ersten Unternehmung derartig wertvolle militärische Ziele anzutreffen! Aber welches Pech, nunmehr so weit abzustehen, daß ich nicht mehr zum Angriff kommen konnte! So eine „verkorkste" Otrantopassage, dachte ich! Aber es sollte an diesem Tage noch schlimmer kommen. Ich wurde wieder durch ein Flugzeug zum Tauchen gezwungen, und als ich glaubte, nach einer halben Stunde wieder auf Sehrohrtiefe gehen zu können, sah ich, daß gerade ein französisches Linienschiff mit Zerstörersicherung meinen Standort passiert hatte, so daß mir nur noch übrig blieb, das große Kriegsschiff von achtern aus der Entfernung durch das Sehrohr zu betrachten. So konnte ich zweimal nicht zu Erfolgen kommen, die ich so stark ersehnte. Ein ungünstiger Beginn meiner Unternehmung, aber doch eine gute Lehre für mich, daß die Dinge im Kriege nicht immer so laufen, wie man es sich wünscht!

Auf meinem Weitermarsch nach Palermo, wo ich ja meine Minen legen sollte, geschah nichts Besonderes. Unbemerkt tauchte ich bei Hellwerden vor dem Hafen von Palermo und steuerte unter Wasser die

Einfahrten an. Da die See spiegelglatt war, warf ich meine Minen auf etwa 30 m Tauditiefe, um mich durch den Strudel, der beim Werfen verursacht wurde, nicht zu verraten. Nach einigen Monaten bekamen wir die Nachricht, daß 2 Schiffe auf diese Minen gelaufen waren, bevor der Gegner sie hat räumen können. Dieser Teil meiner Unternehmung war also in Ordnung.

Nunmehr fuhr ich beschleunigt nach Porta Augusta. Die Idee, das dort liegende wichtige Schiff zu versenken, hatte mich nicht verlassen. Ich hoffte, daß die „Cyclops" noch im Hafen sein würde. Dann aber auf ihr Auslaufen zu warten, kam nicht in Frage. Ich mußte also in den Hafen hinein. Wie das möglich war, wußte ich noch nicht. Ich stand bei Hellwerden des 17. März 1918 vor dem Kriegshafen Porta Augusta und tauchte. Ich mußte noch eine Stunde unter Wasser heranlaufen, bevor ich unmittelbar vor der Hafeneinfahrt stand. Italienische Flugzeuge waren in der Luft. Eine Bewachung des Hafeneingangs war nicht vorhanden. Fern im Innern des Hafens konnte ich ein großes Schiff mit sieben Doppelmasten erkennen. Der Anblick faszinierte mich. Dieses Schiff mußte ich versenken! – Da keine Bewachung zu sehen war, entschloß ich mich, noch am selben Mittag in den Hafen unter Wasser einzulaufen und bis zur Schußposition im innersten Hafenbecken vorzudringen. Die Wassertiefe war dort gering, nach der Seekarte nur 15–20 m. Ich hatte also bei getauchtem U-Boot unter Umständen nur 2–3 m Wasser unter dem Kiel.

Ich teilte meiner Besatzung meinen Entschluß mit. Für alle Fälle wurde das Boot klar zum Sprengen gemacht. Der Sack mit den Geheimsachen wurde mit einer besonderen Sprengpatrone versehen. Die Besatzung legte Schwimmwesten an. Als diese Vorbereitungen beendet waren, lief ich mit dem Boot an. Da sah ich in der Einfahrt eine Reihe von Bojen mit Stahltrossen liegen. Sicherlich war das eine Netzsperre! Nur durch hartes Abdrehen kam ich von ihr noch klar. Der erste Versuch war also mißglückt. Die sehr ruhige See und Flieger in der Luft zwangen mich zu sparsamstem Sehrohrgebrauch. Meine Übersicht, auch natürlich in Anbetracht der geringen Augenhöhe auf Sehrohrtiefe, war daher sehr gering. Inzwischen war es 4 Uhr nachmittags geworden. Ich gab daher für diesen Tag meinen Entschluß, in Porta Augusta einzudringen, auf. Bei Dunkelwerden tauchten wir auf, luden die Batterie des U-Bootes auf und liefen während der Nacht nach See zu ab, um eine möglichst ungestörte Nachtruhe zu haben.

Rechtzeitig machte ich wieder kehrt und befand mich bei Hellwerden getaucht wieder unmittelbar vor der Hafeneinfahrt. An ihrem Nordufer stand auf einem Felskap der Leuchtturm. In seiner Nähe betrug die Wassertiefe höchstens 12 Meter. Ich entschloß mich, dort unter Wasser einzudringen, weil ich glaubte, daß auf so geringer Wassertiefe, die für U-Boote als unpassierbar galt, keine Stahlnetze liegen würden. Mein Versuch glückte, ich kam in den Hafen hinein und hatte in ihm nun noch etwa eine halbe Stunde unter Wasser zu marschieren, bis ich auf die „Cyclops" schießen konnte.

Günstigerweise hatte es aufgebrist. Im Hafen stand eine kabbelige See. Ich fuhr unter Wasser mit ganz seltenem Seerohrgebrauch, nur um einen Rundblick zu nehmen, und um vor allem durch schnelle Peilung von Landobjekten, die ich dem Steuermann in die Zentrale hinunterrief, unseren Schiffsort festzustellen. Endlich waren wir in der Nähe des Schiffes. Ich schoß. Die beiden Torpedos aus den Bugrohren trafen. Hohe Wassersäulen stiegen an dem Rumpf des Dampfers empor. Ich drehte mein U-Boot mit gegeneinander arbeitenden Schrauben auf der Stelle herum. Für einen größeren Drehkreis des Bootes war kein Platz vorhanden. Die Tiefensteuerung des U-Bootes durch meinen Leitenden Ingenieur, Stubbe, war bei diesem schwierigen Manöver großartig. Wir durchbrachen hierbei nicht die Wasseroberfläche, was, auch in Anbetracht der geringen Wassertiefe, leicht hätte geschehen können. Der dritte Torpedo aus dem Heckrohr lief nach dem Ziel. Vergeblich warteten wir nach vollendeter Laufzeit auf die Detonation. Da erfolgte sie plötzlich doch noch. Der Torpedo mußte nur mit „Voreinströmung" die Strecke zurück gelegt haben, also mit erheblich herabgesetzter Geschwindigkeit. – Nun hatten wir unsere Aufgabe erfüllt und es hieß nun, so schnell wie möglich und ungesehen wieder aus dem Hafen herauszukommen, bevor Gegenmaßnahmen einsetzten. Wir fuhren so tief wie möglich, fast „über den Grund". Gelegentlich hielt ich durch das Sehrohr Rundblick. Ich sah noch einmal die mit starker Schlagseite liegende „Cyclops". Die Masten berührten fast die Wasseroberfläche. Flieger waren bereits über dem Hafen in der Luft, aber keine Bewacher oder Zerstörer in der Nähe. Man hatte wahrscheinlich mit einem Angriff in diesem, durch Sperren gesicherten Hafen, nicht gerechnet. – Jetzt kamen wir in die Nähe der Ausfahrt. Ich wollte natürlich durch dasselbe Loch am Ufer, unmittelbar unter dem Leuchtturm, hinauskriechen, durch das ich unbeschädigt eingelaufen war. In diesem Loch sah ich jetzt aber einen großen Seeschlepper. Damals glaubte ich, daß der Gegner absichtlich mir die Möglichkeit dieser Ausfahrt hatte sperren wollen. Ich halte es aber heute für ebenso wahrscheinlich, daß der Seeschlepper zufällig dort stand. Ich rief Stubbe in der Zentrale des U-Bootes zu, daß wir unter dem Seeschlepper hinwegtauchen müßten, und, um bei dem flachen Wasser hierfür überhaupt Platz zu haben, wirklich auf dem Grunde entlang zu rutschen hätten. Ob er das tiefensteuermäßig für möglich hielte? Stubbe, dieser großartige Mann, rief mir in den Turm des U-Bootes hinauf: „es ginge". Wir taten es und hoppelten bumsend über den Grund. Allmählich sahen wir am Tiefenmesser, daß die Wassertiefe zunahm. Wir waren also bereits außerhalb der Hafeneinfahrt. Nun war uns das, was oben am Himmel und auf der Wasseroberfläche geschah, ziemlich gleichgültig. Wir gingen auf 40 m und liefen gemächlich unter Wasser ab. Die Männer zogen ihre Schwimmwesten aus. Die Sprengpatronen, welche, wenn der Angriff mißglückt wäre, das Boot auf dem flachen Wasser im Innern des Hafens hätten vernichten sollen, wurden wieder verstaut. Mein Wachoffizier, der Leutnant zur See Wempe, legte die Geheimbücher aus dem Sack wieder in die Schublade. Wir strahlten alle miteinander. Jeder bekam einen Cognac.

Ich meldete die Versenkung durch Funkspruch. Aufgrund meiner Beschreibung des Schiffes wurde es klar, das es sich nicht um das englische Werkstattschiff „Cyclops" gehandelt hatte, sondern um ein anderes Schiff. – Als ich nach Beendigung dieser Unternehmung später wieder in Pola eingelaufen war, hatte ich eine kurze Meldung über das Eindringen in den Hafen von Augusta und die Versenkung des Schiffes vorzulegen. Der Wehrmachtsbericht veröffentlichte diese Tat unter Nennung meines Namens. Dem Kaiser wurde meine Meldung vorgelegt. Er schrieb ein anerkennendes Wort darunter mit seinem Namenszug. An den Rand der Meldung vermerkte er: „Dekoration"! Ich erhielt das Ritterkreuz des Hohenzollernschen Hausordens.

Nach dem Eindringen in Porta Augusta setzte ich meine Unternehmung mit UC 25 im März 1918 im Mittelmeer fort. Ich hatte noch 2 Torpedos. Die „Lochkriecherei“ nach Augusta hinein war geglückt. Warum sollte ich nicht auch in der Enge der Messinastraße, wo ich doch sicher mit einer größeren Verkehrsdichte feindlicher Schiffe rechnen konnte, Erfolg haben? Also steuerte ich einige Tage später in die Straße hinein, zunächst nachts über Wasser. Vor Zerstörern mußten wir zweimal ausweichen. Einmal war der Bewacher so nah, daß wir tauchen mußten. Aber es geschah nichts, anscheinend hatte er uns nicht gesehen. Wir tauchten wieder auf und liefen weiter in die Enge hinein. Bei Hellwerden ging ich unter Wasser. Nach kurzer Zeit kam im Osten ein Dampfer mit zwei Schornsteinen in Sicht, der von zwei Zerstörern gesichert war. Er lief auf uns zu und ich schoß auf ihn die letzten beiden Torpedos. Wegen der Zerstörersicherung ging ich unmittelbar nach dem Schuß möglichst schnell auf Tiefe. Denn es gab damals noch keinen blasenlosen Ausstoß und gleichen Torpedoantrieb. Der Schwall des Abschusses und die Laufbahn des Torpedos zeigten sehr deutlich an der Wasseroberfläche den Standort des U-Bootes an. Wie wir knapp auf 30 Meter unter Wasser waren, dröhnten bereits die Wasserbomben der Zerstörer. In diesem Krachen konnten wir eine Detonation unserer eigenen Torpedos nicht sicher hören. Wir bekamen noch weiterhin Wasserbomben, dann wurde es aber wieder ruhig. Nach etwa einer Stunde ging ich sehr vorsichtig und leise auf Sehrohrtiefe. Es war oben nichts zu sehen, weder der Dampfer, noch die Zerstörer. Ich glaubte, ich hätte vorbeigeschossen und schrieb dies entsprechend in mein Kriegstagebuch. Nach Beendigung des Krieges stellten wir aus der Versenkungsliste der britischen Admiralität jedoch fest, daß an diesem Tage in der Straße von Messina ein Schiff versenkt worden war. Da ich als einziges deutsches U-Boot zu diesem Zeitpunkt mich dort aufgehalten hatte, konnte das gesunkene Schiff nur mein Dampfer sein.

Mein mutmaßlicher Fehlschuß lag mir jedoch damals zunächst schwer auf der Seele. Ich hatte gedacht, Ende gut, alles gut. Nun war es anders gekommen. Es sollte aber noch Schlimmeres geschehen. – Da ich alle Torpedos verschossen hatte, trat ich den Heimmarsch nach Pola in die Adria hinein an. Die Passage der Otrantostraße mit ihrer Bewachungszone glückte diesmal glatt.

Die nördliche Adria war in der offenen See durch englische und italienische Minen verseucht. Ich marschierte daher mit UC 25 durch die Kanäle der dalmatinischen Inseln, welche vor dieser Küste lagen. Hierbei lief ich bei stockdunkler Nacht, infolge eines um wenige Grade falschen Kurses, auf eine felsige Insel auf. Das U-Boot blieb dank seines Druckkörpers wasserdicht. Es hakte aber mit den unten offenen Minenschächten des Vorschiffes auf dem felsigen Ufer, so daß wir mit eigener Maschinenkraft nicht wieder freikommen konnten. Als es hell wurde, erschien auf der Insel eine Schar von zwanzig bis dreißig Dalmatinern mit Flinten, die das Feuer auf uns eröffnen wollten, weil sie glaubten, wir wären ein feindliches U-Boot. – Ich hatte nach dem Auflaufen einen Funkspruch abgegeben und um Schlepperhilfe gebeten. Gegen Mittag erschien ein österreichischer Zerstörer aus Spalato und versuchte UC 25 abzuschleppen. Dies gelang zunächst nicht. Erst als er rechtwinkelig zur Lage meines Bootes mit voller Maschinenkraft anzog, und auf diese Weise das Vorschiff des U-Bootes von dem Felsen abwürgte, kamen wir frei. Gott sei Dank, wir schwammen wieder!

Ich lief mit dem Boot nach Pola in sehr gemischter Stimmung. Das Fazit meiner Unternehmung: Meine Besatzung stand voll hinter mir. Das Minenlegen war geglückt. Wir waren in Porta Augusta gewesen und hatten die „Cyclops" versenkt. Ich glaubte, daß ich in der Messinastraße vorbeigeschossen hatte. Durch meine Schuld wurde aber schließlich das mir anvertraute Boot schwer beschädigt.

Ich staunte daher, wie freundlich mich der F.d.U.-Mittelmeer und der Flottillenchef in Pola doch empfingen. Die Tat von Augusta überwog bei ihnen anscheinend das „dumme Zeug", was ich auf der Rückreise gemacht hatte. Der F.d.U., Kommodore Püllen, sagte mir aber auch: „Hoffentlich macht Ihr Hafeneindringen keine Schule, sonst verlieren wir zuviele Boote."

Für mich war diese erste Unternehmung als Kommandant natürlich ein großes Erlebnis und sehr lehrreich. Wunder geschehen bei der Seefahrt und besonders im Kriege nicht. Nur Können und ein tapferes Herz entscheiden. Und wenn man als Kommandant auch nur ein einziges Mal nicht aufpaßt, kann man selbst alles wieder zunichte machen, den Erfolg und das Leben von Boot und Besatzung.

Auf der folgenden Unternehmung mit UC 25 im Frühsommer 1918 legten wir Minen vor Korfu. Dann ging ich unter die Ostküste Siziliens und versenkte dort drei Schiffe, alle waren stark gesichert.

Als wir nach Beendigung dieser zweiten Unternehmung mit UC 25 nach Hause fuhren, alle miteinander an Bord von unserm Erfolg befriedigt, saß ich einmal in der Messe des Bootes meinem Wachoffizier Wempe gegenüber. Wir waren beide seit 3 Wochen unrasiert. In den letzten 8 Tagen hatte es auch kein Waschwasser mehr gegeben. Dieses war bei der wochenlangen, heißen Unterwasserfahrt in der warmen Jahreszeit im südlichen Klima des Mittelmeeres zum Nachfüllen der Boots-Batterie gebraucht worden. Jeder hatte täglich nur noch ein Glas Wasser zum Zähneputzen bekommen. Wempe und ich sahen also reichlich unsauber aus. Eine ziemliche Ölschicht lag auf unseren Gesichtern. Ich betrachtete ihn. Er zirkelte mit Liebe in seiner bestmöglichen Kalligraphie die Erfolgsmeldung auf ein Papier, welches wir sofort nach dem Einlaufen abzugeben hatten. Als er so die Addition der geschätzten versenkten Tonnage machte und das Ergebnis niederschrieb, malte seine Zungenspitze auf den Lippen mit. Wie er fertig war, sah er auf und strahlte mich an. Ich gab ihm die Hand. Er hatte als Torpedooffizier die Verantwortung für die sorgfältige technische Betreuung dieser Waffe. Alle Torpedos waren gut gelaufen. Der Leutnant z. See Wempe und sein Torpedopersonal hatten also einen gerüttelten Anteil an unseren Erfolgen.

Als wir in Pola eingelaufen waren, wurde ich von UC 25 abkommandiert. Ich sollte Kommandant eines neueren und größeren U-Boots werden. Es war UB 68, ein reines Torpedo-U-Boot, mit sechs Torpedorohren und zwölf Torpedos und einer verhältnismäßig hohen Überwassergeschwindigkeit. Dieses Boot wurde zur Zeit umgebaut: Sein Kiel wurde mit Blei beschwert, das 10,5-cm-Geschütz wurde durch eine 8,8-cm-Kanone ersetzt, an Oberdeck des U-Boots wurden leere Auftriebstanks aufgeschweißt. Der Grund hierfür war, daß die Längsstabilität einer Serie dieser Boote unter Wasser nicht ausreichte. Während wir mit UC 25 beim Tauchen mit 10–12 Grad Vorlastigkeit auf Tiefe gingen und ohne weiteres das Boot dann wieder abfangen und unter Wasser auf ebenen Kiel legen konnten, war bei der genannten Serie der U-B-Boote eine Vorlastigkeit von 4–6 Grad bereits gefährlich. Schnell wirkte dann das Oberdeck des U-Bootes als Scheer-Fläche und machte das Boot immer vorlastiger, ohne daß man dies durch höhere Umdrehungen der Maschinen und hartes Legen der Tiefenruder aufheben konnte. Das Boot stellte sich also „auf den Kopf“ und konnte bei größerer Wassertiefe vor der Vernichtung nur noch durch sofortiges Ausblasen der Tauchtanks mit Pressluft gerettet werden. Boote gleichen Typs unter den Kommandanten Klatt, Remy und Schapler waren von Unternehmungen nicht zurückgekehrt. Es ist sehr leicht möglich, daß die geschilderte mangelnde Längsstabilität hierbei eine Rolle gespielt hatte.

Diesen Fehler sollte also der genannte Umbau von UB 68 beseitigen. Als die Werftzeit beendet war, machte ich mit dem Boot Probefahrten. Sie befriedigten. Allerdings hatte ich dabei in der Bucht von Fasana bei Brioni, wo meine Versuche stattfanden, sehr ruhiges Wasser. Der Einfluß von Seegang und Dünung bei der Tauchfahrt auf Sehrohrtiefe fiel also weg.

Die Langsamkeit meines ersten Bootes, von UC 25, hatte mich veranlaßt, meine Erfolge in stationärer Verwendung des Bootes an Orten möglichster Verkehrsdichte gegnerischer Schiffe zu erringen. Ich war also wie eine Raubkatze in der freien Wildbahn, die nicht ihre Beute sucht und dann anspringt, sondern abwartet, ob diese ihr zufällig in die Klauen läuft. Mit der höheren Überwassergeschwindigkeit von UB 68 von ca. 13 sm konnte ich aber auch in der Bewegung, und dies besonders nachts, operieren. Diese meine Auffassung war die Grundlage einer Verabredung, die ich mit einem Kameraden, dem Kommandanten eines anderen UB-Bootes, Kapt.Lt. Steinbauer, traf: Wir wollten in der kommenden Neumondperiode erwartete Geleitzüge nachts zusammen über Wasser angreifen. Wir hielten dies einmal operativ für richtig, weil eine solch große Zahl von Schiffen, wie sie in einem Geleitzug versammelt war, doch von mehreren U-Booten bekämpft werden mußte, um überhaupt nennbare Erfolge zu erzielen. Andererseits glaubten wir auch, daß wir bei gemeinsamem und möglichst gleichzeitigem Angriff natürlich die Abwehrkräfte des Feindes, wie Zerstörer und andere Bewachungsfahrzeuge, zersplittern und so uns auch gegenseitig helfen würden.

Wir verabredeten einen Treffpunkt für den Abend des 3. Oktober 1918 vor Cap Passero, der Südostecke von Sizilien, von diesem Kap in 135 Grad, 50 sm ab. Wir wußten, daß an diesem Punkt die englischen Geleitzüge, welche aus dem Osten durch den Suez-Kanal und das östliche Mittelmeer nach Malta gingen, vorbeikamen.

Am 3. Oktober abends stand ich pünktlich mit UB 68 an dem Treffpunkt. Aber Steinbauer erschien nicht. Wie ich nach dem Kriege erfuhr, war die Fertigstellung seines Bootes in der Werft verzögert worden. Dafür kam um 1 Uhr nachts am 4. Oktober 1918 ein nach Malta laufender englischer Geleitzug mit vollbeladenen Schiffen aus Indien und Ostasien in Sicht.

Nun entwickelten sich die Dinge sehr rasch. Ich griff über Wasser an, stieß durch die äußere Zerstörersicherung hindurch und versenkte ein Schiff. Hierbei kam ich dem zweiten Dampfer in der Linie so nahe, daß ich nur durch hartes Abdrehen gerade noch von seinem Heck klarkam. Kurz danach mußte ich „Alarmtauchen", weil einer der Zerstörer auf mich zukam und unter Wasser ablaufen, nach außen von dem Geleitzug, um möglichst bald wieder auftauchen zu können. Denn der Geleitzug lief ja weiter, und mein U-Boot war durch das Tauchen so gut wie stationär geworden, Ich mußte also zu verhindern suchen, daß ich zu weit achteraus sackte. Ich tauchte daher nach einer Viertelstunde bereits wieder auf und sah die dunklen Schatten der Schiffe des Geleitzugs westlich von mir. An der Grenze der Sichtweite lief ich mit höchster Fahrt nach vorn. Mein Fahrtüberschuß war aber nicht groß, zumal eine ziemliche Dünung stand und es auch aufbriste. Als ich endlich wieder in vorlicher Position war, aus der ich nochmals angreifen konnte, war es inzwischen schon so hell geworden, daß ein Überwasserangriff nicht mehr möglich war. Ich mußte also wiederum tauchen und versuchen, unter Wasser anzugreifen. Dies ging zunächst auch ganz gut. Ich machte nach dem Tauchen den Geleitzug im Sehrohr wieder aus und hoffte, bald zum Schuß zu kommen. Da zackte der Geleitzug auf mich zu, und ich mußte mit dem U-Boot mit der Fahrt heruntergehen, um an die erste Reihe der Dampfer, auf die ich schießen wollte, nicht zu nahe heranzukommen, weil sonst der Torpedo nicht gezündet hätte. Da merkte ich plötzlich, daß der Leitende Ingenieur in der Zentrale Schwierigkeiten bei der Tiefensteuerung hatte. Ich befahl sofort wieder eine höhere Fahrstufe, aber schon war UB 68 stark vorlastig geworden, das von Sekunde zu Sekunde zunahm. Wir stellten uns fast auf den Kopf und gingen auf Tiefe.

Ich sehe noch heute, wie der Zeiger am Tiefenmanometer im Turm sehr schnell ausschlug. Ich befahl Preßluft auf alle Tanks und beide Maschinen äußerste Kraft zurück und ließ das Ruder hart Backbord legen, damit es hemmend wirken konnte. Da anscheinend durch die sehr starke Topplastigkeit die Batterie übergelaufen war, ging das Licht aus. Mein Wachoffizier, der Ob.Lt. z. S. Müssen, der neben mir im Turm stand, beleuchtete das Tiefenmanometer mit einer Taschenlampe. Wir wollten ja wissen, ob wir durch unsere Maßnahmen das Boot vor dem vernichtenden Sturz in die Tiefe – denn es waren dort 3000 m Wasser – retten konnten. Bei etwa 80 m – die erlaubte Tauchtiefe der Boote war damals etwa 70 m – krachte es an Oberdeck. (Wie wir später sahen, waren die dort neuerdings angebrachten Auftriebstanks durch den Wasserdruck eingedrückt worden.) Der Zeiger des Manometers im Turm bewegte sich weiter nach unten. Müssens Taschenlampe ging aus. Ich schrie: „Licht, Müssen!" Es wurde wieder hell. (Müssen erklärte mir später, er hätte das schnelle Ausschlagen des Zeigers nicht mehr mit ansehen können und hätte geglaubt, alles wäre vorbei.) Da stand der Zeiger am Tiefenmanometer bei 92 m eine Sekunde zitternd still und schlug dann sehr rasch in der Richtung geringerer Wassertiefe. Eine Erschütterung ging durch das Boot, es schlug anscheinend auf die Wasseroberfläche. (Der englische Kommandant sagte mir später, ein Drittel der Bootslänge hätte beim Hochschießen des U-Bootes steil aus dem Wasser in die Luft geragt). – Die Preßluft hatte also noch gewirkt. Dann hatte das Boot natürlich einen enormen Auftrieb und schoß wie ein Stock, den man unter Wasser gedrückt hat, nach oben. Ich riß das Turmluk auf. Wir befanden uns inmitten des Geleitzugs. Alle Dampfer hatten ein Signal gesetzt, drehten von dem deutschen U-Boot ab und schossen mit ihren Heckgeschützen. Die Zerstörer der Sicherung des Geleitzuges schossen auch, aber liefen auf mich zu. Ich hatte daher nur einen Eindruck: Hier oben kannst Du nicht bleiben! Ich befahl also tauchen. Da rief mir der Leitende Ingenieur, der Marineoberingenieur Jeschen, aus der Zentrale zu: „Wir haben keine Pressluft mehr!" In der ersten Sekunde kapierte ich das nicht. Wie konnte nach einmaligem Auftauchen durch das Leerblasen der Tauchtanks die Pressluft verbraucht sein? Aber Jeschen hatte völlig recht, es war klar: um zum Ausblasen auf 90 m Tiefe, also gegen 9 Atmosphären Wasserdruck anzupressen, wird viel mehr Pressluft verbraucht, als beim normalen Ausblasen auf Sehrohrtiefe, also gegen nur eine Atmosphäre Wasserdruck. Ich riß das Turmluck wieder auf, die Situation oben war die gleiche. Ich konnte nur noch befehlen: „Alle Mann aus dem Boot!“ Die Besatzung kam sehr schnell auf dem einzigen Wege durch das Turmluk hoch. Das Boot erhielt Artillerietreffer. Am Tage vorher hatten wir zufällig einen großen Ballen von Korkstücken gefischt und ihn an Oberdeck festgebunden. Den ließ ich jetzt lösen und die Korkstücke an die Männer verteilen. Das Boot sank. Wir lagen im Wasser. In meiner Nähe sah ich Müssen. Er sagte zu mir: „Ich bin froh, daß der Geheimsack abgesoffen ist!“ Ich fragte einen Unteroffizier, der auch in meiner Nähe schwamm, „Wo ist Jeschen?“ Er sagte zu mir: „Er schwimmt weiter hinten.“ Ich hatte meine Schwimmweste nicht an. Meine Seestiefel und das Lederzeug waren mir zu schwer. Ich zog sie im Wasser aus. Die Übersicht, die ich hatte, war bei der Dünung ganz gering. Der Geleitzug fuhr nach Westen. Da drehte nach etwa 20 Minuten ein großes Geleitfahrzeug auf, kam in unsere Nähe, setzte ein Boot aus und zog uns aus dem Wasser. Als ich bei dem englischen Kriegsfahrzeug an Bord kam, es war der „Snap-dragon“, hatte ich ein Hemd, eine Unterhose und einen Strumpf an. Der andere Strumpf war beim Schwimmen auf Tiefe gegangen. Der englische Kommandant gab mir die Hand und sagte zu mir: „Nun, Captain, jetzt sind wir quitt. Sie haben mir heute Nacht einen Dampfer herausgeschossen, und ich habe Sie jetzt versenkt.“ Ich ließ sofort meine Männer antreten, um festzustellen, wer fehlte. Zu meinem Schmerz waren Jeschen und 5 Mann nicht gerettet. Der englische Kommandant hatte einen Matrosen mit einem blauen Bademantel kommen lassen, den er mir umhing. Ich sagte meiner angetretenen Besatzung, sie sollten in der Gefangenschaft Haltung bewahren und vor allen Dingen völlig über militärische Dinge schweigen. Dann brachte ich drei Hurras auf den Kaiser aus, in das meine Besatzung kraftvoll einstimmte. Mit Recht war dies dem englischen Kommandanten unangenehm. Er zog mich fort. In seiner Kajüte wurde ein heißes Bad für mich klargemacht und Tenniszeug von ihm lag für mich zum Anziehen bereit. Wir fuhren nun mit dem Geleitzug weiter und liefen in Malta ein. Ich wurde abwechselnd bewacht von einem der beiden Fliegerleutnants, welche die Ausguckposten in dem Fesselballon waren, der am Heck des „Snap-dragon" in der Luft nachgeschleppt wurde, um deutsche U-Boote möglichst frühzeitig zu sichten. Bis wir nach Malta kamen, hatte ich Tag und Nacht Stunden genug, um nachzugrübeln, wie es zu dem Verlust des Bootes gekommen war. Der Tod von Jeschen war mir hierbei besonders schmerzlich. War er wirklich, wie der Unteroffizier gesagt hatte, noch aus dem Boot gekommen, oder mit diesem in die Tiefe gegangen? Ich glaubte und glaube es heute noch, daß die mangelnde Längsstabilität des U-Bootes, die auch nach dem Umbau noch vorhanden war, bei dem Verlust meines Bootes eine Rolle gespielt hat. – Auf der „Snapdragon" hatte ich mit meiner geretteten Besatzung keinerlei Verbindung. Nur einmal sah ich Müssen. Er hielt sich sein blaues Uniformjacket mit der Hand zu, weil englische Besatzungsmitglieder alle Uniformknöpfe davon abgeschnitten hatten, als sein Jacket zum Trocknen im Heizraum gehangen hatte. Als ich den englischen Kommandanten darauf hinwies, zuckte er die Achseln und sagte: „Souvenir"! Der englische Kommandant fragte mich, wieviel Mitglieder meiner Besatzung nicht gerettet worden seien. Die von mir genannte Zahl kam ihm gering vor. Er bemerkte, daß seine Besatzung für jeden auf See vernichteten Gegner Kopfgelder bekäme. Daher also das Interesse an einer möglichst hohen Zahl! Ich glaube, dieses englische Gesetz stammt noch aus der Zeit des Kaperkrieges im 16. Jahrhundert.

Der englische Kommandant hatte sich mir und meiner Besatzung gegenüber sehr fair benommen. Sein Verhalten war das eines Frontmannes einem Frontmann gegenüber. Dies wurde anders, als wir nach dem Einlaufen in Malta von einer Landtruppe abgeholt wurden. Das Tennisjacket hatte der Kommandant der „Snapdragon" von mir zurück erhalten. Mit einer Hose und Tennisschuhen von ihm und meinem alten U-Boothemd bekleidet, ging ich also, auch ohne Kopfbedeckung, an Land. Müssen war bei der Ausschiffung bei mir; auch mit der übrigen Besatzung war ich zunächst zusammen, wurde dann aber von allen getrennt. Ich trat durch ein altes Tor mit meiner Bewachung in das Verdalla-Fort aus der Malteserzeit. In einem Raum, in den ich geführt wurde, saß ein englischer Admiral mit einigen Seeoffizieren. Der Admiral fragte mich, welche Nummer mein U-Boot gehabt hätte. Ich zuckte die Achseln. Er erklärte darauf: „Wer sagt mir denn, daß Sie der Kommandant des Bootes waren und ein Offizier sind! Ich werde Sie in ein Mannschaftslager stecken und arbeiten lassen!" Ich antwortete trocken: „I can't help it!" Nach meiner Antwort sah ich, wie einer der englischen Seeoffiziere auf einen Zettel schrieb: „UC 25"; darunter schrieb er: „Cyclops". Darauf wies ich mit dem Finger auf den Zettel und sagte: „Sie wissen ja ganz genau, wer ich bin!" – Damit war – anständigerweise – meine Unterredung mit dem englischen Admiral und seiner Kommission zu Ende. Sie hatten wohl eingesehen, daß sie aus mir keine Nachrichten herausholen konnten. Ich wurde in das Offizierslager in dem alten Verdalla-Fort eingeliefert.

Dies war also das Ende meiner U-Bootszeit im ersten Weltkrieg. Wenn ich heute an die 5 langen und erfolgreichen Unternehmungen denke, die ich als Wachoffizier auf U 39 unter einem der besten Kommandanten des ersten Weltkrieges, Kapt.-Lt. Forstmann, erlebt habe, und wenn ich auch auf meine U-Bootfahrten als Kommandant zurückblicke, so ist bei aller Anerkennung der hervorragenden Leistung und der tapferen Einsatzbereitschaft der U-Bootbesatzungen des ersten Weltkrieges eine Tatsache unanfechtbar: wie sehr viel leichter hatten wir deutschen U-Bootleute es im ersten Weltkrieg, wieviel schwächer und unentwickelter in jeder Beziehung, man denke nur an die Luftwaffe, war damals die feindliche U-Bootabwehr, verglichen mit dem ungleich schwereren und härteren Kampf, den die deutschen U-Bootmänner im zweiten Weltkrieg zu bestehen hatten. Wenn ich mich auch in Hochachtung vor den Leistungen der U-Boot-Waffe des ersten Weltkrieges verneige, so neige ich mich in Ehrfurcht besonders vor den U-Bootmännern, die am Ende des zweiten Weltkrieges den Opfergang des U-Bootkrieges für unser deutsches Vaterland gegangen sind!

7. Kapitel

Gefangenschaft

Nach meiner Vernehmung durch den englischen Admiral wurde ich durch einen gewölbten Torgang in den Hof des alten maltesischen Forts „Verdalla“ geführt. Der Platz war von Kasematten umgeben. Keinerlei Grün, nur Stein und darüber ein klarer blauer Himmel! Etwa 100–200 gefangene Offiziere, Seeoffiziere von S.M.S. „Emden“ und vom Kampf um die Dardanellen; Heeresoffiziere aus Deutsch-Ost-Afrika; zivilinternierte Kapitäne von Handelsschiffen. Viele von ihnen saßen in diesem alten Fort schon seit dem August 1914, die „Emden“-Offiziere seit dem Nov. 1914. Wie gut hatte ich es, verglichen mit ihnen, dagegen gehabt! Meine Bewachung verließ mich, das alte Tor wurde zugeschlossen. Die neuen Kameraden umringten mich und schüttelten mir die Hände. Die „Emden“-Offiziere, Bäumker, Witthöft, Schall und der Prinz Josef von Hohenzollern, nahmen mich in rührender Weise in Empfang. Ich wurde neu eingekleidet und bekam einen Schlafplatz in einer Kasematte mit 3 anderen „Emden“-Kameraden zusammen. Diese hatten auch innerhalb des Gefangenenlagers eine eigene Verpflegungsgemeinschaft gebildet, der ich beitrat. So war in leiblicher Beziehung bestens für mich gesorgt. Aber in den Nächten lag ich oft wach. Ich hatte den Verlust meines Bootes, von Jeschen und den andern braven Männern, noch nicht überwunden. Ich hörte dann, wie draußen auf den Wällen sich die englischen Posten ihre Parole und ihre Postennummern zuriefen und zum Schluß sich gegenseitig versicherten, daß „all’s well“ wäre. Am Tage hatten wir Offiziere nichts zu tun. Ich besuchte einen Kameraden, einen Heeresoffizier. An der Wand der Kasematte, in welcher er wohnte, waren bis zur Decke, und anscheinend systematisch geordnet, Zigarettenschachteln aufgestapelt. Ich fragte ihn, was darin wäre. Er sagte: „Vokabeln!“ Der Kamerad war ein Sprachengenie. Er hatte die Gefangenschaft benutzt, um mehrere Sprachen, darunter auch Türkisch und Arabisch, zu lernen. Die Vokabeln, welche er sich einprägen wollte, hatte er auf schmale Papierstreifen geschrieben, auf der einen Seite die deutsche Bedeutung, auf der andern das fremdsprachliche Wort. Beim Lernen griff er aus einem Haufen solcher Zettel wahllos einen heraus. Es fehlte ihm dann jede Gedächtnisstütze, wie sie beim Lernen aus einem Vokabelheft durch die Erinnerung an die Stelle, wo das zu lernende Wort steht, gegeben ist. Er hielt sein Vokabel-Zettelsystem für das schnelle Erlernen einer Sprache ohne Selbsttäuschung für wichtig. – Mich beeindruckte das, und ich versuchte in gleicher Art Sprachen zu lernen.

Diese Beschäftigung wurde nur nachmittags unterbrochen, wenn wir von der englischen Lagerverwaltung einen Nachrichtenzettel erhielten, der das enthielt, was die Engländer zu unserer Kenntnis bringen wollten. In erster Linie war der Zettel in diesem Endmonat des Krieges 1918 daher von den Noten angefüllt, die Präsident Wilson an Deutschland richtete, seine 14 Punkte und seine Forderung, die Hohenzollern, die Monarchie in Deutschland und den „Militarismus", welchen nach seiner Ansicht beide verkörperten, zu beseitigen und eine demokratische Staatsform entsprechend der der Vereinigten Staaten anzunehmen. Wir waren junge Offiziere und keine Politiker und Staatsmänner, die diese Forderungen hörten. Aber wir waren damals der Ansicht und sprachen es aus: Wie kann der führende Staatsmann der Vereinigten Staaten so mangelhaft unterrichtet sein über die wahren politischen Verhältnisse in Deutschland. Wie kann er in Deutschland die Monarchie beseitigen wollen und damit zu ungeahnten Entwicklungen das Tor öffnen, statt einem, dem deutschen Volk und der deutschen Geschichte gemäßen organischen Wachsen in eine demokratische Staatsverfassung hinein den Weg zu ebnen.

Ein Monarch hätte – das ist auch heute noch meine Überzeugung – selbst als rein repräsentative Spitze des Staates – Exzesse der politischen Macht, wie sie sich unter Hitler entwickelt haben, unmöglich gemacht.

Als wir jungen Offiziere Oktober 18, also im Gefangenenlager in Malta, diese Nachrichten erhielten, war die Wirkung auf uns stark. Vor wenigen Wochen noch hatte ich nur als Soldat gekämpft. Ich hatte an meiner kleinen Stelle meine Pflicht zu tun und hatte mich auch nicht um die politischen Zusammenhänge im Großen kümmern können. Jetzt wurde mir erst klar, wie es um Deutschland stand. Gleichzeitig aber war mir die Haltung Wilsons unverständlich. Mein Glaube an die politische Weisheit der regierenden Männer wurde unsicher. Ich wandelte mich. So hat dieser Aufenthalt Oktober 1918 im Gefangenenlager in Malta für mich auch in meiner heutigen Erinnerung noch einen besonderen Gehalt.

In den ersten Novembertagen wurde mir eines Abends von dem britischen Hauptmann, der unser Aufsichtsoffizier war, mitgeteilt, daß ich am nächsten Morgen abmarschbereit zu sein hätte. Dies erwartete ich schon lange. Nie war im Laufe des Krieges ein U-Boot-Kommandant, der im Mittelmeer gefangengenommen worden war, auch in einem Mittelmeer-Gefangenenlager geblieben.

Warum sollte ein gefangener U-Bootkommandant nicht doch in der Lage sein, seinen noch kämpfenden Kameraden auch aus dem Lager heraus wichtige militärische Hinweise zu übermitteln? Immer wieder waren daher in Malta von der englischen Lageraufsicht meine Privatsachen, die ja zudem fast ausschließlich Geschenke meiner neuen „Emden"-Kameraden waren, untersucht worden. Ob ich nicht doch darunter eine kleine geheime Funkstation oder einen Geheim-Code verborgen hätte! Am nächsten Morgen, ich glaube, es war der 4. Nov. 1918, wurde ich in einem Auto nach dem Hafen und auf einen englischen Kreuzer gebracht. In der Nähe des Hafens waren mir die Augen verbunden worden, und an Bord des Kreuzers wurde ich auch aus meiner Kammer, deren Bulleye abgeblendet war, erst an Deck gelassen, als der englische Kreuzer aus Malta ausgelaufen war und sich in See befand. Ich sah auf dem Mitteldeck des Kreuzers die Besatzung meines U-Bootes. Auf der Schanze traf ich meinen Wachoffizier Müssen. Der englische Kommandant kam und wir grüßten uns höflich. Der Kreuzer fuhr nach Westen, also anscheinend nach der Gibraltarstraße. Wir befanden uns noch im Kriege, mit deutschen U-Bootangriffen war also noch zu rechnen. Das englische Schiff fuhr daher in Zickzackkursen. Der Kommandant fragte mich, ob ich die Zicks und Zacks, welche er mit seinem Schiff machte, in dieser Form für zweckmäßig hielte, um einen U-Bootangriff möglichst zu erschweren. Ich antwortete ihm, daß ich an einer solchen Erschwerung kein Interesse hätte, im Gegenteil, ein geglückter Angriff wäre die einzige Chance für uns, wieder in deutsche Hand zu geraten. Der Engländer sagte, er hoffe, daß sein Schiff nicht torpediert würde, denn er hätte sehr viel Soldaten aus Malta an Bord, die nach England auf Urlaub wollten. – Ich verstand und würdigte seine Gründe. In den nächsten Tagen kam er öfter zu mir, wenn ich auf der Schanze auf und ab ging. Trotzdem der Krieg zwischen uns stand und wir seinen verschiedenen Fronten angehörten, verstanden wir uns, ich glaube, wie jeder kämpfende Soldat, der erfüllt ist von der seelischen Haltung selbstlosen Soldatentums, seinen gleichdenkenden und gleichfühlenden Gegner versteht. Eines Morgens zeigte er mir ein Funktelegramm. Eine englische U-Bootfalle meldete, sie hätte in der Gibraltarstraße ein deutsches U-Boot vernichtet. Es war, wie ich später nach Rückkehr in Deutschland erfuhr, U 34, unter Befehl von Kpt.-Lt. Klasing. Alle deutschen U-Boote, die in Pola oder Cattaro im österreichischen Raum stationiert gewesen waren, hatten Ende Oktober 1918 den Befehl erhalten, den Heimmarsch nach Deutschland anzutreten. Hierbei war also U 34 kurz vor Kriegsende verloren gegangen.

Am 7. November morgens kamen wir auf dem englischen Kreuzer vor Gibraltar an. Das Schiff ankerte dort auf Reede. Da uns keinerlei Beschränkungen mehr auferlegt waren, standen Müssen und ich fast stets auf der Schanze des Kreuzers und beobachteten den Schiffsverkehr. Hafen und Reede lagen voller Kriegsschiffe aller Nationen der Feindseite. Sogar die brasilianische Kriegsflagge war zu sehen. Flottillen an Flottillen von Zerstörern, Foxgloves (das war ein U-Bootjägertyp) und bewaffneten Fischdampfern lagen auf Reede und im Hafen und liefen ein und aus. Besonders stark war dieser Wechsel morgens und abends, wenn anscheinend die Ablösung der Bewachungsstreitkräfte in der Gibraltarstraße stattfand. Es waren sicherlich einhundert Fahrzeuge, die hierfür eingesetzt waren. Es wurde mir klar, welche gewaltigen Mittel den beiden großen anglo-amerikanischen Seemächten und ihren Verbündeten zur Bekämpfung der deutschen U-Boote zur Verfügung gestanden hatten. Es wurde mir ebenfalls klar, welch ungeheuren Aufwand an Menschen, Material und Werft- und Industriekapazität diese Bewachung notwendig machte. Müssen und ich konnten nur staunen, wenn wir diese Flottillen von Fahrzeugen morgens und abends nach der Gibraltarstraße auslaufen sahen und danach das Einlaufen der abgelösten Schiffe beobachteten. Wir hofften, daß unsere Kameraden aus Pola und Cattaro, die jetzt am Ende des Krieges sicherlich auf dem Heimmarsch nach Deutschland waren, diese gefährliche Zone der Gibraltarstraße glücklich passieren würden.

Am nächsten Morgen wehte auf allen Kriegsschiffen die Flagge halbstock. Gegen Mittag liefen eine Reihe von Zerstörern mit anscheinend von einem anderen Schiff stammenden, aus dem Wasser geretteten britischen Offizieren und Matrosen ein. Bald erfuhren wir die Wahrheit. Das britische Linienschiff „Britania“ war in der Gibraltarstraße aus sehr starker Zerstörersicherung von einem deutschen U-Boot versenkt worden. Daß dies in dieser Zone stärkster Bewachung geschehen konnte, war ganz unerwartet, nicht nur für uns, sondern auch für die Engländer. – Die Versenkung war erfolgt von meinem Crew-Kameraden Heinrich Kukat. Eine charaktervolle Persönlichkeit von unerschütterlicher Ruhe, die, glaube ich, sich erst in der Gefahr wirklich voll auswirkte. Kukat fiel im Sommer 1920 als Offizier der Brigade Loewenfeld im Kampf gegen den kommunistischen Aufstand im Ruhrgebiet – ein kaiserlicher Offizier, der sein Leben in der Verteidigung der jungen deutschen Republik gegen den bolschewistischen Umsturz hingab.

Am 9. November geschah auf den britischen Schiffen vor Gibraltar nichts Besonderes. Am 10. November um 11 Uhr setzte ein ohrenbetäubender Lärm ein, alle Sirenen heulten: der Waffenstillstand war geschlossen, der Krieg war beendet. Auf einem englischen Kriegsschiff war die deutsche Kriegsflagge umgekehrt gesetzt und darüber die britische geheißt. Dieses Arrangement wurde zur Freude einer großen Zahl von britischen Matrosen, welche auf der Schanze dieses Kriegsschiffes standen, auf und nieder geholt. – Für Müssen und mich war dieses Freudengeheul der Sirenen und dieses Flaggenschauspiel bitter. Wir waren besiegt. Der Kaiser war gestürzt. Wie mochte es jetzt in Deutschland aussehen und unseren Angehörigen ergehen? Der Kommandant des englischen Kreuzers kam mit einigen Offizieren auf die Schanze. Sie hatten augenscheinlich in der Messe ein Glas Champagner auf den gewonnenen Krieg getrunken. Er trat zu mir und wies auf das häßliche Flaggen-Arrangement und die johlende Menge der britischen Matrosen auf dem benachbarten englischen Kriegsschiff. Mein englischer Kommandant sagte zu mir: „Ich liebe das nicht.“ Ich äußerte mich nicht zu diesem Fall, zeigte aber mit einer Armbewegung auf Hafen und Reede voller britischer, amerikanischer und anderer alliierter Kriegsschiffe und sagte zu ihm: „Die ganze Welt war notwendig, um uns zu Boden zu zwingen." Er antwortete: „Yes, it's very curious!" – Ich werde mein Leben lang das faire und noble Verhalten dieses englischen Seeoffiziers in achtungsvoller Erinnerung behalten.

Nach dem Waffenstillstand lief der Kreuzer mit den englischen Urlaubern und uns deutschen U-Bootleuten als freiwilligen bzw. unfreiwilligen Gästen an Bord, nach England. An einem regnerischen Tag kamen wir in Southampton an und gingen in die dortige Marinewerft. Am Kai standen Werftarbeiter, darunter auch viele Arbeiterinnen in einer Overall-Kleidung. Die Nachricht, daß eine deutsche U-Bootbesatzung gleich an Land gebracht werden würde, hatte sie anscheinend angelockt. Als wir an Land gingen, brachen diese Zuschauer, besonders die Frauen, in ein gellendes „Hi" aus, womit sie anscheinend ihrer Feindschaft Ausdruck geben wollten. Sehr lehrreich für Müssen und mich! Wie gut, daß wir das erlebten, nachdem wir bei unserer Gefangennahme und auch bei dem Transport auf dem englischen Kreuzer derartige Gefühlsäußerungen nicht erfahren hatten. In Southampton wurden Müssen und ich in ein früheres deutsches Mädchenpensionat gebracht, das inmitten eines eingegitterten Parkes lag, eine Anlage, die anscheinend jetzt solchen Beherbergungszwecken diente. Wir waren allein in diesem Haus mit einem freundlichen, alten Obersten, der sich bemühte, für uns zu sorgen. Dies gelang ihm aber nicht: Denn das Haus war ungeheizt und die Verpflegungsration, welche er für uns erhielt, mehr als kümmerlich. Dafür hörten wir jeden Morgen, wenn die Jungs zur Schule gingen, ihren kräftigen Gesang: „Britania rules the Waves!" auf der Straße. Diese Art, in der sich das nationale Selbstbewußtsein bei den Schuljungen äußerte, verstanden wir durchaus. Wir hörten uns den Gesang, der uns galt, mit Humor an. Nach etwa acht Tagen brachte ein englischer Offizier Müssen und mich mit der Bahn nach Sheffield in Nordengland. Von dort kamen wir in das Gefangenenlager Redmires, in welchem sich etwa 600 deutsche Offiziere befanden. Ich traf zu meiner Überraschung meine Kameraden von der 1. U-Flottille in Pola, Wolfram und Abel. Sie hatten in der Otrantostraße ihr Boot in einer Netzsperre mit Minen verloren und bei Nacht etwa 4–5 Stunden schwimmen müssen, vor sich nur das Leuchtfeuer von der Insel Fanö, welches etwa 12 sm, also 22 km entfernt war. Schließlich packte Abel die Verzweiflung über dieses hoffnungslose Schwimmen bei Nacht, und er wollte

Schlußmachen und sich versinken lassen. Doch Wolfram schrie ihn an, was das für eine soldatische Auffassung wäre, klein beizugeben und Abel schämte sich und schwamm weiter. Bei Hellwerden kam zufällig ein englischer Zerstörer in die Nähe und sie wurden aus dem Wasser gezogen. Jetzt standen wir uns gegenüber, und sie erzählten mir auch über die Verhältnisse im Gefangenenlager. Die Nachrichten, welche wir aus der Heimat erhielten, fußten lediglich auf der englischen Presse. Die Entente hatte den Krieg gewonnen. Siegerstolz, aber auch noch Kriegspropaganda, erfüllten das englische Volk und kamen sehr stark in den Zeitungen zum Ausdruck. Zudem standen die Unterhauswahlen in England vor der Tür, so daß die politischen Leidenschaften auch aus diesem Grunde hochgepeitscht wurden. „Hang the Kaiser“!, „Hang the U-Boot-Commanders!“, waren wiederkehrende Schlagzeilen in der Presse, die anscheinend einen möglichst harten Friedensvertrag mit dem besiegten Gegner vorbereiten sollten. Daß allein Deutschland am Kriege schuld war, war selbstverständlich, und daß besonders der deutsche Kaiser den Krieg provoziert hatte, war ebenso klar. Daß der Kaiser, die deutschen U-Bootkommandanten und andere deutsche Offiziere als Kriegsverbrecher abzuurteilen seien, war die Forderung der britischen Presse.

Wie es in Deutschland selbst im November 1918 und in den folgenden Monaten aussah, erfuhren wir ebenfalls ausschließlich aus den englischen Zeitungen. Die deutsche Republik war ausgerufen, der Kaiser nach Holland gegangen. Die Armee war in der Auflösung begriffen, die Besatzungen der großen Schiffe der Kriegsmarine hatten in Kiel und Wilhelmshaven gemeutert. Gute und tapfere Soldaten der Kriegsmarine hatten sich in zwei Freikorps, den Brigaden Ehrhard und Loewenfeld, gesammelt. Diese kämpften im Auftrage der sozialdemokratischen Regierung, zusammen mit anderen disziplinierten Truppenteilen, gegen den Spartakus-Aufstand in Berlin, durch welchen die Bolschewisten in Deutschland die Macht ergreifen wollten. Zudem herrschten zuhause Hunger und Kälte. Die englische Blockade war noch nicht zu Ende. Sie wurde anscheinend weiterhin gebraucht, um Deutschland zur Annahme jeder Friedensbedingung bereit zu machen. So war das Bild traurig und düster, das wir Gefangenen in Redmires von unserer Heimat erhielten. Wie sehr viele meiner Mitgefangenen, ich glaube die

Mehrzahl, darauf reagierten, sollte ich bereits in den nächsten Tagen feststellen. Die meisten der gefangenen Offiziere in Redmires waren Männer, die erst im Sommer 1918 Leutnants geworden waren. Das alte aktive Offizierskorps der Armee lag zum großen Teil unter dem Rasen. Es war daher nicht verwunderlich, daß die Haltung dieser jüngeren Offiziere und auch von manchen älteren, die sich im Lager befanden, anders war, als wir es früher in einem Offizierskorps für möglich gehalten hätten. Viele sprachen aus, daß sie schon immer Republikaner gewesen wären und die königstreue Haltung des Offizierskorps nur äußerlich mitgemacht hätten.

Dieser ganze Geist, der sich mir in Redmires offenbarte, war mir neu und stand auch im Gegensatz zu der Haltung der gefangenen Offiziere in Malta. Ich war überzeugt, daß die Haupttriebfeder für diesen raschen Gesinnungswechsel bei manchen Offizieren im Lager ein schwächlicher Opportunismus war. Wie konnten wir überhaupt einen Gesinnungswandel vornehmen, wenn wir nur durch Zeitungen des Gegners über die Zustände in unserem Heimatland orientiert waren? Wie konnten wir, und besonders auch ich, uns auf die „weiche" Seite schlagen, wenn wir fast jeden Tag in der englischen Presse lesen konnten, daß deutsche soldatische Führer, daß der Kaiser und die U-Bootkommandanten aufgehängt werden sollten!

Nein, erklärte ich, das mache ich nicht mit! Nun gerade nicht! Ich sagte den Offizieren, ich würde eine königstreue Baracke „Hohenzollern" gründen, wer meine Gesinnung teile, sei willkommen. Es war interessant und erstaunlich zu sehen, wer an dem Tage, an dem die Baracke bezogen werden sollte, mit seinem ärmlichen Gefangenengepäck anrückte. Es kamen ein Major und zwei Hauptleute. Es kam ein blutjunger Leutnant mit einem roten Vollbart und dem goldenen Verwundetenabzeichen. Es kamen Kavallerieleutnants, die bereits 1914 in Gefangenschaft geraten waren und es kamen vor allem eine ganze Reihe von wirklichen Kriegern, fast alle mehrfach verwundet, die ihr Leben nicht einmal, sondern vielmals als Soldaten für ihr Volk in die Schanze geschlagen hatten. Es kamen meine drei Kameraden von der Kaiserlichen Marine: Müssen, Wolfram und Abel. Schnell lernten wir uns kennen und bildeten bald eine gute Gemeinschaft. Wir waren glücklich.

Wir merkten in der Baracke „Hohenzollern", daß auch andere Kameraden, die aus anderen Gründen in anderen Unterkünften wohnen geblieben waren, unsere Gesinnung teilten und uns achteten. Wir merkten aber vor allem, daß der englische Major und seine Offiziere, die das Lager zu verwalten hatten, uns in keiner Weise schlechter behandelten, als die übrigen Gefangenen. Im Gegenteil!

So gingen für mich der November und Dezember 1918 und der Januar 1919 vorüber. Ich beschäftigte mich mit Spanischlernen. Abends stand ich oft allein und sah draußen in den Sternenhimmel und fragte mich, ob ich die Heimat je wiedersehen würde. Daß ich selbst nichts für mein weiteres Schicksal tun konnte, schien mir unerträglich. Schließlich entschloß ich mich, einen letzten und verzweifelten Versuch zu machen. Ich wollte meinen schlechten Gesundheitszustand nicht bessern, sondern ausnutzen, um aus Gesundheitsgründen entlassen zu werden. Dies gelang. Ich kam Juli 1919 nach Deutschland.

Mit Kameraden dieser Zeit der Kriegsgefangenschaft in Redmires bin ich noch heute freundschaftlich verbunden.

8. Kapitel

Torpedoboots-Zeit

Als ich aus englischer Gefangenschaft zurückgekehrt war, war ich rechtlich als Oberleutnant zur See noch aktiver Angehöriger der deutschen Marine. Was es von dieser Marine nach der Kapitulation im November 1918 und nach der Versenkung der Schiffe in Scapa Flow noch gab, war wenig. Die Sieger hatten uns ein paar veraltete Linienschiffe, Kreuzer und Torpedoboote gelassen. Selbstverständlich waren uns die U-Boote, die für den Gegner gefährlichste Waffe, völlig verboten worden. Ich kam daher nach Kiel in eine ganz veränderte Marinestadt mit einem trostlos leeren Kriegshafen zurück.

Ich stand nun vor der Frage, ob ich bei der Marine bleiben sollte oder nicht. Viele meiner Kameraden, und nicht die schlechtesten, hatten bereits ihren Abschied genommen und sich einen neuen Beruf im Zivilleben gesucht. Die Gründe hierfür waren verschiedener Art: Es spielte hierbei auch der Konflikt eine Rolle, in welchem sich der bis 1918 Kaiserliche Offizier befand, wenn er nunmehr einem republikanischen Staate dienen sollte. Dieses ist aus der damaligen Zeit heraus zu verstehen. Wir waren seit Generationen nach Herkommen und Erziehung Monarchisten. Sollten wir, nachdem im November 1918 die deutschen Fürsten hatten abdanken müssen, nunmehr mit fliegenden Fahnen in das Lager der Gegner übergehen? So gab es viele, die aus innerer Überzeugung glaubten, nicht mehr dienen zu können. Auf der anderen Seite hatte jedoch die Überlegung Gewicht, daß man den deutschen Staat, welche Form er sich auch gegeben hatte, als Soldat nicht verlassen durfte. Dies hätte dem deutsch-preußischen Prinzip des selbstlosen Dienens der Sache wegen widersprochen.

Ich habe also nach meiner Rückkehr aus Gefangenschaft diese Fragen in Gesprächen mit Kameraden erörtert. Ich hatte sie ebenfalls mit meinem Schwiegervater besprochen, der sich entschlossen hatte, als General auch in der neuen Reichswehr zu dienen. Für ihn galt das Hauptargument: Ich darf den Staat nicht verlassen.

Ich entschloß mich im August 1919, bei der Marine zu bleiben und wurde als Referent zu dem Offizierspersonalbearbeiter beim Marine-Stationskommando der Ostsee in Kiel kommandiert. Der Leiter dieser Offiziers-Personalabteilung war der Korvettenkapitän Otto Schultze, U-Bootkommandant im letzten Kriege und Ritter des Ordens Pour le Merite, mit dem ich von unserer gemeinsamen Kommandierung bei der Mittelmeer-U-Boot-Fottille her kameradschaftlich verbunden war.

Aufgabe dieser Personalabteilung war, das Kaiserliche Marine-Offizierkorps zu sichten und es zu unterteilen nach dem Gesichtspunkt der Eignung für die neu aufzustellende Reichsmarine.

In dieser Tätigkeit gingen für mich das Jahr 1919 und die beiden ersten Monate des Jahres 1920 dahin.

Am 10. März 1920 brach zu unserer völligen Überraschung der Kapp-Putsch aus, der das Ziel hatte, die Monarchie wieder herzustellen. Die Gewerkschaften riefen einen Generalstreik zu seiner Bekämpfung aus. Der Chef der Marineleitung in Berlin, Vizeadmiral von Trotha, hatte sich mit der Marine den Führern des Kapp-Putsches angeschlossen in dem guten Glauben, daß hierdurch die kommunistische Gefahr für Deutschland eingedämmt werden würde. Tatsächlich waren aber erst wenige Tage nach Beginn des Kapp-Putsches, besonders im Ruhrgebiet und in Mitteldeutschland, die Kommunisten aufgestanden und hatten dort die Macht an sich gerissen.

Auf der anderen Seite sahen die sozialistischen Arbeiter in den Männern des Kapp-Putsches die Reaktionäre, welche die Republik beseitigen und der Arbeiterschaft die errungenen Rechte wieder nehmen wollten. Aus diesem Zusammenhang wird der Gegensatz der Kieler Werftarbeiter zur Marine in Kiel verständlich.

Ich war Kommandant eines Torpedoboots geworden und war mir, glaube ich, der Schwere der Situation bewußt. Wenn es mir bisher in meiner Marinelaufbahn auch noch nicht passiert war, daß ich Sorgen wegen des Gehorsams und der Pflichterfüllung meiner Untergebenen gehabt hatte – denn die deutschen U-Boote haben auch im ersten Weltkriege bis zu seiner Beendigung ihre Pflicht getan –, so war mir doch klar, daß jetzt die Gehorsamspflicht der unterstellten Matrosen, Heizer und Unteroffiziere, einer besonderen Belastung ausgesetzt war.

Sicherlich waren viele ihrer Verwandten und Bekannten Kieler Arbeiter. Diese standen also auf der Gegenseite. Was würde jetzt in den Herzen und in den Köpfen meiner Besatzungsangehörigen vorgehen? Um dies festzustellen, suchte ich tagtäglich möglichst engen Kontakt und Gedankenaustausch mit ihnen. Dieser wurde immer schwieriger. Wenn es mir am ersten Tage des Kapp-Putsches noch so schien, daß ich das volle Vertrauen der Besatzung hatte, so änderte sich dies sichtbar in den nächsten Tagen, als es sich herausstellte, daß der Kapp-Putsch zusammenbrechen würde oder bereits zusammengebrochen war: Das Gedröhne der Arbeit auf den Kieler Werften hörte vom 14. März an auf. Vom Kieler Bahnhof her war auch kein Geräusch oder Pfeifen von Eisenbahnzügen mehr zu hören. Keine elektrische Bahn fuhr in der Stadt Kiel. Der Generalstreik gegen den Kapp-Putsch war ausgesprochen worden.

Die Kriegsfahrzeuge der Marine, darunter auch mein Torpedoboot, lagen isoliert im Hafen. Wir waren fahrbereit. Es gab keinen Urlaub für die Besatzung, deren Familien in Kiel wohnten. Die Wende unserer Situation sollte am Donnerstag, dem 16. März mittags kommen: Vor unseren Augen wurde auf dem Signaltürm der „Blücherbrücke", von dem bisher immer die Kriegsflagge geweht hatte, die weiße Flagge gesetzt. Das sollte bedeuten: Die Marine-Männer dort gehen zwar nicht auf die rote Seite über, aber sie halten sich in dem Kampf zwischen Arbeiterschaft und Marine von nun an neutral. Damit war für unsere Kriegsfahrzeuge die Versorgungsbasis an der Blücherbrücke gefährdet. – Mit mir lagen im Hafen die Torpedoboote der 1. Torpedobootsflottille unter Korvettenkapitän Albrecht und Kapitänleutnant Densch. Der Halbflottillenchef, Kapitänleutnant Schickhardt, der auf meinem Boot eingeschifft war, besprach sich mit Albrecht und Densch, und sie kamen zu dem Entschluß, Kiel zu verlassen, weil ganz Kiel, einschließlich der Marine-Anlagen, in kürzester Zeit in der Hand des Gegners sein würde. Wir liefen aus und wollten uns im Hafen von Saßnitz auf Rügen treffen.

Tatsächlich lief dort auch die 1. Torpedobootshalbflottille unter Kapitänleutnant Densch ein. Mit meinem Torpedoboot sollte es anders werden. Nach dem Passieren des Fehmarn-Sund in der Nacht vom Donnerstag zum Freitag kam der Leitende Ingenieur des Bootes zu mir auf die Brücke und meldete mir, daß er Salzwasser im Speisewasser der Kessel hätte, nur noch wenig Fahrt laufen könne, und wir möglichst bald einen Hafen anlaufen sollten, damit er die Ursache des Schadens feststellen und ihn beseitigen könne.

Wir hatten mit der 1. Torpedobootsflottille den Treffpunkt Saßnitz verabredet. Es blieb mir jetzt nichts anderes übrig, als nach Warnemünde zu gehen. In dunkler Nacht kam ich dort an. Kaum hatte ich die Molenköpfe passiert und war gerade dabei, an einem Liegeplatz festzumachen, als ich durch ein rasendes Maschinengewehrfeuer von Land her empfangen wurde. Da ich in keiner Weise beabsichtigte, Warnemünde für die Anhänger des Kapp-Putsches „zu erobern", sondern diesen Hafen nur als Nothafen angelaufen hatte, erwiderte ich das Maschinengewehrfeuer nicht, sondern griff zum Megaphon und schrie von der Brückennock einige dunkle Gestalten an, die mir mit dem Maschinengewehrfeuer in Verbindung zu stehen schienen: Ich wäre aus Gründen der Seenot eingelaufen und wollte hier nur mein Speisewasser auswechseln und dann den Hafen wieder verlassen. Diese Maßnahme hatte Erfolg. Das Maschinengewehrfeuer hörte auf. Die Männer kamen in die Nähe des Torpedobootes. Ich sagte ihnen, daß ich vor Hellwerden wieder auslaufen werde. Ich habe dann nichts mehr von ihnen bemerkt.

Aber die Ursache meiner Kesselstörung wurde nicht festgestellt. Es blieb nichts anderes übrig, als nach Kiel zurückzukehren.

Am nächsten Tage waren wir wieder in Kiel. Das Offizierkorps der Marine tat keinen Dienst mehr.

Dies war für mich das ruhmlose Ende des Kapp-Putsches, eines völlig dilettantischen Versuchs, die Monarchie in Deutschland wieder herzustellen.

Ich war einige Wochen in Kiel. Dann übernahm ich das Torpedoboot T. 157 in Swinemünde. Die Torpedobootsflottille lag in Ost-Swine am Kai. Keinerlei Landanlagen für die Fottille waren vorhanden. Nur eine kleine Versorgungsstelle, welche noch in der Kriegszeit eingerichtet war, konnte die notwendigsten Reparaturen ausführen. Mit großer Energie begann der Korvettenkapitän Albrecht daher, den Liegeplatz der Flottille aus eigenen Kräften auszubauen.

Bei dieser ganzen Situation des Zusammenbruchs der militärischen Führung nach dem Kapp-Putsch lag es daher auf der Hand, daß eine der Hauptaufgaben des Kommandanten eines Torpedobootes unserer Flottille war, seine Kommandogewalt der Besatzung gegenüber zu festigen und ein diszipliniertes und militärisch gesundes Verhältnis zwischen sich und seinen Besatzungsmitgliedern herzustellen. Ich versuchte daher, jeden Heizer, jeden Matrosen und jeden Unteroffizier, von den 3 Offizieren und den 4 Deckoffizieren, welche an Bord waren, ganz zu schweigen, persönlich genau kennenzulernen. Ich hatte Erfolg.

Im Herbst 1920 war T. 157 ein Torpedoboot, das militärisch in Ordnung war, was es auch durch seine Leistungen innerhalb des Flottillenverbandes bewies, ein Boot, auf dem Vertrauen und Dienstfreudigkeit herrschten.

Was meine Person anbelangt, kam jedoch im September 1920 der Rückschlag. Gesundheitlich hatten mich die vergangenen Monate sehr strapaziert. Als ich nun eigentlich erreicht hatte, was ich erreichen wollte, sah ich dies nicht im vollen Umfange, im Gegenteil! Ich war immer noch zu kritisch und hatte sogar im September noch einmal die Idee, der Marine zu kündigen, und mir einen Zivilberuf zu suchen. Es wühlte also nachträglich in mir, nachdem die Krise überwunden und mein Boot wieder in Ordnung war. Aber dies war gut, wie es immer gut ist, wenn man die Probleme, welche einen bewegen, in sich selbst nicht nur einseitig und nicht nur oberflächlich in Ordnung bringt, sondern sie wirklich so verarbeitet, daß sie dann aber auch jedem weiteren Angriff gegenüber gefeit sind, weil man sie nun wirklich verdaut hat und weiß, daß alle Fragen, die mit ihnen zusammenhängen, bereits überlegt und erwogen worden waren.

Von dieser Idee, vielleicht doch noch ins Zivilleben zu gehen, hielt mich wesentlich der Einfluß meines Schwiegervaters ab. Ich mußte im Oktober 1920 mit T 157 von Swinemünde aus zu einer 4-wöchigen Werft-Liegezeit in die Vulkan-Werft nach Stettin gehen. In Stettin saß der Befehlshaber der 2. Division und des Wehrkreiskommandos II des damaligen zunächst auf 200 000 Mann, dann auf 100 000 Mann beschränkten Reichsheeres. Dieser Befehlshaber in Stettin und Kommandeur der 2. Division, General Weber, war mein Schwiegervater.

Ich nahm also meine Familie, meine Frau und 2 Kinder, Tochter Ursula von 3 Jahren und Sohn Klaus, 5 Monate alt, mit nach Stettin. Sie wohnten bei meinen Schwiegereltern in der alten Dienstwohnung der preußischen kommandierenden Generale und jetzt des Befehlshabers des Wehrkreises II.

Einmal war der Generalfeldmarschall von Mackensen mit seiner Frau bei meinen Schwiegereltern zu Gast, wozu auch meine Frau und ich geladen waren. Meine Schwiegermutter besaß ein Bild des Feldmarschalls, welches er ihr in alter Verbundenheit gewidmet hatte. Auf diesem Bild war sehr groß das Großkreuz des Eisernen Kreuzes, das bereits der Feldmarschall von Blücher in den Freiheitskriegen getragen hatte und das im Ersten Weltkrieg dem Feldmarschall von Mackensen verliehen worden war, zu sehen. Dieses Bild kannte meine kleine Tochter, sie hatte es auf „Großmäleins" Schreibtisch oft betrachtet und bewundert. Als an dem genannten Tage der Feldmarschall und seine Frau bei uns zum Mittagessen erschienen, wurde ihnen auch die kleine Tochter Ursula vorgestellt. Mackensen nahm sie auf seine Arme und fragte sie: „Sag mal, weißt Du denn auch wer ich bin?" Darauf antwortete unsere Tochter Ursula: „Ja, das weiß ich! Du bist Großmäleins Max!" – Wir lachten alle.

In diesen Tagen also habe ich in Besprechungen mit meinem Schwiegervater endgültig irgend welche Gedanken in mir überwunden, den Soldatenberuf zu verlassen, und – meiner Lage entsprechend – irgendeine Stellung anzunehmen, nur um Geld zu verdienen. Ich glaube, nach meiner ganzen Veranlagung und auch inneren Einstellung, war dieser Entschluß richtig. Nur Geldverdienen als Lebensziel befriedigt nicht. Wann ist denn auch dieses Ziel erreicht? Ist dieses Streben nach materieller Glückseligkeit überhaupt ein Ziel? Kann es wirklich einen innerlich glücklich machen? Das Streben des Menschen muß sein, anständig seine Pflicht zu erfüllen. Dann gewinnt er den inneren Gehalt, den er zum wahren menschlichen Glück braucht und gewinnt in den meisten Fällen auch das materielle Glück, das ihm das Dasein in dieser Welt erleichtert. Strebt er jedoch nur nach dem materiellen Glück, verliert er leicht die „Mitte seines Wesens" und kann dann trotz allen materiellen Glückes nicht wirklich glücklich werden.

Ende November 1920 – nach Beendigung der Werft-Liegezeit in Stettin – lag ich mit meinem Torpedoboot T 157 wieder in Swinemünde. Das Wochenende stand bevor. Am Freitagmorgen war ich wie gewöhnlich mit meinen Kameraden, den anderen Kommandanten der ersten Torpedobootsflottille, von Swinemünde mit der Fähre über die Swine nach dem Liegeplatz unserer Torpedoboote in Osternothafen gefahren. Wir waren eine verschworene Gemeinschaft. Die anderen Kommandanten waren: Oberleutnant zur See Frhr. von Buttlar-Brandenfels, der sich im Kriege als Luftschiffskommandant den Pour le Merite geholt hatte; Oberleutnant zur See Behr, ein erfahrener alter Torpedobootfahrer; Oberleutnant zur See Kurt Ranien, der als U-Boot-Kommandant in Flandern Hervorragendes geleistet hatte. Auch er kam kurz vor Kriegsende in englische Gefangenschaft. Statt des für ihn beantragten Pour le merite, den der Kaiser ihm aber nach dem 9. November 1918 nicht mehr verleihen konnte, erhielt er als Anerkennung ein Bild des Kaisers mit Unterschrift; und der Kpt.Lt. Frhr. Harsdorf von Enderndorf, der bei dem Oesel-Unternehmen im ersten Weltkrieg als Torpedobootskommandant sich hervorgetan hatte.

Wir alle freuten uns, an diesem Freitag Morgen auf das ruhige Wochenende. Kaum hatten wir jedoch das Gelände unserer Flottille betreten, als der Adjutant des Flottillenchefs mir sagte, daß Korv.-Kapt. Albrecht bereits auf mich warte. Ich begab mich sofort zu ihm. Albrecht erklärte mir folgendes: Die Regierung des Deutschen Reiches hat mit der Sowjetunion ein Abkommen getroffen, diejenigen Kriegsgefangenen beider Staaten, die sich wegen begangener Verbrechen noch in deutschen oder russischen Zuchthäusern befinden, zu amnestieren und auszutauschen. Am nächsten Dienstag würde infolgedessen ein Dampfer mit etwa 200 russischen Kriegsgefangenen, unter denen sich auch gefährliche Männer befänden, von Swinemünde aus nach Kronstadt vor Petersburg in See gehen. Das deutsche Auswärtige Amt hätte aus Gründen der Sicherheit der deutschen Dampferbesatzung und der Überführung dieses Schiffes mit den Austauschgefangenen durch die immer noch stark minenverseuchten Gewässer der Ostsee verlangt, daß das Schiff von deutschen Torpedobooten geleitet würde. Die Marineleitung hätte angeordnet, daß zwei Torpedoboote der Flottille in Swinemünde die Aufgabe durchzuführen hätten. Er, der Flottillenchef, Korv.Kapt.

Albrecht, hätte mich als verantwortlichen Rottenführer ausgewählt. Außer meinem Torpedoboot T 157 würde mir zu diesem Zweck noch T 158, Kommandant Oberlt. z. S. Behr, unterstellt. Ich hätte mich über die minenfreien Wege und die noch minenverseuchten Gebiete der Ostsee bis in den Finnischen Golf und die russischen Gewässer um St. Petersburg zu orientieren, und mit dem Kapitän des Transportdampfers Verabredungen zu treffen, damit meine beiden Torpedoboote eingreifen könnten, falls die deutsche Dampferbesatzung von ihren wenig zuverlässigen, vielleicht sogar gefährlichen Passagieren bedroht würde. Das sei alles!

Eine schöne Überraschung für mein Wochenende! Die Folge davon war, daß ich mit T 157 sofort beschleunigt Dampf aufmachte und von Swinemünde nach Kiel lief, um über Sonnabend/Sonntag in der Marinewerft in Kiel noch eine dringende Maschinenreparatur durchzuführen, die noch vor meiner Reise in die russischen Gewässer erfolgen mußte. Dies geschah mit Überstunden der Werftarbeiter, so daß die Reparatur am Montagabend beendet war und ich von Kiel 12 Uhr nachts nach Swinemünde wieder zurücklaufen konnte.

Am nächsten Morgen waren wir wieder in Swinemünde. Der Transportdampfer war inzwischen dort eingetroffen. Seine Oberdecks waren bevölkert mit einer Fülle von russischen Männern, die ostentativ an Mützen und Jackets große rote Schleifen trugen, und so sich wohlweislich für die Heimkehr in das kommunistische Rußland als Anhänger dieses Systems kennzeichneten. Ihr Gebahren der Bevölkerung von Swinemünde gegenüber, welche am Liegeplatz des Dampfers vorbeiging, war wenig freundlich.

Ich traf meine Vereinbarungen mit dem deutschen Kapitän, und wir liefen am Dienstag abend nach Kronstadt vor Petersburg aus. Das Wetter Ende November war schlecht, die Sicht gering, die Navigation schwierig, was mir besondere Sorge machte, da ich die minenfrei gesuchten Seewege peinlichst einhalten mußte. Es war nicht angenehm, wenn ich als führendes Torpedoboot eine Mine, die sich losgerissen hatte, an der Wasseroberfläche sichtete und nur durch hartes Abdrehen und heulende Sirenensignale den mir folgenden Transportdampfer und meinen Kameraden Behr auf die mögliche Gefahr aufmerksam machen konnte. Aber wir hatten Glück. Auch von dem Dampferkapitän kamen keine Notsignale, daß seine Passagiere aufsässig geworden waren und ihn bedrohten. Etwa 50 Seemeilen ostwärts Kronstadt kam ein russischer Lotse an Bord, der uns auf den von den Russen von Minen freigesuchten Weg lotsen sollte.

Vor Kronstadt kam uns ein sowjetrussisches Kanonenboot entgegen. Ich stoppte mit meinem Verband und gab dem Kanonenboot das internationale Signal, bei mir längsseits zu kommen zwecks formeller Übergabe der russischen Passagiere. Dieses Stoppen meines Verbandes, das Warten auf den russischen Kommissar, die Zeit der Gespräche und Verhandlungen mit ihm waren mir in keiner Weise angenehm, sondern erfüllten mich mit großer Sorge. Es war der 2. Dezember und bereits erheblich kalt. Auf der Oberfläche der See bildeten sich schon die typischen Stellen kreisrunder Eisschollen, welche der Beginn des Zufrierens der Wasseroberfläche sind. Daß der Dampfer zur Abgabe der Austauschgefangenen nach Kronstadt einlaufen mußte und dort einfrieren würde, war klar. Daß aber auch meine beiden Torpedoboote bei einer längeren Zeitdauer des Stoppens hier einfrieren würden, war ebenso klar, und diese Aussicht war nicht heiter, denn sie bedeutete, daß wir dann bis zum April oder Mai des nächsten Jahres in Kronstadt würden liegen müssen, wozu niemand von den beiden Torpedobootsbesatzungen Lust hatte.

Das russische Kanonenboot kam bei T 157 längsseits. Es erschien an Bord bei mir der russische Kommissar namens Wassermann, der deutsch sprach. Die Formalitäten zur Übergabe wurden erledigt, die Papiere unterschrieben und der Kommissar ging von Bord. Voller Sorge sah ich hierbei, an Deck stehend, über die Wasseroberfläche. Mit diesem Wort habe ich mich falsch ausgedrückt, denn von Wasser war nichts mehr zu sehen. Die Eisschollen hatten sich miteinander verbunden und bildeten eine geschlossene Decke. Ich war froh, als das russische Kanonenboot abgelegt hatte und mein Kamerad Behr und ich unsere Torpedoboote, hart mit den Schrauben arbeitend und die Eisdecke brechend und zerschlagend gewendet hatten und Kurs nach Westen, Kurs nach der Heimat nehmen konnten. Grüßend verabschiedeten wir uns von der deutschen Dampferbesatzung. Mit Teilnahme dachten wir daran, daß sie nun wahrscheinlich kaum vor dem kommenden Frühjahr nach Deutschland kommen würden. Tatsächlich kehrte der Dampfer erst Mai 1923 wieder in die Heimat zurück.

Vorsichtig, um Beschädigungen unserer Torpedoboote zu vermeiden, setzten wir unseren Weg durch die sich bildende Eisdecke nach Westen fort. Bald wurde es dunkel und die Situation war für uns alles andere als angenehm. Niemand auf der Brücke kam von uns während der Nacht zur Ruhe. Als es hell wurde, sahen wir zu unserer Freude, daß die Eisverhältnisse besser wurden. Am nächsten Abend bekamen wir die Feuer von Reval in Sicht und drehten auf Südkurs in die Richt-Lichter dieser Hafenstadt ein. Wir waren für den nächsten Tag um 9 Uhr dort angemeldet. Ich machte daher einen Morsespruch an Behr, daß wir in der kommenden Nacht an der Westseite der Bucht ankern wollten. Vorsichtig tasteten und loteten wir uns an die Küste heran und gingen auf der „10-m-Linie", die auf der Seekarte die Punkte des Meeresgrundes mit 10 m Wassertiefe verbindet, vor Anker. Wir glaubten, so bestens wie in Abrahams Schoße zu liegen, den Schutz der Küste gegen Wind und See genießend, aber auch von Felsen und Untiefen in ausreichender Entfernung zu sein. Wie staunten wir jedoch, als wir nach einer wohldurchschlafenen Nacht feststellten, daß wir unmittelbar vor gewaltigen, steinernen, neuen Hafenmauern geankert hatten! Wären wir am Vorabend noch 100 m weiter gelaufen, hätten wir diese gerammt. Diese neue Hafenanlage war in unserer Seekarte und den Segelhandbüchern nicht verzeichnet. Wie wir am selben Tage in Reval erfuhren, war die Anlage von der russischen Marine am Ende des Krieges gebaut worden. Einem wesentlichen Zuge der russischen Politik entsprechend, dem einer völligen Geheimhaltung militärischer Dinge, war hierüber dem Ausland gegenüber nichts verlautbart worden. Mit überraschten Gesichtern sahen Behr und ich uns also an, als wir morgens die dicken Molen vor den Nasen unserer Boote entdeckten. Schließlich meinte Behr, so viel Glück wie wir auf dieser Reise, hätte selten ein Seefahrer gehabt!

Vergnügt gingen wir Anker auf, ein estnischer Lotse erwartete uns und brachte uns zu dem Liegeplatz, der von der Regierung für uns vorgesehen war.

Als Folge der bolschewistischen Umwälzung während des ersten Weltkrieges in Rußland und der Proklamierung des Selbstbestimmungsrechts der Völker nach Kriegsende, waren 1919 Finnland, Estland, Lettland, Litauen und Polen selbständige Staaten geworden. Rußlands Zugang zur Ostsee war hierdurch auf den kleinen Raum bei Petersburg, den Ostteil des Finnischen Golfs, beschränkt. Die Eroberungen Peters des Großen, der dem panslawistischen Expansionsdrang nach Westen folgend, diese Ostseerandvölker und ihre Staaten unterworfen hatte, waren also hierdurch rückgängig gemacht worden.

Daß Esten und Letten sich selbst regieren sollten, war seit dem frühen Mittelalter etwas Neues für sie. Damals hatten die Kreuzritter ihr Land beherrscht. Die Nachkommen dieser Ritter waren bis zur Revolution 1917 Herren auf ihren Gütern gewesen. – Gleichzeitig mit den Kreuzrittern hatte die Hanse über die Ostsee ihre Macht nach Osten ausgedehnt und ihren Handelsinteressen folgend, Häfen und Handelsstädte wie Reval und Riga gegründet. Deutsch war daher die Sprache dieser Herren auf dem Lande in Estland, Lettland und Litauen gewesen, deutsch war die Kultur, die sich vor allem in den großartigen, gotischen Kirchen offenbarte, und deutsch die Sprache vieler Bürger in den Städten Reval und Riga.

Dies war nun nach 1919 insofern anders geworden, als die jungen republikanischen Ostseestaaten durch Männer ihres eigenen Volkes regiert wurden. Die deutschen Barone auf dem Lande hatte man enteignet, deutsche Privilegien in den Städten waren beschränkt worden.

Es ist verständlich, daß bei dieser Lage das Erscheinen von deutschen Torpedobooten in Reval, dem ersten Kriegsschiffbesuch Deutschlands nach Beendigung des Krieges, von dem deutschen Baltentum besonders begrüßt wurde. Deutschsprechende Menschen füllten den Kai, als wir in Reval anlegten und empfingen uns herzlich. Sie kamen nach dem Festmachen an Bord und schüttelten in überströmender Freude unsere Hände. So machte uns bereits die erste halbe Stunde unseres Aufenthaltes klar, mit welcher Gastfreundschaft wir in den vorgesehenen drei Tagen unseres Besuches von der Bevölkerung deutscher Art aufgenommen werden würden.

Ich machte die international vorgeschriebenen Besuche und sorgte für das Wichtigste unseres Aufenthaltes, die beabsichtigte Kohlenübernahme. Diese Vorbereitung begann mit einer Enttäuschung. Ich erfuhr auf dem Konsulat, daß wegen Devisenknappheit des Deutschen

Reiches von der Marineleitung nur eine so geringe Devisenmenge überwiesen worden war, daß wir unsere Bunker nur halb mit Kohlen füllen konnten. Nach Durchrechnung mit den Leitenden Ingenieuren unserer Boote, kamen Behr und ich zu dem Entschluß, daß wir bei normalem Wetter mit der vorgesehenen Kohlenmenge bis zum nächsten deutschen Hafen, Pillau in Ostpreußen, kommen könnten. Wir gaben uns also mit der von der Marineleitung vorgesehenen Beschränkung zufrieden. Dies war, wie sich später herausstellen sollte, ein Fehler von uns.

Als nach beendeter Kohlenübernahme am späten Nachmittag Boote und Besatzungen wieder sauber waren, folgten wir den freundschaftlichen Einladungen der deutschstämmigen Balten an Land. Wir Offiziere freuten uns, wenn wir sahen, daß die Matrosen und Unteroffiziere unserer Boote, die aus allen Gegenden Deutschlands stammten, ohne jede Schwierigkeit das breite baltische Deutsch ihrer neuen, so herzlichen Freunde verstanden. Wir selbst wurden von der deutschen Gesellschaft in Reval zu einem Abend im Schwarzhäupterklub eingeladen. Dies war eine Vereinigung, die seit der Zeit der Hanse im frühen Mittelalter bestand; das Haus dieser Gemeinschaft war noch das alte Gildehaus gotischen Stils. Aber auch die baltischen Barone luden uns zu einem Abend ein. Wir Reichsdeutschen lernten in wenigen Stunden viel von ihnen.

Enteignet und oft ohne jede Mittel, hatte dieser Landadel sich in der Stadt Reval irgendeinen Broterwerb gesucht. Diese Herren waren z.B. kleine Ladenbesitzer, Tabak- oder Zeitungsverkäufer geworden. Ihre Wohnungen, in denen ich ihren Einladungen nachkam, waren oft kümmerlich. Sie lagen oft in alten Häusern auf dem Domberg in Reval und befanden sich zum großen Teil auch noch in den alten Stadthäusern ihrer Geschlechter, die aber nun nicht mehr in ihrem Besitz waren. Von diesem ärmlichen Milieu stach um so wirkungsvoller die heitere, gelassene Art dieser Menschen ab. Sie waren in Haltung dasselbe geblieben, was sie vorher gewesen waren, nämlich Herren. An einem Spätnachmittag folgte ich einer Einladung einer solchen Familie. Nach dem Abendbrot wollten wir zu einem gesellschaftlichen Empfang in den Adelsclub gehen. Wir holten auf dem Hinwege aus der Nachbarschaft ein junges Mädchen ab. Alte, ausgetretene Steinstufen stieg ich hinan, um das Mädchen in ihrem Hause zu begrüßen. Es war kalt darin. Im

Hausflur stand auf einem einfachen Küchenstuhl ein blechernes Waschbecken. Daß die sanitären Anlagen des Hauses sich wahrscheinlich seit dem Mittelalter nicht geändert hatten, war spürbar. Die Mutter des jungen Mädchens, das wir abholen wollten, war eine ältere halbgelähmte Dame. Die Tochter, ein schlankes, großes Mädchen, hatte die langen Zöpfe ihres aschblonden Haares zu einer Krone auf ihrem schön geformten Kopfe aufgesteckt. Sie wusch sich in dem kalten Wasser des kümmerlichen Waschbeckens die Hände, warf sich einen Pelz über und war bereit, mit uns auszugehen. Dieser kurze Besuch beeindruckte mich. Vor der alten, gelähmten und würdigen Dame konnte ich nur Hochachtung empfinden. Die ungenierte und gelassene Art, in der sich die junge Baronesse unter solch ärmlichen Verhältnissen, die sie nicht irgendwie zu bemänteln versuchte, für den Ausgang fertig machte, gefiel mir.

Der Abend im Ritterhaus war reizend. Fröhlich und heiter genossen die enteigneten Herren des Landes ihr Leben. An dem formvollendeten Verkehr untereinander hatte sich nichts geändert. Materieller Besitz war keine Wertung, sie erfolgte nach Persönlichkeit und Verhalten. Nach Beendigung des Abends brachte ich die Baronesse zu ihrer gelähmten Mutter in die ärmliche Stadtwohnung zurück. Zum Abschied belohnte mich das junge Mädchen, wie – glaube ich – in einem solchen Falle eine Prinzessin einen Pagen belohnen könnte.

Nach 3 Tagen schlug dann unsere Abschiedsstunde. Manche Bande, die junge, heiße Herzen in dieser kurzen Zeit geknüpft hatten, wurden an diesem Morgen jäh zerrissen. Ich hatte beobachtet, wie einige meiner Offiziere anscheinend ihr Herz in Reval verloren hatten.

Die wenigen Stunden der Ruhe, die ich mir an diesem Morgen nach Verlassen der Brücke geben wollte, wurden aber bald gestört. Das Boot fing an, sich mit dem Bug in die See zu bohren. Die Schrauben am Heck des Bootes, in deren Nähe meine Kammer und meine Koje lagen, auf welcher ich mich ausruhte, begannen aus dem Wasser heraus zu schlagen, so daß es durch das ganze Boot rüttelte und schüttelte. Es war also Schlecht-Wetter aufgekommen, und wir hatten die See gegenan. Ich zog mir mein Ölzeug an und ging auf die Brücke. Bald mußten wir mit der Fahrt heruntergehen, damit die Brecher, welche auf die Back und die Brücke liefen, nichts kaputtschlugen. So liefen wir bis zum

Nachmittag wenig, aber immerhin Raum nach Westen gewinnend, gegen die See weiter. Da erschien der Leitende Ingenieur meines Bootes, ein alter bewährter Torpedobootsfahrer, bei mir auf der Brücke. Er sagte, sichtlich bestürzt, daß die Kohle, die wir in Reval übernommen hätten, schlecht, also ihr Heizwert gering sei, und daß wir daher keinesfalls bei einer solchen Wetterlage, wie wir sie heute hätten, mit unserem Kohlenvorrat bis Pillau kommen könnten. Es räche sich jetzt, daß wir unsere Bunker in Reval nicht voll auffüllen konnten. – Das war ja eine sehr dumme Sache! Es blieb nichts anderes übrig, als umzukehren und wieder nach Reval zu gehen. Was die Marineleitung in Berlin hierzu sagen würde, war mir gleichgültig, denn sie hatte ja meine Seenot-Lage mit verschuldet, weil sie meine Kohlenübernahme beschränkt hatte. Aber es machte mir Sorge, wie sich die estnische Regierung gegenüber diesem erneuten Anlaufen Revals durch die beiden deutschen Torpedoboote verhalten würde. Ich hatte nicht den Eindruck gehabt, daß ihr unser Aufenthalt dort besonders erwünscht gewesen war, wenn auch bei den offiziellen Besuchen die Regierungsvertreter freundlich und korrekt waren.

Aber es half nichts. Ich gab Befehl zum Umkehren. Wir „kohlten" erneut und liefen dann nach Swinemünde zu unserem normalen Ausbildungsdienst im Halbflottillenverbande zurück. In Ausübung dieses Dienstes, unter der Führung des tüchtigen Halbflottillenchefs, Kapitänleutnant Densch, hatten wir wenig Hafen- und viele Seetage. Es galt ja die Torpedoboote im schießtechnischen und taktischen Können gründlich zu schulen. Was den Torpedoangriff vom Torpedoboot anbelangt, hatte sich seit dem Weltkriege nichts Grundsätzliches geändert. Es gab noch kein Radar, das menschliche Auge, die Sicht bei Tag oder bei Nacht, war noch allein das Mittel, den Gegner festzustellen. Es kam also bei dem Torpedoangriff des Torpedobootes nachts darauf an, sich möglichst schmal machend, – d. h. mit möglichst kleiner Silhouette, dem Gegner also nicht die ganze Breite des Bootes zeigend, was sein Entdecken erleichtern würde –, zum Angriff auf den Feind anzulaufen: Dann an der Grenze der Sichtweite, die ja nach Wetterlage verschieden war, noch ungesehen, also bevor der Feind das Boot entdeckt hatte, zum Schuß abzudrehen und die Torpedos dem Gegner entgegen zu senden. Für diese Taktik des unbemerkten Schusses an der Grenze der eigenen

Sicht hatte sich besonders auch der damalige Flottillenchef der II. Torpedoboots-Flottille, Korvettenkapitän Boehm, eingesetzt, entgegen einer etwaigen forschen Auffassung „Ran an den Gegner“, ohne Rücksicht auf Gesehenwerden.

Was aber die taktische Anwendung der wenigen großen Kriegsschiffe, die der Reichsmarine aufgrund des Versailler Vertrages belassen waren, anbetrifft, gingen wir sehr bald neue Wege, wenn auch in ihrer Taktik der alte Faktor, daß der Gegner nur durch Sehen festgestellt werden konnte, weiterhin maßgeblich war, weil es eben noch kein Radar gab.

Zu Nelsons Zeiten, im ganzen 19. Jahrhundert und auch noch in der Skagerrakschlacht, war für die Kriegsschiffe mit Artillerie die Linie die wesentliche taktische Formation, weil sie die beste Ausnutzung, gegenseitige Unterstützung und Konzentrierung der eigenen artilleristischen Kampfkraft ermöglichte. Diese Zweckmäßigkeit, artilleristisch stark bewaffnete Schiffe in Linie fahren zu lassen – daher der Ausdruck „Linienschiffe“ – wurde jedoch bereits durch die Verwendung des Torpedos von Torpedobooten in Frage gestellt, dann aber in den 20er und 30er Jahren vor allem durch die immer mehr fortschreitende Entwicklung der Luftwaffe, die eine solche Linie von Kampfschiffen ebenfalls mit Torpedos und mit Bomben angreifen konnte, als falsch erkannt. Denn eine Aufreihung von Schiffen hintereinander bot ja ein großes, sehr günstiges Ziel für die genannten Angriffe. Zudem waren die Schiffe, die in einer solchen Formation standen, zu unbeweglich und behindert, um etwaigen Angriffen von Torpedos und Bomben ausweichen zu können: harte Abdrehmanöver eines Schiffes konnten den Hintermann gefährden und leicht zu Zusammenstößen führen. Also mußte eine lockerere Formation gesucht werden, welche aber noch erlaubte, die Artilleriekampfkraft der Schiffe in gegenseitiger Unterstützung auszunutzen.

Mit dieser Änderung der Taktik unserer Linienschiffe änderte sich auch ein Teil der Torpedobootstaktik und Ausbildung. In der Tagschlacht hatten bisher die Torpedoboote in Feuerlee der eigenen großen Schiffe gestanden, um im geeigneten Moment zum Torpedoangriff auf den Gegner angesetzt zu werden. Zu diesem Angriff mußten die einzelnen Torpedoboote durch die kurzen Zwischenräume, die in der Linienformation zwischen den einzelnen Schiffen vorhanden waren, mit hoher Fahrt hindurchbrechen. Dies war notwendig, weil andernfalls für den Torpedoangriff zu viel an vorlicher Position verloren gegangen wäre.

Dieser Durchbruch eines Torpedobootes durch die Linie eines schnellfahrenden Groß-Schiffsverbandes war nicht einfach, die Gefahr der Kollision hierbei vorhanden. Man mußte beim senkrechten Anlaufen auf die Linie des eigenen Verbandes auf dasjenige Schiff zuhalten, hinter dem man durchbrechen wollte und man mußte mit dem eigenen Bug unmittelbar hinter dem Heck des Schiffes durchstoßen, damit das eigene Torpedobootheck noch gerade vor dem Bug des nächsten Linienschiffes freikommen konnte. Passierte das Torpedoboot das Heck des vorderen Linienschiffes auf zu große Entfernung, lief es Gefahr, achtern vom folgenden Linienschiff gerammt zu werden. Ich glaube, diese Beschreibung macht klar, wie gründlich die friedensmäßige Ausbildung im „Torpedobootdurchbruch“ zu erfolgen hatte. Mit ihr begannen wir also wieder im Frühjahr 1920 in den Gewässern um Rügen. Aber bald wurde diese Ausbildung fallen gelassen, im gleichen Maße, wie man von der Linienformation der großen Schiffe abging.

Andere taktische Probleme traten in den Vordergrund. Aufgrund des Versailler Vertrages war die Reichsmarine in ihrer Kampfkraft sehr schwach. Wie konnte diese Schwäche taktisch ausgeglichen werden? Das war die Frage, die uns bewegte. Es schien uns daher, daß wir Kampfsituationen suchen sollten, in denen der Gegner seine Überlegenheit nicht voll entfalten konnte. Diese Möglichkeiten boten sich vor allen Dingen nachts. Dann konnte der Schwache plötzlich und überraschend aus der Dunkelheit zum Angriff erscheinen und danach sich wieder beim Ablaufen des schützenden Mantels der Finsternis bedienen. – Es wurde also in starkem Maße der Nachtkampf bei uns geübt.

Dies bedeutete für die Torpedoboote vor allem, daß sie lernen mußten, am Tage, in der Dämmerung und nachts an der Grenze der Sichtweite ungesehen Fühlung zu halten, d.h., daß sie selbst den größeren Gegner gerade noch erkennen konnten, ohne von ihm aber schon bemerkt zu werden. So waren sie in der Lage, den eigenen Verbänden den Gegner zu melden und selbst für den Feind überraschend zum Angriff anzulaufen, danach wieder in der Dunkelheit zu verschwinden und wieder an der Grenze der Sicht nach vorne zu gehen, um wiederum, den Gegner sehend, aber selbst ungesehen, aus einer vorlichen Position anzugreifen. Diese taktischen Anforderungen machten eine intensive Ausbildung notwendig. Sie war auch nicht ungefährlich. Ein solches mêlé von großen Schiffen, Kreuzern und Torpedobooten in einer Nachtübung bot jedesmal Situationen, die höchste Aufmerksamkeit und rasches Handeln erforderten, um Zusammenstöße zu vermeiden. Daß diese trotzdem einmal geschehen konnten, mußte, so schmerzlich es auch war, in Kauf genommen werden. Die Schlagkraft und Kriegsbereitschaft der Marine erforderten es. Ohne solche Übungen würden im Kriege um so größere Verluste erfolgen. – So kam es einmal vor, daß bei einer Nachtübung ostwärts von Saßnitz, das Torpedoboot T 156 vor den Bug des Linienschiffes „Schleswig Holstein" geriet und ihm von dem fahrenden gepanzerten Schiff das Vorschiff Vorkante Brücke abgeschnitten wurde. Dieser vordere Teil des Torpedobootes versank und nahm zu unserem großen Kummer einige Matrosen, die sich zur Zeit des Zusammenstoßes dort befunden hatten, mit in die Tiefe. Der größere achtere Teil von T 156 schwamm jedoch noch. Harsdorff und ich, die wir mit unseren Booten in der Nähe standen, gingen so schnell wie möglich an jeder Seite des noch schwimmenden havarierten Kameraden längsseits. Harsdorff gab vorne und ich achtern eine Stahlleine unter den Rumpf des beschädigten Bootes. Wir setzten diese Stahlleine dann gegenseitig mit unseren Spillanlagen durch, so daß das sinkende Boot nunmehr auf diesen beiden Stahlleinen zwischen unseren Booten ruhte und von ihnen getragen, über Wasser gehalten wurde. Dann nahmen wir mit ganz geringer Fahrt Kurs auf Swinemünde und schleppten unseren Havaristen nach Hause. Das Wetter blieb Gott sei Dank günstig, die Heimreise glückte, wir konnten so das Boot retten.

Ich glaube, daß die Reichs- und Kriegsmarine sich in den 20er und Anfang der 30er Jahre auf einem außerordentlich hohen Ausbildungsstand, was ihr taktisches und schießtechnisches Können anbetrifft, befunden hat. Dies ist das Verdienst der damaligen Seebefehlshaber, vor allem des Admiral Zenker und des Admiral Gladisch.

Wenn wir Torpedobootskommandanten und die Torpedobootshalb- und Flottillenchefs auch so eine Fülle von militärischen Aufgaben hatten, so mußten wir manchmal auch noch andere Dinge tun. Aufgrund des Versailler Vertrages wurde im Sommer 1920 in Ostpreußen abgestimmt, ob es bei Deutschland bleiben oder in den polnischen Staatsverband eintreten wolle. Stimmberechtigt waren alle in Ostpreußen geborenen Menschen, auch wenn sie sich z.Z. außerhalb von Ostpreußen befanden. Sie mußten dann jedoch sich zum Zwecke der Abstimmung nach Ostpreußen begeben. Die Deutsche Regierung ordnete daher an, daß unsere Torpedoboote möglichst viel Abstimmberechtigte über See aus dem „Reich" nach Pillau in Ostpreußen bringen sollten, um diesen braven Menschen die Reise in ihr Heimatland überhaupt möglich zu machen oder zu erleichtern. Vier von unseren Booten, darunter ich mit T 157, liefen nach Stolpmünde und nahmen dort Abstimmberechtigte an Bord, Männer und Frauen, auch mit ihren Kindern, welche sie ja in ihrem Wohnort nicht allein zurücklassen konnten. Die Kammern und Messen des Torpedobootes waren mit Menschen überfüllt. An Oberdeck drängte sich Gast an Gast. So ging ich von Stolpmünde mit zusätzlich etwa 200 Personen nach Pillau in See, nur hoffend, daß das Wetter günstig bliebe. Auf dem Marsch nach Osten war bei der Halbinsel Hela häufig eine Wetterscheide und oft fing es ostwärts davon an, aufzubrisen. Ich lief mit meinem Torpedoboot so viel wie ich konnte, um möglichst schnell den schützenden Hafen zu erreichen. Denn diese armen Landbewohner in schlimmer Seekrankheit an Deck des Bootes zu sehen, erregte mein Mitleid und war auch kein delikater Anblick. Erleichtert gingen meine Gäste daher nach dem Anlegen in Pillau von Bord.

Meine Wachoffiziere meldeten mir, daß die Transporte so nicht gingen. Wer sollte sich z. B. um Frauen bemühen, denen es infolge der Seekrankheit schlecht wurde oder die sogar in Ohnmacht fielen? Die Offiziere hatten recht. Ich wandte mich an die Deutsche Abstimmungskommission in Pillau. Sie schickte mir für meine Fahrten nach Pommern und zurück drei junge Mädchen an Bord, die als Hilfsschwestern fungieren sollten. Sie taten es brav und tüchtig, und ich beneidete sie nicht um ihre Aufgabe. Um so adretter präsentierten sie sich uns, wenn wir etwa sonntags auf dem Lande bei ihren Eltern zu Gast waren.

Dieselben Familien habe ich im Strom der ostpreußischen Flüchtlinge im April 1945 vor den anrückenden Sowjetrussen auf Schiffen der Kriegsmarine nach Mecklenburg und Schleswig-Holstein retten müssen.

Als unsere Aufgabe Sommer 1920 für die ostpreußische Abstimmung beendet war, bekamen wir Befehl, einer Einladung der schwedischen Regierung und Marine in Karlskrona Folge zu leisten.

Die Reise nach Schweden fing schlecht an. Beim Auslaufen aus dem schmalen Pillauer Hafen steuerte ich mein Torpedoboot über den Achtersteven in das Pillauer Tief hinaus. Dort drehte ich auf, unterschätzte dabei Strom und Wind, trieb vor einen Dampfer, welcher im Fahrwasser vor Anker lag und beschädigte mir eine der beiden Schrauben meines Bootes an seiner Ankerkette. Mein Zorn auf mich über mein schlechtes Manöver war groß. Das polternde Geräusch der beschädigten Schraube und die Erschütterung im Bootskörper, welche sie verursachte, mahnten mich stündlich an mein Versagen und minderten die Freude über die Auslandsreise.

Es sollte noch schlechter kommen. Am nächsten Morgen trafen wir im freien Seeraum der Ostsee südlich Öland völlige Windstille an, wie sie in See außerordentlich selten und immer das Zeichen einer kommenden starken atmosphärischen Störung ist. Diese ließ auch nicht auf sich warten. Im Westen wälzte sich am Himmel eine langgestreckte grauschwarze Wolke heran. Wie sie höher über den Horizont emporkam, sahen wir, daß die See unter ihr in weißem Gischt schäumte. Dies war ein Zeichen, daß diese plötzliche Wetterfront sehr viel Wind mit sich führte. Bald hatte uns auch das Sturmtief erreicht. Der Seegang wurde sehr hoch und vor allem sehr steil. Letzteres war typisch für ein derartig schlechtes Wetter in der Ostsee. Für unsere Torpedoboote war diese kurze und steile See unangenehmer als etwa eine schwerere, aber dafür längere See im Atlantik oder der Nordsee. Im Laufe des Tages sollte auch allerlei passieren: Auf T 155 wurden durch eine auf das Torpedoboot schlagende See die „Skylights" der beiden Maschinenräume zertrümmert.

Das Boot hatte erheblichen Wassereinbruch und da die Lenzpumpen auf diesen alten Bootstypen aus der Vorkriegszeit nicht mehr erstklassig funktionierten, war seine Lage nicht unbedenklich. Auf meinem Boot brachen durch das schwere Einhauen des Bootes in den hohen steilen Seegang Wanten und Stage des vorderen Mastes. Infolgedessen knickte auch sofort der Mast selbst und hing über Bord, so daß wir ihn mit größter Beschleunigung kappen mußten, damit er uns keine Löcher in den Bootsrumpf schlug.

So humpelten wir beschädigt und wenig repräsentativ den ganzen Tag über bei schlechtem Wetter weiter nach Norden, um den Schutz der schwedischen Küste zu erreichen. Kurz vor Sonnenuntergang gingen wir am Eingang des Kalmar-Sunds vor Anker.

Als wir am nächsten Morgen auf meinem Boot dabei waren, einen Notmast aufzurichten, kam eine schwedische Segelyacht bei uns längsseits. Ein junger Schwede, der deutsch sprach, kam an Bord. Es war Axel Mannerskantz, der Sohn der Gutsherrin von Vernanäs, das unmittelbar vor unserem Liegeplatz an der Küste lag. Axel Mannerskantz lud mich zu sich ein. Nach Beendigung unserer Reparaturen an Bord, machte ich nachmittags seiner Mutter meinen Besuch. Der junge Schwede holte mich hierzu ab. Als wir an Land kamen, passierten wir das alte Schloß des Gutes am Wasser, welches Oxenstjerna, der Staatsminister König Gustav Adolfs im Dreißigjährigen Krieg, gebaut hatte. Die Gutsherrin wohnte in dem oberen Gutshaus. Ihr Empfang war sehr herzlich. In ihrer Deutschfreundlichkeit und großzügigen Gastfreiheit lud sie die Offiziere meines Bootes und einen großen Teil der Besatzung für den nächsten Tag zum Mittagessen ein. Bei der Warmherzigkeit dieser großartigen Frau hatte ich das Gefühl, diese so gütige und aufrichtige Einladung annehmen zu können und zu müssen. Am nächsten Tage ging ich mit 50 Mann der Besatzung und der Hälfte meiner Offiziere an Land, hinauf zu den gedeckten Tischen des Gutes Vernanäs. Für die Besatzung hatte Frau von Mannerskantz im Gartenpavillon decken lassen. Ich werde die strahlenden Gesichter meiner Männer nicht vergessen, wie sie an dem schön gedeckten langen Tisch saßen, vor sich mehrere Teller und Gläser, die der sichere Anhalt für ein reichhaltiges Mittagessen waren. Bei der eintönigen Bordverpflegung und den eigenen, einfachen Lebensverhältnissen meiner Leute in der damals armen Zeit des durch die Inflation belasteten Deutschlands, kamen sie sich sicher hier wie im Schlaraffenland vor.

In großer Dankbarkeit verließen wir nachmittags unsere Gastgeberin. Die Frau des Hauses war beeindruckt von der anständigen Haltung der deutschen Matrosen. Sie hatte richtig gehandelt, nicht nur die Offiziere einzuladen.

Dieser Tag war der Anfang einer jahrelangen Verbundenheit und von Einladungen nach Vernanäs. Ich gedenke der Familie in Dankbarkeit.

Wir liefen am selben Abend nach Karlskrone weiter und wurden dort in der liebenswürdigsten Weise von der schwedischen Marine aufgenommen. Der Chef der schwedischen Marinestation, Admiral Graf Wachtmeister, tat alles, um uns seine freundliche Einstellung, welche wohl von den meisten Offizieren der schwedischen Marine geteilt wurde, zu zeigen. In Verbundenheit und Dankbarkeit schieden wir voneinander. Im folgenden Jahr sollte ich mit Torpedobooten noch einmal Schweden besuchen. Wir gingen nach Malmö. Im November 1923 hatte ich die Ehre, den König von Schweden, Gustav Adolf V., der auf einem schwedischen Panzerschiff von der Hochzeit seines Sohnes, des jetzigen schwedischen Königs, aus England zurückkam, im Namen der deutschen Marine in Brunsbüttelkoog zu begrüßen und ihn während der Fahrt durch den Kaiser-Wilhelm-Kanal nach Holtenau zu begleiten.

Sieben Jahre später hatte ich der Königin von Schweden, einer geborenen Prinzessin von Baden, mit der 4. Torpedobootshalbflottille, deren Chef ich war, von Swinemünde nach Stockholm das Ehrengeleit zu geben. Sie war in Italien verstorben, und der König, Gustav Adolf V., hatte sie nach Swinemünde geholt, wo sie auf einem schwedischen Panzerschiff feierlich aufgebahrt wurde. In Würde, die Besatzungen meiner Torpedoboote in Paradeuniform, die Offiziere in Gala, wurde das Ehrengeleit für das schwedische Kriegsschiff mit dem Sarg der Königin auf der Heimreise durchgeführt. Bei Beendigung meiner Aufgabe, als ich unter der schwedischen Küste den König um Erlaubnis bat, nach Swinemünde zurückkehren zu dürfen, dankte mir der König durch ein Signal.

Dies war meine letzte Berührung mit Schweden und der schwedischen Marine. In den folgenden Jahren war das Ziel der Auslandsreisen, die ich zu machen hatte, das Mittelmeer, der Südatlantik und der Indische Ozean. Es kamen der Nationalsozialismus und der zweite Weltkrieg. Die Verbindung mit meinen schwedischen Freunden riß ab. Dies war mir schmerzlich. Noch größeren Kummer machte mir jedoch, daß die schwedische Regierung nach dem Kriege 1945 deutsche

Soldaten, die vor dem bolschewistischen Feind sich auf schwedisches Gebiet gerettet hatten, unter Verletzung der Neutralität an die Russen auslieferte.

So wollte es das Schicksal, daß auf die Freundschaft meiner Jugend, die mich mit vielen schwedischen Menschen verband, im Alter ein Schatten gefallen ist.

Im Frühjahr 1923 wurde ich nach dreijähriger Torpedobootskommandanten-Zeit von der ersten Flottille in Swinemünde abkommandiert.

Von der Marineleitung waren, entsprechend den Bestimmungen des Versailler Vertrags, in der zweiten Hälfte der zwanziger Jahre für unsere alten Torpedoboote Ersatzbauten konstruiert und in Auftrag gegeben. Diese ersten deutschen modernen Zerstörer der Raubvogel- und Raubtierklasse, wie sie nach ihren Bootsnamen hießen, wurden 1927 fertig.

Im Jahre 1927–1928 war ich Navigationsoffizier auf dem Flaggschiff des Befehlshabers der Seestreitkräfte der Ostsee. Im Juli 1928 kamen wir von einer Übungsreise in der nördlichen Nordsee und von einem Besuch Norwegens nach Kiel zurück. Wie es in der Marine üblich war, wurden in dieser Zeit die Kommandierungen zum Herbststellenwechsel am 1. Oktober des Jahres veröffentlicht. Kaum hatten wir mit der „Nymphe", dem Flaggschiff des Befehlshabers der Streitkräfte der Ostsee, festgemacht, als eine Ordonnanz des Marine-Stations-Kommandos den Brief mit den neuen Kommandierungen unserem Admiral überbrachte. Wir Offiziere in der Messe waren gespannt, weil die meisten von uns mit einer Abkommandierung rechneten. Unter Lachen, Angeben und gegenseitigem „Anpflaumen" diskutierten wir die verschiedensten Möglichkeiten. Da betrat der Posten des Admirals die Messe und sagte mir, daß der Befehlshaber mich zu sich bitten ließe. Dieser war der Admiral von Loewenfeld. Er war, wie bereits früher beschrieben, 1910 während meiner Seekadettenzeit Navigationsoffizier auf S. M. S. „Herta" gewesen. Durch Loewenfeld war ich 1912 auf die „Breslau" gekommen und hatte mit ihm als „Ersten Offizier" auf diesem Schiff im Mittelmeer den Balkankrieg und die Reise des Kaisers nach Korfu erlebt. Wir kannten uns also genau. Ich verehrte und liebte ihn. Er gab unserer Verbundenheit, wenn wir allein waren, dadurch Ausdruck, daß er mich duzte.

Als ich an diesem Tage seinen Admiralssalon betreten hatte, rief er mir zu: „Bei Deinem neuen Kommando muß Du Dich mächtig anstrengen! Hoffentlich kannst Du das!“ – Das war ganz Loewenfelds Art! Er wollte vorbeugend dafür sorgen, daß die Bäume bei mir nicht in den Himmel wuchsen. Dabei strahlte aber sein Gesicht und er sagte mir, sichtlich voller Freude, daß ich am 1. Oktober 1928 Chef der 4. Torpedobootshalbflottille mit den gerade fertig gewordenen Torpedobooten „Albatros“, „Kondor“, „Greif“ und „Möwe“ werden würde.

Dies war ein großartiges Kommando, und es erfüllte alle meine Wünsche. Ich war selbständig. Mir unterstanden etwa 20 Offiziere und 600 Mann, ein großer Verband für einen jungen Offizier, der ich war, mit nur 18 Dienstjahren und Kapitänleutnants- also Hauptmannsrang! Es kam hinzu, daß diese gesamte Zahl der Offiziere und Mannschaften am 1. Oktober neu an Bord kamen, ich also die Aufgabe hatte, mit ihnen völlig neu zu beginnen. Dies bezog sich auf jeden militärischen Sektor, auf die Ausbildung im inneren Dienst jedes Torpedoboots, auf seine seemännische und technische Fahrbereitschaft, auf den Leck- und Sicherheitsdienst, auf seine Schießausbildung und seinen Klarschiff-Zustand, so wie ebenfalls auf das, was den Verband aller vier Torpedoboote anbetraf, die fahr- und taktische Ausbildung in der Halbflottille.

Wie gut war es, daß diese Kommandierungen etwa drei Monate vor dem Wechsel bekanntgegeben wurden. Ich stürzte mich sofort in meine vorbereitende Arbeit. Es war mir klar, daß dieser an Menschen und Material neue Verband nur dann ein kriegsbrauchbares Kampfinstrument werden könnte, wenn ich seine Ausbildung von Grund aus und sehr systematisch handhaben würde. Ich benutzte daher jetzt jede freie Stunde, welche der Dienst als Navigationsoffizier auf dem Flaggschiff mir ließ, um an der Aufstellung eines eingehenden Programms für das erste Ausbildungsjahr meiner Halbflottille von Oktober 1928 bis Oktober 1929 zu arbeiten. Ich teilte das Jahr in einzelne Zeitabschnitte ein. Jeder Abschnitt erhielt seine Zielsetzung. Diese steigerte sich von der Einzelausbildung des Bootes zu Übungen in der Rotte, also von zwei Booten, und schließlich in der Zusammenfassung aller vier Boote zu gemeinsamen Übungen. In gleicher Weise wurden die Anforderungen in der Ausbildung an der Torpedo- und Artilleriewaffe und entsprechende Schießübungen allmählich, aber stetig erhöht.

Als der 1. Oktober 1928 kam, und ich meinen neuen Verband übernahm, wußte ich daher genau, was ich wollte. Ich glaube, daß meine vier Kommandanten der Torpedoboote mich zunächst etwas skeptisch betrachteten. Denn sie wußten zwar, daß ich selbst 3 Jahre Torpedobootskommandant gewesen war, aber sie meinten, ich sei doch von Haus aus kein Torpedobootfahrer, nämlich im Kriege nicht bei der Torpedobootwaffe gewesen! Aber ich glaube, die Kommandanten merkten bald, daß in meinem Programm System lag und wir vorwärtskamen. Im übrigen wurde es von Anfang an klar, daß ich persönlich straff führen wollte. Ich entsinne mich z.B., daß ich einmal an einem Tage der Einzel- und Rottenausbildung für 18 Uhr einen Treffpunkt aller Boote befohlen hatte, weil ich dort mit der dann zusammengefaßten und geschlossen fahrenden Halbflottille im Verband vor Anker gehen wollte. Als ich zu der genannten Stunde auf meinem Führerboot an dem Treffpunkt ankam, lag dort bereits eines der Torpedoboote friedlich vor Anker. Es hatte kurz vorher selbständig geankert und teilte mir das durch einen freundlichen Morsespruch mit, in der Meinung, ich würde es nun nicht mehr in seiner Ruhe stören. Ich gab ihm mit Scheinwerfer nur den Befehl zurück: „Sofort Anker aufgehen und anhängen.“ Ich stand wartend mit den übrigen drei Booten in seiner Nähe auf der Stelle, bis es seine Position im Verband eingenommen hatte. Ich verlor über diesen Vorfall später kein Wort mehr, aber er war Lehre für alle Kommandanten genug, daß in der Verbandsführung nur einer befehlen konnte.

Aus Gründen der historischen Wahrheit werde ich in den nächsten Abschnitten an Beispielen aufzeigen, daß wir ein tüchtiger Verband wurden. Aber aus gleichen Gründen werde ich auch dann die ungünstigen Fälle nennen, die wir in den zwei Jahren angestrengter Seefahrt und gründlicher Gefechtsausbildung mit der 4. Halbflottille erlitten.

Also erst einmal die Beispiele, die unser Können zeigen sollen: Im April 1929 wurden wir in der Verbandsausbildung, also nach halbjähriger Übungszeit, von dem Flottenchef, Admiral Oldekop, besichtigt. Er sagte nach dem Einlaufen in seiner Schlußkritik vor den versammelten Besatzungen: unser Fahren im Verbände verdiene besonderes Lob. Dies war mehr, als ich erwartet hatte. Als ich am selben Abend mit meinen Kommandanten das Ergebnis besprach, wurde eines deutlich: nie hatte ich zugelassen, daß in einer befohlenen Formation irgendein Boot nicht genau auf seiner Position stand. Mein häufigster Befehl sei das Flaggensignal „Anton Ulli“ gewesen, Bedeutung „Ausrichten“! Bevor dieses Signal nicht durchgeführt worden sei, hätte ich keine neue Übungsformation angeordnet. Also die systematische Gründlichkeit hatte es geschafft.

Im Herbst 1929 ging ich mit meiner Halbflottille in das große Flottenmanöver. Bei der Hauptübung war die Aufgabe der Partei, zu der ich gehörte, einen Geleitzug der Gegenpartei zu finden und zu vernichten. Von allen beteiligten Seestreitkräften meiner Partei gelang es nur meiner, der 4. Halbflottille, den feindlichen Geleitzug aufzuspüren und es glückte ihr, an seine Gruppen nächtlicherweise heranzukommen und sie durch die eigene Kampfüberlegenheit zu „vernichten“. Als am Morgen nach Beendigung dieser Übung sich der Flottenverband sammelte, die Linienschiffe geschlossen fuhren, die Kreuzer und Torpedobootsflotillen zu ihren Seiten standen, die M-Boote an den Verband angehängt waren, ging auf dem Flottenflaggschiff, beantwortet von allen Schiffen des Verbandes, folgendes Flaggensignal hoch: „An Chef der 4. Torpedobootshalbflottille. Gut gemacht. Flottenchef.“ – Was der Erfolg dieses Manövers für einen günstigen Einfluß auf die Besatzungen meiner Torpedoboote hatte, liegt auf der Hand.

Auch im folgenden Ausbildungsjahr, Herbst 1929 bis Herbst 1930, zeigte sich, daß die 4. Torpedobootshalbflottille etwas konnte. Im Sommer 1930 befand sich der Befehlshaber der Aufklärungsstreitkräfte mit seinem Verband im Atlantik westlich Portugal und Spanien. Ich sollte dorthin mit meiner Halbflottille aus der Heimat nachkommen, und am Tage meines Eintreffens sollte die große Gefechtsbesichtigung meines Verbandes durch den Admiral stattfinden. Mit 23 sm Marschfahrt lief ich von Wilhelmshaven nach Lissabon. Mit fast leeren Bunkern, so daß die Boote wie leichte Bälle auf der Atlantiksee und Dünung schwammen, kamen wir vor Lissabon an und wurden besichtigt. Mit diesen leeren Booten war das Evolutionieren im Verband erschwert. Aber wie meisterten meine Kommandanten ihre Aufgabe, wie hatten sie ihre Boote in der Hand, wie präzise hielten sie ihre Position in den Formationen ein, trotz Atlantiksee und Dünung, als ob wir uns in einem geschützten Übungsgebiet der Ostsee befänden! Die Besichtigung verlief glänzend.

Kurz vor ihrer Beendung hatten wir alle noch die Freude, daß ein Zeppelin dicht über uns auf seinem Flug nach Südamerika hinweg flog.

Am Abend des Tages liefen wir in Lissabon ein und machten gegenüber dem Flaggschiff des Befehlshabers der Aufklärungsstreitkräfte fest. Ich ging danach mit meinen Kommandanten an Land.

Wir setzten uns vor ein Cafe in einer breiten Avenida und genossen dort unter Palmen die warme Luft der südlichen Nacht. Bei einer Flasche Rotwein waren wir rundweg zufrieden, mit unserm Dasein und Beruf völlig einverstanden. In alter Verbundenheit gedenke ich noch heute meiner Kommandanten der 4. Torpedoboot-Halbflottille: v. Puttkamer, Ehrhardt, Berger und Hagen.

Auch in den folgenden Monaten dieses zweiten Ausbildungsjahres der 4. Torpedoboothalbflottille, des sogenannten „Manöverjahres", zeigte sich, daß die Kommandanten der vier Torpedoboote sehr viel gelernt hatten. Es kam bei den Verbandsübungen vor, daß die Parteiführer sich nicht scheuten, bei der Manöverleitung, was die Kräfteverteilung anbetraf, die Zuteilung der 4. Torpedoboothalbflottille besonders zu erbitten. Mein Führerbootskommandant, der Oberleutnant z. S. von Puttkamer, lächelte sarkastisch, wenn er mir derartige Funk- oder Signalsprüche der gegnerischen Parteiführer vorlegte, die gleichzeitig dasselbe erbaten.

Das Hauptmanöver Herbst 1930 brachte für die 4. Torpedoboothalbflottille in den ersten zwei Tagen die Aufgabe, am Gegner vom Seegebiet westlich Bergen in Norwegen bis hinunter in die Deutsche Bucht Fühlung zu halten. Hierbei bewährte sich auch auf diesem taktischen Gebiet das Können der Kommandanten. Im weiteren Verlauf des Manövers hatten wir einen Gegner zu suchen, der aus dem englischen Kanal kam. In einem Aufklärungsstreifen lief die 4. Torpedoboothalbflottille mit westlichem Kurs seinem mutmaßlichem Standort entgegen. Es war die stürmische Zeit der Äquinoktien, Mitte September. Je mehr wir nach Westen kamen, um so stärker wurden Wind und Seegang. Meine Torpedoboote kamen in der groben See nur schwer vorwärts. Die Brecher schlugen auf die Back, das Heck tauchte oft hoch heraus, so daß die Schrauben in der Luft polterten. Die Lebensverhältnisse an Bord waren bei einer solchen Wetterlage und einem solchen Kurs gegen die See nicht wie in einem Sanatorium. – Ich ging in das Kartenhaus meines Führerbootes und überprüfte noch einmal, ob der Ansatz meiner Torpedoboote richtig war. Ich kam hierbei zu dem Schluß, daß der Gegner wahrscheinlich westlicher nicht mehr stehen könnte und ging mit der Halbflottille auf Gegenkurs vor der See. Sofort lagen die Torpedoboote mit weicheren Bewegungen sehr viel ruhiger. Ich schickte meinen Adjutanten, den Oberlt. z. S. Detmers, nach achtern in meine Kajüte, um ein Schriftstück zu holen und erwähnte dabei ihm und Puttkamer gegenüber, daß ich gegebenenfalls nochmals gegen die See nach Westen vorstoßen würde, falls ich einen neuen Anhalt, daß sich der Gegner doch noch im Westen befände, bekäme. Detmers, – er hat später im zweiten Weltkrieg die einmalige Tat vollbracht, mit seinem als Hilfskreuzer ausgerüsteten Handelsschiff ein englisches Kriegsschiff, welches ihm weit überlegen war, den Washington-Kreuzer „Sidney“ zu versenken – traf achtern auf dem Weg nach meiner Kajüte unter Deck in der Pantry unseren Zivilsteward Bovermann. Für ihn war der bisherige Kurs gegen die See eine Tortur gewesen; er hielt die Reste seines Geschirrs in der Pantry umklammert und sah mit verzweifelten Augen zu Detmers auf, als dieser die Treppe herunterkam. Bovermann sagte zu Detmers: „Wie schön, daß wir jetzt vor der See liegen!“ Detmers antwortete: „Aber der Halbflottillenchef hat gesagt, daß er vielleicht nochmals mit der Halbflottille gegen die See gehen wolle.“ Bovermann war entgeistert. Tatsächlich gingen wir nach einer halben Stunde nochmals gegen die See und hatten zwei Stunden später das Glück, den Gegner zu fassen.

So war es ein Schlechtwetter-Manöver, das der harte Abschluß dieser arbeitsreichen zwei Jahre Torpedobootseefahrt war. Dieser Jahre, welche die X Dora, dies war der Morsename unserer 4. Torpedoboothalbflottille, zu einer starken Gemeinschaft zusammengeschweißt hatten, die sich heute noch in einer herzlichen Verbundenheit vieler Besatzungsmitglieder offenbart.

Es waren für mich zwei Jahre taktischer Schulung und Erfahrung. Dies waren die Erfolge der 4. Torpedoboothalbflottille. Jetzt will ich, wie versprochen, auch Kummer und Rückschläge dieser beiden Jahre nennen.

Nach dem ersten Übungsabschnitt liefen wir am 21. Dezember 1928 abends die Jade aufwärts unserem Heimathafen Wilhelmshaven entgegen. Wir steuerten in dem Richtfeuer von Vosslapp, als Puttkamer, mein Führerboots-Kommandant, plötzlich in großer Nähe den dunklen Schatten eines Bootes vor dem Bug seines Torpedoboots entdeckte und hart abdrehte. Ich ließ sofort mit der Sirene „Steuerbordtöne" geben, um auch die folgenden drei Torpedoboote auf anderen Kurs zu legen, um einen Zusammenstoß mit dem dunklen Boot zu vermeiden. Aber das Führerboot der 2. Rotte schlug beim Abdrehen mit dem Heck gegen das Fischerboot, so daß dieses sank. Ich stoppte mit meinem Verband und suchte mit Scheinwerfern die Unfallstelle ab. Wir zogen einen Mann aus dem Wasser. Er sagte, er wäre mit dem Fischer allein an Bord gewesen und sie hätten dort vor Anker gelegen. Nach Beendigung des Fischens wäre es dem Fischer nicht gelungen, unten im Maschinenraum den Motor in Gang zu bringen. Er hätte daher die Ankerlaterne nach unten geholt, um besser sehen zu können. Von diesem Augenblick an hätte das Fischerboot unbeleuchtet gelegen. – Nach stundenlangem Suchen gab ich es auf, in der See den Fischer selbst noch lebend zu finden. – Es war ein trauriges Einlaufen für uns nach Wilhelmshaven, kurz vor dem Weihnachtsfest. Die arme Frau des Fischers kam am nächsten Morgen zu mir an Bord. Ich hatte ihr das Schwere zu sagen. Der spätere Spruch des Kriegsgerichts und des Seeamts gab dem Fischer die Schuld, weil sein Boot unbeleuchtet und zudem noch in dem als Ankerplatz verbotenen Leitsektor des Feuers von Vosslapp gelegen hatte. – Ich blieb mit der Frau des Fischers in Verbindung. Ich fühlte mich mit ihrem Schicksal verbunden.

Im April 1930 liefen wir im Flottenverband durch die Nordsee, um nach Spanien zu gehen. Wir hatten erheblichen Seegang von achtern. Ich hatte für meinen Verband „Nummernwechsel" befohlen, d. h. daß die bisher führenden Boote nach hinten kamen und die geführten vorneweg zu fahren hatten. Da ging mittags auf dem Flottenflaggschiff das Fahrtsignal „10 sm" hoch. Dies war wenig Fahrt für die langen Torpedoboote, um sie bei der achterliehen See durch Ruderlegen auf Kurs zu halten. Kaum waren wir uns über diesen Zustand klargeworden, als schon eine besonders grobe See mein Führerboot, den „Albatros", achtern erfaßte und trotz verzweifelter Ruder- und Maschinenbefehle des

Kommandanten Puttkamer den Bug des „Albratros" in das Heck seines Vordermannes, des Torpedoboots „Möve" hineinschob. Puttkamer versuchte auf der Brücke seines Bootes, als Ruder- und Maschinenmaßnahmen nichts mehr halfen, im letzten Augenblick noch instinktiv den Zusammstoß dadurch zu mildern, daß er mit beiden Fäusten das feste Brückengeländer nach hinten zerrte. Der neben ihm stehende Steuermann Loyal sagte trocken vor sich hin: „Das hilft nun auch nichts mehr." – Mir blieb nichts anderes übrig, als mit dieser havarierten Rotte meiner Halbflottille auf Gegenkurs nach Wilhelmshaven zu gehen und dem Flottenchef die Havarie zu melden. Dieser entschied, daß die beiden anderen Boote der 4. Halbflottille die Reise nach Spanien mit dem Flottenverband fortzusetzen hätten. – Ich war voller Grimm. In der Werft in Wilhelmshaven wurde die beschleunigte Reparatur der beiden Boote vorbereitet. Daß wir von der Reise nach Spanien zurückgekehrt waren, sprach sich in Wilhelmshaven in Marinekreisen wie ein Lauffeuer herum. Als ich abends müde nach Hause kam, begrüßten mich meine übermütigen Söhne mit den Worten: „Na Vati, war es schön in Spanien?" Aber sie zeigten mir später doch ihr Mitgefühl.

Als die Boote repariert waren, war der Kummer bereits vergessen. Denn wir hatten nur materiellen Schaden erlitten, keiner der Besatzungsmitglieder war bei dem Rammen verletzt worden. Anders sollte dies am 13. Januar 1930 sein. Bei schwerem Wetter waren wir, die Jade abwärts durch die Nordsee in die Elbe gelaufen. Da lief in der Grundsee bei Feuerschiff „Elbe 2" ein Brecher von achtern über das Führerboot. Der Maschinist Oelschläger stand, ohne sich festzuhalten, am Maschinenluk an Deck und sah in den Maschinenraum hinunter. Die anrauschende See hob ihn hoch und setzte ihn außenbords. Durch das sofortige Manöver „Mann über Bord" konnte er vom Hintermann gerettet werden. Aber er war bereits einem Herzschlag erlegen und hatte nur noch in der Luftblase seines Lederzeugs geschwommen. Alle Wiederbelebungsversuche waren vergeblich. Bei der engen Gemeinschaft, die sich an Bord herausbildet, berührte uns alle der Verlust schwer.

Aus all diesen Unglücksfällen lernten wir: Seemannschaft kann man nicht am Schreibtisch studieren, sie kann nur durch Erfahrung erworben werden. Je älter man als Seemann wird, um so mehr weiß man, daß Unerwartetes geschehen kann, daß also Umsicht, Aufmerksamkeit und Voraussicht in keiner Lage außerachtgelassen werden dürfen. Der Vergleich, der oft genannt wird, ist richtig: Ein alter Seemann ist wie ein alter Einzelgänger in der Tierwelt: ständig vorsichtig sichernd zieht er seinen Weg.

9. Kapitel

Noch etwas „mehr Persönliches“

Nach 3jähriger Dienstzeit als Torpedoboots-Kommandant erhielt ich im März 1923 zum ersten Mal in meiner Laufbahn als Seeoffizier eine Verwendung an Land: Bei der Torpedo-, Minen- und Nachrichteninspektion in Kiel wurde ich Referent und mit der Bearbeitung der Abwehr gegen U-Boote beauftragt. Dieses Kommando für mich war sachlich richtig. Denn ich hatte sowohl aus dem Kriege Erfahrung als U-Boot-Kommandant, wie jetzt in den letzten Jahren eine gründliche Kenntnis der taktischen Verwendung von Torpedobooten, welche die Hauptträger des Kampfes gegen feindliche U-Boote sind. Trotzdem war ich über diese Kommandierung nicht sehr glücklich: Ich würde mich im wesentlichen nunmehr mit technischen Dingen zu befassen haben, wie z. B. der Konstruktion einer möglichst wirkungsvollen und tief reichenden Wasserbombe gegen getauchte U-Boote und der Entwicklung von Ortungsgeräten, mit denen U-Boote festgestellt werden konnten.

Der Inspekteur der Torpedo-, Minen- und Nachrichten-Inspektion war damals der Konteradmiral Eschenburg. Ich kannte ihn von den Jahren 1917 und 1918 her, als er Kommandeur der U-Boot-Schule in Eckernförde war. Ich verehrte ihn sehr. Ich glaube auch, daß wir in dem Jahr meines Referates in der technischen Entwicklung der U-Boot-Abwehrmittel vorwärts gekommen sind. In guter Zusammenarbeit der Inspektion mit dem Waffenamt in der Marineleitung, unter dem damaligen Kapitän zur See Hansen, wurde die Beschaffung dieser Abwehrmittel, nach endgültiger Klärung und Festlegung, welche Typen die geeignetsten waren, in ausreichendem Maße für unsere kleine Reichsmarine durchgeführt.

Rückblickend auf diese Zeit bei der Torpedo-Inspektion ist in mir daher nur der Eindruck einer täglich erfüllten Pflicht und dienstlichen Verkehrs mit der Erprobungsstelle des Sperr-Versuchskommandos in Kiel-Wik, welches die Konstruktion der verschiedenen Erprobungstypen, z.B. einer Wasserbombe, durchzuführen hatte. Wir fuhren dann öfter mit einem Versuchsfahrzeug auf möglichst tiefes Wasser ostwärts Bornholm, um das, was wir von diesen neuen Mitteln erhofften, nun wirklich auch zu erproben. Mit dieser alltäglichen Beschäftigung gingen also die Wochen und Monate des Dienstes für mich als Referent bei dieser Inspektion hin. Sie hatten jedoch für mich drei Unterbrechungen, welche eindrucksvoll und lebhaft auch heute noch in meiner Erinnerung sind.

Die erste war: ich wurde während dieses Kommandos zu einem Führergehilfen-Lehrgang beordert, welcher von dem damaligen Inspekteur des Bildungswesens, Konteradmiral Raeder, dem späteren Oberbefehlshaber der Kriegsmarine, geleitet wurde. Zu diesem Admiralstabsoffizier-Kursus war eine ausgewählte kleine Zahl von Seeoffizieren aus allen Garnisonen der Reichsmarine nach Kiel kommandiert worden. Der Kursus war sehr instruktiv, und ich hatte ihn mit der Raederschen Beurteilung bestanden, für den Admiralstabsdienst infolge meiner vielseitigen seetaktischen Erfahrungen und meiner Eigenschaften besonders qualifiziert zu sein.

Das zweite Ereignis während dieses Jahres bei der Torpedo-Inspektion war eine Dampferreise nach Finnland und England, die ich von der Marineleitung erhielt, nachdem die Fragen, mit welchen Abwehrwaffen die Reichsmarine gegen U-Boote auszurüsten sei, nun endgültig geklärt waren.

Und das dritte Ereignis war meine Teilnahme auf dem Flaggschiff des Oberbefehlshabers der Seestreitkräfte, Admiral Zenker, bei seinen Übungen mit dem gesamten Flottenverband.

Relativ schwach, wie die Kriegsschiffsverbände der Reichsmarine waren, hatten sie sicherlich in der Tagschlacht gegen jeden mutmaßlichen Gegner keinen Erfolg. Zenker schulte daher unseren Flottenverband betont in seiner Verwendung bei Nacht. Die Nacht bot nach Zenkers Ansicht, und sicherlich hatte er damit recht, die einzige Möglichkeit, einen überlegenen Gegner durch kühnen und überraschenden Angriff schwer zu schädigen. Diese Konzeption begeisterte uns alle. Die hierfür erforderliche Ausbildung, die zu diesem Zwecke angesetzten Nachtübungen, erforderten höchstes seemännisches Geschick, größte Aufmerksamkeit, um bei dem zwangsläufig sich entwickelnden mêlé von Schiffen Zusammenstöße zu vermeiden. Sie erforderten natürlich auch großes taktisches Können. All' diese Grundlagen wurden von

Zenker in gründlich vorbereiteten und straff und einsatzbereit durchgeführten Übungen geschult und immer mehr vervollkommnet. Meiner Überzeugung nach besaß das Flottenkommando unter Zenkers Führung in diesen Jahren einen sehr hohen Stand der Ausbildung.

Im Herbst 1924 wurde ich bereits von der Torpedo- und Mineninspektion wieder abkommandiert. In der Marineleitung in Berlin war das Referat für organisatorische Dienstvorschriften, z.B. des „Dienst an Bord", für innerpolitische Fragen der Reichsmarine und ihre Vertretung im Reichstag, für die militärische Mitwirkung bei Aufstellung der neuen Disziplinarstrafordnung und der Novelle zum Militärstrafgesetzbuch neu zu besetzen. Die Wahl des Offiziers für diesen arbeitsreichen und vielseitigen Posten fiel auf mich. Ich trat meinen Dienst am 1. Oktober 1924 an und hatte diese Dienststellung bis zum 1. Oktober 1927. Sie war angefüllt mit Arbeit. Sie war interessant durch die Zusammenarbeit mit anderen Dienststellen der Marineleitung und des Oberkommandos des Heeres. Sie war interessant für mich vor allem durch Teilnahme an Ausschüssen des Reichstages, z.B. des Rechtsausschusses bei Durcharbeitung der Novelle zum Militärstrafgesetzbuch, und von politischen Ausschüssen, wenn innerpolitische Fragen des Reichsheeres und der Reichsmarine zu besprechen waren. Diese Fragen wurden im Jahre 1925, für Heer und Marine zusammengefaßt, dem damaligen Oberstleutnant von Schleicher unterstellt und unter diesem in einer besonderen Abteilung bearbeitet, welche in das Ministeramt des Wehrministers Dr. Gessler aufgenommen wurde. Auch eindrucksvolle Plenarsitzungen des Reichstages sind mir in lebhafter Erinnerung. Bei aller Würdigung der sachlichen Arbeit, die im Reichstag geleistet wurde, hatte ich jedoch auch manchmal den Eindruck, daß Gründe politisch-taktischer Art für Zustimmung oder Ablehnung eines militärischen Antrags mit maßgebend waren.

In diesen drei Berliner Jahren wurde ich auch zu Generalstabsreisen kommandiert, die für junge Generalstäbler von ihren Lehrern – es waren damals der Oberstleutnant Adam, der spätere Chef der Wehrmachtakademie und der Oberstleutnant von Kluge, der spätere Generalfeldmarschall – mit operativen Aufgaben und Übungen durchgeführt wurden.

In all diesen Jahren hatte mein Leben selbstverständlich noch eine andere Seite. Es war die persönliche in meiner Familie, mit meiner Frau und den 3 Kindern, einer Tochter und zwei Söhnen, die 1917, 1920 und 1922 geboren waren. Diese Jahre waren, was unsere wirtschaftlichen Verhältnisse anbelangt, für uns nicht einfach: Die Inflation hatte unser Kapital, welches meine Frau und ich besessen hatten und als Kaution auch besitzen mußten, um im Jahre 1916 nur mit dem Range eines Oberleutnant zur See und entsprechend geringem Gehalt heiraten zu können, entwertet, d.h. völlig vernichtet. Die dauernde Geldentwertung bis zum Herbst 1923 brachte die Festbesoldeten am Ende jedes Monats in Schwierigkeiten, da inzwischen die Preise für Lebensmittel wieder gestiegen waren und das monatlich gezahlte Geld bereits schon wieder entwertet war. Die Last dieser Schwierigkeiten hatte die arme Hausfrau zu tragen, für die sehr oft alles Rechnen und Einteilen des Wirtschaftsgeldes durch diese Entwicklung zwecklos gemacht wurde. Als dann ab Oktober 1923 wir Soldaten unser Gehalt in Rentenmark ausgezahlt bekamen, war dieses Gehalt so gering, daß es im allgemeinen nur bis zur Mitte des Monats reichte und dann die Hausfrau beim Kaufmann borgen mußte, um ihrer Familie Essen geben zu können. In dieser Misere, von der alle jüngeren Offiziere, besonders wenn sie bereits Kinder hatten, betroffen wurden, half mir mein Bruder, der in die freie Wirtschaft gegangen war, durch gelegentliche geldliche Unterstützung. Doch eines Tages brach auch sein Unternehmen zusammen, und ich konnte ihm das geborgte Geld, daß er nun selbst dringend brauchte, nur dadurch sofort zurückzahlen, daß ich türkische Teppiche alter schöner Art, die ich 1916 aus Konstantinopel mitgebracht hatte, verkaufte. – Ich erzähle dies, um zu zeigen, daß wir in diesen Jahren wirtschaftlich nicht auf Rosen gebettet waren. Aber trotzdem waren diese Jahre glücklich. Die drei Kinder waren gesund und voller Lebensfreude. Den Jahresurlaub verbrachten wir mit ihnen auf den Nordseeinseln Wangeroog oder Borkum, wo es für uns billige Erholungsheime mit Kasernenunterkunft gab. Die Reise dorthin dauerte lange, denn wir fuhren von Berlin Bummelzug 4. Klasse. Aber auch dieses war interessant und mit den Kindern immer sehr unterhaltsam.

Wie man überhaupt, meiner Ansicht nach, als Erwachsener von den Kindern in diesem Alter unter etwa sechs Jahren manches lernen kann.

Es ist das archaische Alter der Kinder, in welchem sie von einer anerzogenen Höflichkeit noch nicht erfaßt, sich so geben, reden und handeln, wie sie wirklich sind und wirklich das ehrlich äußern, was sie fühlen und denken. Ich möchte hierfür nur ein Beispiel von unserem jüngsten Sohn, dem damals 3jährigen Peter nennen: Er wurde einmal von seiner älteren Schwester und seinem älteren Bruder, ihn hätschelnd, gefragt, wen er von beiden denn am liebsten hätte, die Schwester Ursula oder den Bruder Klaus. Darauf wehrte der kleine Bursche Peter die beiden aufdringlichen Geschwister mit beiden Fäusten ab und sagte: „Geht weg, ich habe mich selbst am liebsten!" – Auch sonst öffnen sich für den Erwachsenen in diesem Kindesalter Gedankengänge der Kinder, welche zeigen, wie unabhängig sie oft in dem sind, was sie fühlen und denken. Nach dem Abendgebet in seinem Bettchen fragte der kleine Sohn meine Frau mit nachdenklichem Gesicht: „Mutti, haben Gottens auch Telefone?" – Und ein anderes Mal fragte er: „Wie schnell kann ein Engel fliegen, wie eine Elektrische oder wie ein Omnibus?" – Man sieht hieraus, daß bereits Kinder versuchen, den Dingen auf den Grund zu gehen, nach ihrer Art, so wie ihre Interessen berührt werden. Oder meine Tochter malte aus freier Fantasie mit Buntstiften ein Bild, auf dem die Sonne, gelb und rund und mit Strahlen, direkt auf dem Schornstein des darunter gezeichneten Hauses lag. Auf meinen Einwurf, die Sonne stände am Himmel und läge nicht auf einem Schornstein, sagte mir meine Tochter hartnäckig: „Nein, das ist so, das habe ich so gesehen!" – Und sicherlich hatte sie damit recht, sie hatte das eben einmal aus der Perspektive ihrer kleinen Augenhöhe so beobachtet und es daher so realistisch dargestellt, wie sie es wirklich erlebt hatte.

Am 1. Oktober 1927 verließ ich Berlin, um in Kiel ein neues Kommando anzutreten. Ich freute mich sehr darauf, ich kam wieder an Bord. Auf dem Flaggschiff des Befehlshabers der Seestreitkräfte der Ostsee, dem Kreuzer „Nymphe", wurde ich Navigationsoffizier. Diese Aufgabe war mir sehr willkommen. Eine gründliche navigatorische Ausbildung und Betätigung in der Navigation ist selbstverständlich für jeden Seeoffizier nützlich. Wenn diese Dienststellung dann noch auf einem Flaggschiff zu erfüllen ist, so ist sie zusätzlich außerdem mit einer umfangreichen taktischen Tätigkeit verbunden. Denn jede Anlage von Übungen durch den Befehlshaber der Seestreitkräfte und jede taktische Zusammenfassung des Verbandes ist natürlich aufs engste mit der Navigierung des führenden Schiffes, also des Flaggschiffes, verknüpft. Es kam in meinem Sonderfall der Kommandierung als Navigationsoffizier auf dem Kreuzer „Nymphe“ noch hinzu, daß der Kommandant dieses Schiffes, der Kapitän zur See Conrad, der größte Navigationsexperte war, den wir in der Reichsmarine hatten. Er war Kommandant des navigatorischen Vermessungsschiffes „Meteor“ gewesen und wurde nach seinem Kommando auf der „Nymphe“ Chef der nautischen Abteilung in der Marineleitung in Berlin. Alles Navigatorische war daher von eh und je sein besonderes Aufgabengebiet. Einen besseren Vorgesetzten konnte ich mir daher auf der „Nymphe“ nicht denken. Außerdem kam bei dieser Kommandierung für mich noch ein weiterer günstiger Umstand hinzu: Befehlshaber der Seestreitkräfte war der Vizeadmiral von Loewenfeld, derselbe Mann, den ich seit meiner Seekadettenzeit kannte.

Das Jahr auf der „Nymphe“ wurde auch so, wie ich es mir vorgestellt hatte. Es gab keinen Nebel, der so dick war, um den Kommandanten unseres Kreuzers, den Kapitän zur See Conrad, davon abzuhalten, durch die navigatorisch schwierigen Ostsee-Ausgänge zu laufen oder mit dem Schiff in „Löcher“, wie das „Lister Tief“ z. B., „hineinzukriechen“. Die Benutzung des Lotes und seine Auswertung für den Schiffsort lehrte er mich im ganzen Umfange. Und diese Lehre sollte sich für mich erst 8 Jahre später voll auszahlen, als ich selbst Kommandant der „Emden“ war und im dicken Nebel am Kap der Guten Hoffnung stand, um nach Kapstadt einzulaufen. Alle angebliche Sicherheit meines Navigationsoffiziers über den zutreffenden Standort des Schiffes schob ich beiseite, weil die Lotung eine Zahl ergab, welche in der Seekarte auch für die Gewässer unmittelbar vor der felsigen Küste angegeben war. Ich lief nicht weiter nach Land zu, sondern drehte mit dem Kreuzer hart nach See zu ab. Als es kurz darauf plötzlich aufklarte, sahen wir, daß wir soeben unmittelbar vor den Felsenriffen gestanden hatten. Es ist also richtig, bei solchem Wetter nur der Lotung Wert beizumessen, und entsprechend dem Lotergebnis den ungünstigsten Standort des Schiffes anzunehmen.

Das Jahr auf der „Nymphe“ ging wie im Fluge vorüber. Der Kreuzer hatte gerade eine Werftliegezeit beendet. Es folgten daher sofort Wochen und Monate der Einzelausbildung und von Torpedo-und Artillerie-Schießübungen; dann Zusammenfassung des Verbandes durch den Admiral, Aufklärungsübungen der Seestreitkräfte am Tage, Angriffsübungen bei Nacht, Frühjahrsmanöver, eine Auslandsreise nach Norwegen und abschließend im Herbst 28 das große Herbstmanöver im Flottenverbande. So waren wir stets unterwegs, immer war ich auf der Brücke in meiner Tätigkeit als Navigationsoffizier des Schiffes und gleichzeitig des Verbandes der Seestreitkräfte der Ostsee.

Es kam hinzu, daß die Besatzung der „Nymphe“ ein Musterbeispiel der guten personellen und disziplinären Verhältnisse in der Reichsmarine war. Das Personal der Reichsmarine bestand aus Freiwilligen. Der Andrang zum Dienen in ihr war groß. Die Bewerber konnten daher nach hoher Qualität ausgewählt werden. So war von vornherein das Menschenmaterial vorzüglich. Es kam hinzu, daß das Offizierkorps der Reichsmarine durch die Vorkommnisse auf der Kaiserlichen Flotte im November 1918 viel gelernt hatte. Die Gründe für diese Meutereien wurden von jedem Einzelnen von uns oft überlegt und diskutiert. Und auch die Fehler, die das Offizierkorps damals gemacht hatte, – durch seine zu starke Absonderung von der Mannschaft und vor allem, daß es nicht immer daran gedacht hatte, daß die seelische Geschlossenheit eines soldatischen Verbandes nur aufgrund des militärischen und auch menschlichen Vorbildes des Vorgesetzten für den Untergebenen und des festen und aufrichtigen Bandes zwischen beiden entstehen kann, – aus all’ diesen Fehlern hatten wir gelernt und es nunmehr fertiggebracht, aus einer Schiffsbesatzung eine geschlossene Einheit zu machen, die fröhlich und freudig ihren Dienst versah und wo jeder einzelne, mochte er Matrose oder Heizer, Leutnant oder Kommandant auf diesem Schiffe sein, stolz darauf war und sich freute, wenn das Schiff bei militärischen Übungen sich bewährte und etwas leistete.

Während dieser einjährigen Seefahrt mit dem Kreuzer „Nymphe“ hatten 14 Tage auch einmal eine persönliche Note. In den Sommer-Schulferien lud der Admiral von Löwenfeld Kinder von Besatzungsangehörigen, von Unteroffizieren, Feldwebeln und Offizieren, zu einer 14tägigen Mitfahrt ein. In dieser Kinderschar kamen auch meine beiden Jungen an Bord. Diese fröhliche Gesellschaft schloß bald mit Matrosen und einigen Unteroffizieren Freundschaft. Sie wurden von diesen zum

Rein-Schiff angestellt, sie schliefen mit ihnen im Vordeck in Hängematten. Sie machten mit ihnen Sportübungen. Lagen wir mit dem Schiff einmal in See vor Anker, drückte man den Kindern eine Angelleine in die Hand und alle hatten ihren Spaß an dem Eifer, mit dem die Jungen Fische jeder Art, vom Haifisch bis zur Flunder, zu fischen hofften. Eines Abends – wir saßen gerade beim Abendbrot in der Messe, – kam strahlend mein 6jähriger Sohn Peter zu mir hereingestürzt. Er sagte mit großen blauen Augen: „Sieh mal Vati, was ich gefangen habe!“ – Er hielt uns allen die Angelleine entgegen, an welcher ein großer Rollmops mit Gurkenfüllung hing, welchen anscheinend ein verständnisvoller Matrose Peters Angelhaken in einer Angelpause heimlich angeheftet hatte.

Da ich gerade von meinem Sohn Peter gesprochen habe, noch ein Wort zu meinen familiären Verhältnissen.

Im Januar 1917 hatten wir, nachdem meine Frau und ich im Mai 1916 geheiratet hatten, unsere erste Wohnung in Kiel in der Feldstraße Nr. 57. Die Aussteuer, welche meine Frau mit in die Ehe brachte, entsprach den damaligen Verhältnissen. Entsprechend hatten wir auch eine große Wohnung, welche nach damaligem Brauch selbst für eine solche junge, noch kinderlose Ehe eine Selbstverständlichkeit war. In gleicher Weise wohnten wir dann ab 1921 in Swinemünde. Trotz der Inflation und unseren inzwischen veränderten wirtschaftlichen Verhältnissen brachten wir es nicht fertig, uns von diesem verhältnismäßig großen Mobiliar zu trennen und uns eine kleinere und billigere Wohnung zu suchen. Es wäre auch nicht einfach gewesen, eine solche zu erhalten. Als ich im März 1923 zur Torpedo- und Mineninspektion nach Kiel kommandiert wurde, zogen wir im Sommer dieses Jahres von Swinemünde nach Kiel nach der Straße „Seeblick“ Nr. 7 um. Auch hier hatten wir wieder dieselben großräumigen Verhältnisse, und die monatliche Miete war teurer, als es mein geringes Gehalt eigentlich zuließ. Das Gleiche galt dann wieder für unsere Wohnungen in Berlin in der Buchenstraße zwischen Lützowstraße und Fehrbelliner Platz und später in Zehlendorf-West. Stur und konservativ wie wir waren, blieben wir bei dem Stil unserer Häuslichkeit, wie er uns anerzogen war, und wie wir ihn im Januar 1917 begonnen hatten. Als ich im Oktober 1927 wieder nach Kiel kam, als Navigationsoffizier auf der „Nymphe“, wollte es der Zufall, daß dieselbe Wohnung wieder frei wurde, welche wir von 1917 bis 1921 in der Feldstraße 57 bewohnt hatten. Fröhlich zogen wir in die altbekannten Räume ein. Meine kleine Tochter meinte, die Möbel brauchen wir gar nicht extra aufzustellen, die wissen von ganz alleine noch, wo sie hingehören.

Im Vorstehenden habe ich neben einigen persönlichen Noten meine militärischen Aufgaben in den Jahren 23 bis 28 genannt. Die Frage zu beantworten, womit ich mich sonst noch beschäftigt habe, außerhalb meiner militärischen Pflichten und meines Zusammenlebens mit meiner Familie, ist heute schwer für mich aus der Erinnerung zu beantworten. Für Theaterbesuche und Konzerte langte unser Geld nicht. Innenpolitisch, besonders auch nach den Erfahrungen des Kapp-Putsches, war das Marine-Offizierkorps im großen ganzen sehr uninteressiert. Wir waren nur Soldaten und wollten unserem Vaterlande dienen. Auch außenpolitisch hatten wir keine besonderen Ideen. Daß wir von den Bindungen des Versailler Vertrages freiwerden wollten, wie es in dieser Zeit alle deutschen Regierungen erstrebten, war selbstverständlich. Im übrigen taten wir, wie bereits schon gesagt, unseren Dienst und waren glücklich über den guten Geist unserer Reichsmarine. Die Frage der künftigen Flottenbaupolitik beschäftigte uns dienstlich nicht unmittelbar. Unser Schiffsbestand war durch den Versailler Vertrag derartig begrenzt, daß wir nicht wieder eine wirksame Seemacht werden konnten. Welche Ersatzbauten für die uns verbliebenen veralteten Schiffe geschaffen wurden, war Angelegenheit des Chefs der Marineleitung und wurde in dieser Dienststelle entschieden. Wir sahen an der Front nur, daß für die veralteten Kreuzer bereits ein neuer Kreuzer „Emden“ in Bau gegeben war. Wir wußten, daß unsere alten Torpedoboote durch die Neubauten der Albatros- und Raubtierklasse, deren Halbflottillenchef ich ja im Herbst 1928 werden sollte, ersetzt worden waren. Wir hörten davon, daß als Ersatz der alten Linienschiffe der Bau eines 10 000-t-Panzerschiffes geplant war, welches, mit Dieselmotoren ausgerüstet, in Folge seines großen Aktionsradius in der Lage war, im lebenswichtigen Raum des Atlantik Krieg zu führen. Wir hörten, daß außer dem Admiral Zenker, dem Chef der Marineleitung, auch der Chef der Marinestation der Nordsee, Admiral Bauer, für den Bau eines solchen Panzerschiffes mit großem Aktionsradius war. Es setzte sich auch die sehr glückliche Idee des Panzerschiffes „A“ durch: Außer dem bereits genannten, sehr großen Aktionsradius hatte das Schiff eine Armierung von 28-cm-Geschützen. Es war daher jeder Armierung eines feindlichen 10 000-t-Kreuzers überlegen. Dazu kam außerdem, daß dieser neue Typ die hohe Geschwindigkeit von 28 sm besitzen sollte und daher in der Geschwindigkeit einem artilleristisch stärkeren, schwereren feindlichen Schiff überlegen war, sich also einer Verfolgung und einem Artilleriebeschuß dieses schwereren Schiffes entziehen konnte.

Natürlich interessierten wir jungen Offiziere an der Front uns für diese strategischen Schiffbau-Fragen. Sie gehörten zum Bereich unseres Berufes. – Die Frage, mit welchen geistigen Dingen ich mich sonst noch beschäftigte, möchte ich dahin beantworten: Ich las viel Sachbücher aller Art und besonders Geschichtswerke. Die Verhältnisse des englischen Weltreiches interessierten mich besonders.

Im großen ganzen aber: Ich war in diesen Jahren ein freudiger Soldat und ein glücklicher Familienvater.

10. Kapitel

„Emden"-Reise

Im Frühjahr 1933 hatte ich Niederländisch-Indien, Ceylon und Vorderindien besucht. Ich reiste in Zivil und als Privatmann. Es war ein großartiges Erlebnis. Die Reise war eine Spende des Reichspräsidenten von Hindenburg, welche er in jedem Jahr an einen Offizier der gesamten deutschen Wehrmacht verleihen konnte. Im Jahre 1933 hatte seine Wahl mich getroffen. Ich war seit dem 1. Oktober 1930 Erster Admiralstabsoffizier und gleichzeitig Leiter der Admiralstabsabteilung beim Marine-Oberkommando Nordsee in Wilhelmshaven. Die etwa 20 Offiziere und Angestellten dieser Abteilung hatten Arbeit in Hülle und Fülle. Daß diese Arbeit der einzelnen Referenten sich nicht überschnitt, daß jedes Ressort mit dem anderen in Einklang stand und der einen großen Linie ein- und untergeordnet war, darin bestand die wesentliche Aufgabe der Leitung der Admiralstabsabteilung, also meine Aufgabe, neben meiner eigenen Referatsarbeit als Erster Admiralstabsoffizier, der Bearbeitung aller operativen und strategischen Fragen.

Jedenfalls war ich sehr überrascht und beglückt, als ich im Februar 1933 vom Chef der Marineleitung, im Auftrage Hindenburgs diese Spende erhielt.

Ende Juni 1933 kam ich von meiner Hindenburg-Reise zurück und tat wieder meinen Admiralstabsdienst beim Oberkommando in Wilhelmshaven. Ein Jahr später, im Juni 1934 ließ mich mein Befehlshaber, Admiral Förster, einmal zu sich bitten und sagte zu mir: „Sie werden lachen, der Chef der Marineleitung hat Sie zum 1. Oktober als Kommandant des Auslandskreuzers ‚Emden' kommandiert. Sie werden also auch in diesem Jahre wieder ins Ausland gehen und zwar zum Teil in dieselbe Gegend, im Indischen Ozean, wo Sie bereits im letzten Jahre gewesen waren." – Ich lachte nicht, sondern freute mich im Stillen unbändig. Dies war genau das Kommando, wonach ich mich gesehnt hatte. Und durch die vorhergegangene private Auslandsreise war diese Sehnsucht nicht geringer, sondern eher noch stärker geworden.

Im Sommer 1934 übergab ich daher meine Geschäfte als Leiter der Admiralstabsabteilung an den für den 1. Oktober 1934 designierten Nachfolger, den Korvettenkapitän Löwisch. Nachdem die wochenlange Übergabe beendet war, fuhr ich auf meinem Jahresurlaub 4 Wochen nach England, um meine englischen Sprachkenntnisse aufzufrischen. Ich wohnte dort in Kensington bei einer Dame des englischen Gentry. Sie hatte ihren Mann verloren, und ihr einziger Sohn war im ersten Weltkrieg als Leutnant der englischen Armee in Flandern gefallen. Sie war eine Frau von Format und in keiner Weise deutschfeindlich. Sie hatte eine hochstehende Lebensauffassung und konnte daher glauben und verstehen, daß im ersten Weltkrieg auch die Soldaten anderer Nationen, die der damaligen Feinde, nur ihre Pflicht getan hatten. Sie war rührend um mein Wohlergehen besorgt. An jedem Freitagmorgen erhielt ich ein blaues Brieflein von ihr, in welchem sie mir vorschlug, wie wir gemeinsam das Wochenende verbringen wollten. Sie hatte einen Wagen, und wir waren daher, was Südengland anbetrifft, räumlich ungebunden. Sie hatte viele Verwandte auf dem Lande, welche sie gerne mit mir besuchen wollte, um mich diesen vorzuzeigen. So machten wir zuerst bei ihrer Mutter Besuch. Dies war eine etwa 80jährige Dame, sehr gut und gesund aussehend. Vor dem gemeinsamen Mittagessen trank sie einen Whisky pur als Aperitif und zwar ziemlich mit einem Schluck. Ich staunte! Ich drückte ihr meine Bewunderung wegen ihrer Vitalität aus. Sie antwortete mir: „Das ist ganz natürlich, denn ich habe die Hälfte meines Lebens im Sattel verbracht, besonders weil mein Mann der „Master" des englischen Landadels unserer Grafschaft war und daher bei allen gemeinsamen Jagden zu Pferde führte." Diese alte Dame hatte mich beeindruckt. –

Am nächsten Sonntag schlug meine Gastgeberin vor, doch die Marine-Werft in Portsmouth zu besuchen. Dort lag ja die „Victory", Nelsons Flaggschiff, welches mich natürlich aufs höchste interessierte. Wir fuhren also zur Marine-Werft nach Portsmouth. Der Eingang zur Werft ging, in ganz gleicher Weise wie in Wilhelmshaven, durch den Torbogen eines Verwaltungsgebäudes. Wir mußten mit unserem Wagen in der Einfahrt stoppen. Polizeibeamte der Werft traten an den Wagen heran und fragten meine Gastgeberin etwas, was ich – hinten sitzend –, nicht verstand. Daraufhin erklärten die Polizeibeamten, es wäre in Ordnung, und wir konnten weiterfahren. An den Kais dieser Werft der Royal Navy sah ich moderne englische Kreuzer und Zerstörer liegen. In einem Bassin lag ein Schlachtschiff, in einer anderen Ecke lag eine U-Boot-Flottille. Als ich als deutscher Seeoffizier diese modernsten Streitkräfte der englischen Marine sah, tauchte in meinem Bewußtsein aus dem Unterbewußtsein der Wunsch auf, zu wissen, was die englische Polizei im Torbogen meine Gastgeberin gefragt und was diese geantwortet hatte. Ich fragte also und bekam von meiner Begleiterin die Antwort: „Die Polizei hatte soeben wissen wollen, ob wir beide britische Untertanen seien. Und damit es nicht weitere Schwierigkeiten gäbe, hatte ich geantwortet, natürlich wären wir beide britische Untertanen!" – Als ich diese Antwort erhielt, erschrak ich. Ich sagte meiner Freundin: „Wie konnten Sie mich als britischen Untertan angeben! Wenn jetzt irgendwie festgestellt wird, daß ich Ausländer bin, was sehr leicht möglich ist, schon wegen meines Aussehens und gegebenenfalls auch wegen meiner englischen Aussprache, und wenn dann noch obendrein herauskommt, daß ich deutscher Seeoffizier bin, kann bezweifelt werden, daß ich in harmloser Absicht die Werft der englischen Kriegsmarine betreten habe. Also nun machen wir folgendes: Ich gehe ganz kurz einmal über die „Victory" und dann heraus aus diesem gefährlichen Aufenthaltsort!" So geschah es. Auf der „Victory" führten Veteranen der englischen Marine und gaben ihre Erklärungen. Ich sah die Plätze, wo Nelson verwundet wurde und verschieden war. Aber bei der ganzen Besichtigung war mir nicht wohl. Ich war froh als sie zu Ende war und wir das Werfttor wieder passiert hatten. So können einen selbst kluge Frauen in bester Absicht in eine unangenehme Lage bringen!

Nachdem ich also auf diese und andere Weise mein Englisch durch meinen vierwöchigen Aufenthalt auf dieser Insel verbessert hatte, widmete ich mich nach meiner Rückkehr nach Wilhelmshaven meinen kommenden Pflichten als Kommandant der „Emden".

Das Schiff war umgebaut worden, es hatte eine neue Armierung, eine neue Feuerleitanlage und Ölfeuerung erhalten. Dic Besatzung war völlig neu zusammengestellt. Das Schiff mußte also nach seinem Werftumbau mit einer neuen Besatzung, einem neuen Kommandanten, einem neuen Offizierkorps und neuen Mannschaften, neu in Dienst gestellt werden. Für mich galt es nun, zusammen mit dem bereits kommandierten Ersten Offizier, dem Korvettenkapitän Lange, und dem Leitenden Ingenieur, Korvettenkapitän Weber, die Grundlagen zu schaffen, um diese Indienststellung zu ermöglichen. Vor allem mußten die „Rollen“ des ganz veränderten, umgebauten Schiffes neu aufgestellt werden. Unter „Rollen“ versteht man die Verteilung der Besatzung, um die seemännische und technische Fahrbereitschaft des Schiffes sicherzustellen, die Verteilung der Besatzung in Notlagen, z.B. wenn das Schiff ein Leck erhält oder wenn Feuer an Bord ausbricht, und zur Besetzung der Waffen des Schiffes, damit es bereit zum Kampf ist. Diese Festlegung der Rollen war also eine erhebliche vorbereitende Arbeit. Am 30. September 1934 stellte ich das Schiff dann feierlich in Dienst. Die Besatzung, etwa 650 Mann, war auf der Schanze angetreten. Nach dem vorgeschriebenen Zeremoniell, mit Präsentiermarsch und Ehrenbezeugungen, wurde die Kriegsflagge geheißt und der Kommandantenwimpel gesetzt.

Dann begann die erste Ausbildungszeit. Zunächst mußte einmal die Fahrbereitschaft des Schiffes praktisch hergestellt werden. Wir gingen also durch die Wilhelmshavener Schleuse Jadeabwärts in die Nordsee. Der Leitende Ingenieur bildete sein Personal an Maschinen und Kesseln aus. Ich selbst führte täglich Manöver seemännischer Art durch, Mann über Bord, Ankern, Vermooren, Schleppen und geschleppt werden, sowie Ölübernahme in See. Nachts liefen wir zweimal mit dem neu in Dienst gestellten Schiff auf den stark befahrenen Dampferweg der Unterelbe, um den Offizieren praktischen Unterricht in Ausweichmanövern zu geben: Nicht zu früh beim Sichten der Lichter eines entgegenkommenden Schiffes, dann aber eindeutig und energisch, damit keine unklaren Situationen entstehen konnten!

So gingen die Wochen des Oktober in angestrengter Arbeit vorbei. Es begann bereits die Klarschiff-Ausbildung, die Herstellung der Gefechtsbereitschaft des Schiffes. In vorher genau angelegten Übungen wurden Gefechtsbilder durchgeübt.

Es war selbstverständlich, daß wir in all diesen Dingen in der Zeit von der Indienststellung am 30. September an bis zum festgelegten Auslauftermin ins Ausland, Anfang November, nur die ersten Grundlagen in der Ausbildung vollbringen konnten. Die volle technische und seemännische Fahrbereitschaft des Schiffes, seine volle Gefechtsbereitschaft mußten dann auf dem Marsch durch den Atlantik beschleunigt in weiterer intensiver Ausbildung hergestellt werden. Denn für einen deutschen Auslandskreuzer war ein Gesichtspunkt bei diesen Ausbildungsübungen dominierend: Daß das Schiff im Ausland völlig auf sich allein gestellt sein würde. Keine eigenen Reparaturplätze standen ihm draußen zur Verfügung. Jede Havarie, sei es durch Beschädigungen bei seemännischen Manövern oder durch Zusammenstöße, sei es durch Grundberührung infolge fehlerhafter Navigation, löschte die Fahr- und Kriegsbereitschaft des Schiffes aus. Es wurde für die Reparatur abhängig in fremden Werften von fremden Nationen. Um so sicherer mußte daher das Können der Besatzung auf allen Gebieten der Fahrbereitschaft sein.

Diese unbedingte Fahrbereitschaft war für unseren Kreuzer besonders wichtig in einer politischen Spannungszeit, wie sie bereits im Jahre 1934 und 1935 bestanden hat. Ich möchte hierfür nur ein Beispiel nennen: Nach der Erklärung der Wehrhoheit für Deutschland im März 1935, welche den Bestimmungen des Versailler Vertrages widersprach, war es höchst unsicher, in welcher Form die früheren Gegner des ersten Weltkrieges und Garanten des Versailler Vertrages darauf reagieren würden. Die politische Unsicherheit war so groß, daß ich April 1935 nach meinem Besuch in Alexandrien im östlichen Mittelmeer den Befehl erhielt, Venedig, Athen und Konstantinopel, welche ich nach dem vorgesehenen Reiseplan im Mittelmeer noch besuchen sollte, nicht anzulaufen, sondern das Mittelmeer durch die Gibraltar-Straße zu verlassen, um den freien Raum des Atlantik zu gewinnen. Diese operative Maßnahme war richtig, weil bei einer Kriegserklärung gegen Deutschland der alleinige deutsche Kreuzer im Mittelmeer in diesem engen „Knobelbecher", wie wir es nannten, dem dort von allen Seiten dräuenden Feinde ausgeliefert gewesen wäre.

So stand für mich unterwegs auf der ganzen Reise, bei jedem Manöver, bei jeder navigatorischen Maßnahme, die Sicherheit des Schiffes an erster Stelle. Unter keinen Umständen wollte ich in die Lage kommen, in irgendeinem fremden Hafen zu irgendeiner Reparatur die Fahrbereitschaft des Schiffes unterbrechen zu müssen. Es ist gut, wenn man einmal diese Erfahrung des allein auf sich gestellten Kommandanten im Ausland gemacht hat. Sie hat dazu beigetragen, daß ich später im Jahre 1938 beim Aufbau der deutschen Kriegsmarine zur Ablehnung des sogenannten „Z-Planes“ gekommen bin. In diesem Plan sollten unsere Schiffe im Atlantik Handelskrieg führen, aber auch gegen den Gegner kämpfen, gegen einen Gegner, welcher jede im Gefecht erhaltene Beschädigung sofort in eigenen Reparaturplätzen am Atlantik selbst beseitigen konnte, wohingegen der deutsche Kommandant mit seinem havarierten Schiff erst um Nordengland herum durch die lange Nordsee nach Hause in das „Hinterhaus“ der Deutschen Bucht laufen mußte, feindlichen Angriffen laufend ausgesetzt!

Diese Eigenschaft als Kriegsinstrument des Deutschen Reiches war der eine Faktor des Auslandskreuzers „Emden“. Ein anderer lag in seiner Aufgabe, das Deutsche Reich im Ausland zu repräsentieren. Das deutsche Kriegsschiff war in einem ausländischen Hafen ein Teil des Deutschen Reiches, der Kommandant des Auslandskreuzers der Repräsentant der Deutschen Regierung. Nach Aussehen des Schiffes, nach Haltung und Auftreten des Kommandanten und der Offiziere, sowie der gesamten Besatzung, wurden von den Ausländern unmittelbare Rückschlüsse auf das Deutsche Reich selbst gemacht. Die Ausländer bezogen ihre Kenntnisse über Deutschland im allgemeinen nur über ihre Presse. Bei dem Besuch eines deutschen Kriegsschiffes hatten sie jedoch ein Stück Deutschland anschaulich vor sich. Sie konnten sich daher selbst ein unmittelbares Urteil bilden, welches im allgemeinen tiefer in ihnen wirkte als das, was sich nur verstandesmäßig durch das Zeitunglesen in ihnen gebildet hatte. Ein blitzsauber gepflegtes Kriegsschiff mit seiner Besatzung, die sich im Auslandshafen an Bord und an Land tadellos verhielt, war, wie die Erfahrung immer wieder gezeigt hat, für das Ansehen des betreffenden Staates von großem Nutzen.

Über diese zweite Aufgabe hatte ich meine Besatzung vor der Auslandsreise eingehend belehrt und ihr Anweisungen gegeben. Letztere hatte ich schriftlich niedergelegt in einem Papier, das jedermann an Bord in einem Abdruck erhielt. In ihm war auch die Beantwortung von Fragen über Deutschland enthalten, Fragen, welche nach aller Wahrscheinlichkeit den Besatzungsmitgliedern von Ausländern gestellt werden würden. So konnte sich jedermann an Bord vorher unterrichten. Ich wollte vermeiden, daß durch unterlassene oder falsche Antworten auf Fragen dann falsche Berichte über die „Emden“-Besatzung und über Deutschland in der Auslandspresse erscheinen würden.

Mein schriftliches Merkblatt bewährte sich. Wenn ich in See gelegentlich die Besatzung des Schiffes auf dem Achterdeck versammelte, um mit ihr zu sprechen, fragte ich z.B. dann irgendeinen Matrosen oder Heizer, immer zur Freude aller anderen Männer, über einen Punkt des Merkblattes. Der arme gefragte Seemann mußte dann vor seinen versammelten Kameraden erzählen, was er darüber in dem Papier gelesen hatte. Auf jeden Fall war dieses gelegentliche Fragen gut: denn mancher wurde dadurch doch veranlaßt, in das Papier hineinzusehen, um sich nicht vor seinen Freunden zu blamieren.

Um das Fazit dieses Repräsentationsfaktors der „Emden"-Reise gleich vorweg zu nehmen: Es war ein Erfolg! Ich hatte vor dem Auslaufen erklärt, daß ich jeden Mann als ungeeignet abkommandieren und nach Hause schicken würde, der sich im Ausland an Land schlecht benehmen, z. B. betrinken würde. Ich habe auf der ganzen dreivierteljährigen Auslandsreise diese Maßnahme nur in einem einzigen Fall anwenden müssen. Die Haltung der Besatzung auf der Auslandsreise war ausgezeichnet.

Was den offiziellen Verkehr mit den ausländischen Behörden anbelangt, so war dieser in den internationalen Bestimmungen der „Flaggen-, Salut- und Besuchsordnung" genau festgelegt. Dieses ist notwendig. Der Verkehr mit Repräsentanten eines anderen Staates muß nach bestimmten Regeln verlaufen, um die gegenseitige Würde nicht zu verletzen und keinen Spielraum zu geben, Abneigungen oder Unterbewertungen auszudrücken.

So mußte beim Einlaufen des eigenen Schiffes in den fremden Hafen, falls eine Salutstation in ihm vorhanden war, die fremde Flagge durch Landessalut gegrüßt werden. In gleicher Weise wurde dann von Land aus die Flagge des ankommenden Kriegsschiffes durch die vorgeschriebene Zahl der Salutschüsse begrüßt.

In gleicher Weise war auch der Besuchsaustausch mit den fremden militärischen und Staatsstellen festgelegt. Nach dem Wechsel der Besuche erfolgte dann die offizielle Einladung zuerst von der Spitze der fremden Behörde. Am Ende des Aufenthaltes des eigenen Kreuzers in dem Gastlande wurde diese Einladung durch ein offizielles Essen an Bord erwidert. Hierbei war natürlich die Frage des „Placement" wichtig und oft schwierig. Denn einmal mußte im Interesse der Würde des fremden Staates, durchaus berechtigt, auf den Rang seiner Vertreter Rücksicht genommen werden. Zum anderen ist aber auch bekanntermaßen die Eitelkeit eine der Eigenschaften der Menschen. Hat man einen solchen unglücklichen Eitlen dadurch ins Herz getroffen, daß man ihn bei dem offiziellen Essen an Bord etwa einen Platz tiefer setzt als seinen gleichaltrigen oder sogar jüngeren Kollegen, so ist ihm hierdurch oft die Einladung etwas verdorben worden, und meistens hat ein solcher Fall auch noch ein Nachspiel. So erhielt ich nach einem offiziellen Essen an Bord der „Emden" in einem fremden Hafen von einem Fregattenkapitän, der zu den ältesten Adelsfamilien des Landes gehörte, einen Brief, in welchem er sich beschwerte, daß er tiefer gesetzt worden sei als ein General seines Landes, der einen gewöhnlichen bürgerlichen Namen hatte. Ich antwortete ihm, daß auf meinem deutschen Kriegsschiff deutsches Gesetz und deutsche Regel gälten, und nach diesen rangiere ein General höher als ein Fregattenkapitän, ohne Rücksicht auf die vorhandene oder nicht vorhandene adlige Abstammung. – Ich hatte daher meinen Adjutanten, Kapitänleutnant Godt, der jedesmal die Tischordnung zu machen und mir vorzulegen hatte, durchaus verstanden, als er mir am Ende der „Emden"-Reise nach unserem letzten Auslandshafen, es war Vigo in Spanien, in See sagte: „Ich habe über 100 offizielle und oft schwierige Tischordnungen machen müssen, mein Bedarf in dieser Beziehung ist gedeckt."

Und der dritte Teil der Aufgaben des Kreuzers „Emden" war, 160 Kadetten, die an Bord eingeschifft waren, auszubilden in Seemannschaft, Technik, an den Waffen, in Navigation, Schiffskunde und Dienstkenntnis, so daß sie nach dieser ersten, hauptsächlich praktischen Schulung und See-Erfahrung am Ende des Jahres die Marineschule in Flensburg-Mürwik zur weiteren Offiziersausbildung besuchen konnten. Unser Prinzip hierbei war: Die 160 Kadetten durften unter keinen Umständen innerhalb der übrigen Besatzung einen Fremdkörper bedeuten. Sie erhielten genau dieselbe Verpflegung, die gleiche Unterkunft wie die übrigen Besatzungsmitglieder des gleichen Mannschaftsgrades. Sie waren tagtäglich in gleicher Weise wie die Matrosen und Heizer am „Reinschiff" und am „Malen" und „Instandhalten" des Schiffes beteiligt. Sie gingen ihre Wache Tag und Nacht in der gleichen Form wie die Seeleute und die Heizer an Bord auch. Aber darüber hinaus mußten die Kadetten nun noch theoretische Ausbildungsstunden des täglichen Dienstplanes absolvieren, was die entsprechenden Mannschaftsdienstgrade nicht brauchten. So kam es, daß die Mannschaft sah, daß die Kadetten mehr leisten mußten als sie selbst. Die Folge davon war, daß sie Respekt vor dem Kadettendasein hatte, und der Kadett in ihrer Achtung hoch stand. So waren die Geschlossenheit und Gemeinschaft der gesamten Besatzung groß. Dies war mir besonders wichtig.

Aber zweifelsohne war diese Dreiseitigkeit der Aufgaben des Auslandskreuzers, kampfbereites Kriegsschiff, tadellos aussehender Repräsentant des Deutschen Reiches, Ausbildungsschiff für Kadetten, nicht immer leicht unter einen Hut zu bringen: Der Artillerieoffizier des Schiffes und der Leitende Ingenieur wollten möglichst viel „Klarschiff-Übungen" durchgeführt haben, damit die Gefechtsbereitschaft auf der Höhe blieb. Der Erste Offizier drängte mich oft, die Besatzung, auch die Kadetten, zum „Rein-Schiff" und zum „Malen" einzusetzen, damit wir blitzsauber in den nächsten Hafen einlaufen würden. Und die Ausbildungsoffiziere der Kadetten kämpften um jede Stunde, die ihnen zu den vorstehend genannten Zwecken von der Ausbildungszeit ihrer Zöglinge genommen werden sollte. Aber dieser Wettkampf schadete nichts, er erhielt frisch, und es wurde an Bord nicht „geträumt" oder gar „geschlummert".

Unser erster Auslandshafen war Santa Cruz di Palma auf den Canarischen Inseln. Es war gut, daß wir zunächst einen solchen kleineren Hafen anliefen, damit sich der ganze Auslandsbetrieb erst einmal einspielen konnte. Die jungen Menschen meiner Besatzung genossen den Aufenthalt auf der naturschönen Insel außerordentlich. Ich sehe noch ein paar Matrosen meines Schiffes an Land vor einem Gebüsch stehen: Sie wollten nicht glauben, daß diese gelben Kanarienvögel auf den Zweigen dort in Freiheit so natürlich herumhüpften, wie bei uns die Sperlinge, sondern sie meinten zunächst, sie wären wohl aus irgendeinem Vogelbauer entwichen.

Unser nächster Auslandshafen war Luanda in Portugiesisch-Angola in Westafrika.

Wir kamen mit der „Emden" Ende November 1934 in Luanda an. Luanda war gleichzeitig Hauptstadt Angolas und Sitz des dortigen portugiesischen Gouverneurs, eines Herzogs aus altem portugiesischen Hause. Nach dem Einlaufen fanden die üblichen Komplimentierbesuche statt, wie sie im internationalen Zeremoniell vorgeschrieben sind. Der deutsche Generalkonsul, Dr. Seeger, erklärte mir jedoch bei meinem Besuch, der Gouverneur und die Regierungskreise Angolas ständen dem Besuch des Kreuzers ablehnend gegenüber. Der portugiesische Gouverneur und die maßgebenden Regierungsvertreter würden sich wahrscheinlich lediglich auf die offiziellen gegenseitigen Besuche und Einladungen beschränken. Mit einem weiteren Verkehr wäre nicht zu rechnen.

Am Tage meines Einlaufens gab der Herzog in seiner Residenz, die in der mittelalterlichen portugiesischen Burg eingebaut war, das offizielle Abendessen zu Ehren des Kommandanten des deutschen Kreuzers. Kultur und Aufmachung der Residenz des Herzogs waren erstklassig. Zeremoniell und Empfang meiner Person waren korrekt und betont höflich, ohne aber vertraulich oder gar herzlich zu sein. Die vom Herzog eingeladene Gesellschaft bestand aus den höchsten Beamten seiner Verwaltung und aus den Spitzen seines militärischen Stabes, alle in reichen, ordenbesetzten Uniformen. Selbstverständlich waren ebenfalls die Damen dieser Würdenträger eingeladen, durchweg in sehr eleganten Toiletten und viele von ihnen anscheinend aus den ersten portugiesischen Familien stammend, von rassiger und oft beachtlicher Schönheit.

Ich führte die Herzogin zu Tisch. Sie war eine distinguiert wirkende ältere Dame. Das Auftreten der Herzogin, das einer vollkommenen Dame, der ausgesprochen gütige Ausdruck ihrer Augen, ihre Klugheit und Bildung, machten bereits nach kurzer Zeit einen besonderen Eindruck auf mich, so daß ich mich ihr an dem Abend mit aufrichtiger Ehrerbietung widmete und alles tat, um in höflicher Unterhaltung ihr gefällig zu sein. Die Stunden des Diners waren daher durchaus angenehm, und die Atmosphäre gewann zusehends an persönlicher Wärme.

In voller Harmonie ging dieser Abend gegen Mitternacht zu Ende. Als ich am nächsten Morgen von meiner Schlafkammer gerade meine Kajüte betrat, meldete mir mein Adjutant, daß der Adjutant des Herzogs bereits an Bord gekommen sei und mir einen Brief des Herzogs überreichen wollte.

Ich ließ den portugiesischen Adjutanten in meinen Empfangsraum auf der „Emden“ eintreten und öffnete den Brief in seiner Gegenwart. Zu meiner Überraschung enthielt der Brief eine persönliche Einladung des Herzogs, in einer etwa 10tägigen Reise mit Eisenbahn und Auto die interessanten Gegenden und Sehenswürdigkeiten der Kolonie Angola kennen zu lernen. Es würde ihn freuen, wenn ich mich hierbei von der Schönheit des Landes und den großen Kultur- und Zivilisationsaufgaben, die die portugiesische Regierung bereits erfüllt bzw. angefaßt hätte, überzeugen könnte.

Ich nahm selbstverständlich diese Einladung mit Dank an. Als ich kurz darauf dem deutschen Generalkonsul hiervon Mitteilung machte, war er sehr überrascht. Er war überzeugt, daß diese Absicht des Herzogs, mir die Kolonie zu zeigen, am vorigen Abend, während des Dinners, an dem der Generalkonsul ebenfalls teilgenommen hatte, noch nicht vorhanden gewesen war. Ich fragte mich daher, wie es nach dem Essen zu diesem Entschluß des Gouverneurs gekommen sein mochte, einem Entschluß, der so sehr im Gegensatz stand zu der zwar höflichen, aber nur korrekten Aufnahme der portugiesischen Behörden am ersten Tage und der eindeutigen Beurteilung der politischen Atmosphäre durch den deutschen Generalkonsul, der doch immerhin eine gründliche Kenntnis der portugiesischen Verhältnisse in Luanda und sicherlich auch Beziehungen zu den dortigen Dienststellen besaß, die ihn wohl unterrichtet hätten, wenn irgendeine Absicht in dieser Hinsicht vorhanden gewesen wäre.

Ich kam jedenfalls damals zu dem Schluß, daß die Herzogin nach dem Essen bei ihrem Gatten ein gutes Wort für mich eingelegt hatte.

Jedenfalls ist nicht zu leugnen, daß oft derartige, kleine psychologische Momente eine weitaus größere Wirkung haben, und daß Frauen auch in diplomatischen Dingen, vielleicht bei den handelnden Männern häufig unbewußt, mehr Einfluß haben, als nach außen hin in Erscheinung tritt.

Tatsache war nunmehr, daß die Haltung der portugiesischen Behörden betont freundlich war und der 14tägige Aufenthalt des Kreuzers „Emden“ in Luanda ein Erfolg wurde.

Als ich von diesem Ausflug ins Innere Angolas wieder nach Luanda auf die „Emden“ zurückkehrte, sah ich am Hafen einen Trupp unserer

Kadetten, die mich strahlend grüßten. Die militärische Ehrenbezeigung war für manche etwas schwierig, denn sie hatten Waffen der Eingeborenen in der Hand, Speere und Pfeil und Bogen. Anscheinend hielten sie die Armierung der „Emden“ für unzureichend und wollten die Gefechtskraft des Schiffes dadurch erhöhen.

So war alles gut in Luanda verlaufen und bei unserem Abschied aus dem Hafen war, was Herzlichkeit der portugiesischen Behörden anbelangt, die Atmosphäre ganz anders als bei unserem Einlaufen.

Unser nächster Hafen war Kapstadt. Bis dahin hatten wir jedoch einen zwei- bis dreiwöchigen Seetörn vor uns, der der gründlichen Ausbildung des Schiffes, besonders im „Klar-Schiff“, dienen sollte. Wir mußten zunächst aber einmal Öl übernehmen. Dazu hatte ich den Tanker, welcher mich für diese Versorgung auf der Auslandsreise begleitete, nach einem Treffpunkt mitten im Atlantik südlich des Äquators bestellt. Als wir am Vorabend des festgelegten Tages auf dem Rendezvouz-Platz ankamen, lag das Hamburger Tankschiff dort bereits in der See. Sein Kapitän, Herr Hansen, kam zu mir an Bord, damit wir die Ölübernahme für den nächsten Tag besprechen konnten. Wir waren uns über das Manöver schnell einig:

Ich würde mich mit der „Emden“ vor den Tanker, welcher mit geringer Fahrt auf Kurs gegen die See lief, setzen und das Ölschiff in Schlepp nehmen, wobei gleichzeitig der lange Ölschlauch, welcher an einer Schwimmleine befestigt war, von der „Emden“ mit auf den Tanker hinübergegeben werden sollte. Dann würde die „Emden“ den Tanker mit geringer Fahrt schleppen und gleichzeitig würde das Öl durch den Schlauch, der mit seinen Korkbojen auf der Wasseroberfläche schwamm, vom Tanker auf die „Emden“ gepumpt werden. Schön, damit schien alles klar zu sein. Da sagte aber Kapitän Hansen mit ruhigem Lächeln: „Dann werden Sie wohl wenig Öl herüber auf die „Emden“ bekommen. Ich habe mit meinem Tankschiff seit heute mittag hier auf der Stelle gelegen und allein in dieser Zeit 5 große Haie geangelt. Wenn Sie nur irgendeine Spier in das Wasser stecken, die Haie beißen sofort danach. Sie werden deshalb mit Sicherheit sich auch auf den Ölschlauch stürzen, der im Wasser schwimmt. Das Haifischmaul und seine Zähne kennen wir ja. Dann zerreißt der Schlauch und das Öl läuft in den Atlantik und nicht auf die ‚Emden‘.“

An diese Möglichkeit hatte niemand von uns in Wilhelmshaven gedacht, als wir das neue Ölübernahmegerät ausprobierten. Es schien mir dagegen nur eine Abhilfe zu geben: Ich gab Anweisung, daß zwei Motorboote mit Maschinengewehren auszurüsten seien und diese Boote morgen bei der Ölübernahme an dem im Wasser liegenden Schlauch seitlich hin- und herzufahren hätten und durch gelegentliche Schüsse ins Wasser die Haie verscheuchen sollten.

So geschah es am nächsten Tage auch. Diese „hoch interessante militärische Aufgabe“ gegen den Gegner „Hai“ machte den Kadetten viel Spaß. Die Ölübernahme klappte, ohne daß die Raubfische störten. Am Abend verließen wir unseren Tanker, voll auf gefüllt, tiefer in der See liegend und nun auch entsprechend härter in ihr „arbeitend“, wie der Seemann sagt.

Zwei Tage vor unserem festgelegten Einlauftermin in Kapstadt gingen wir in der Bucht von St. Helena vor Anker. Das Schiff sollte für den kommenden Aufenthalt auch außenbords neu gemalt werden. Denn wir ahnten, was uns in Kapstadt blühen würde: Die Zahl der Besuche würde groß sein. Reichsdeutsche und Deutsch-Stämmige, welche seit nunmehr fast 100 Jahren im Kapland wohnten, Buren und Engländer würden nach diesem Hafen kommen, um das deutsche Schiff zu sehen und zu betreten.

Die Tage in Kapstadt waren auch außerordentlich eindrucksvoll. Die Freude und Anhänglichkeit der Reichsdeutschen und Deutsch-Stämmigen war rührend. In der Kap-Kolonie gab es Dörfer mit deutschen Namen, einer deutschsprechenden Bevölkerung, die dort seit etwa 1850 saß, mit deutschen Schulen, mit einer deutsch-evangelischen Kirche und einem deutsch predigenden Pastor. Sie hatten ihre deutsche Eigenart nicht verloren.

Der Verkehr mit den südafrikanischen Behörden war freundlich. Südafrika war ein britisches Dominion, in welchem die Buren über 50% der weißen Bevölkerung ausmachten. Der übrige Teil der Weißen war englischer Abstammung. Auch Buren und Briten kamen zu uns an Bord, und ebenso wie mit den zivilen Behörden des britischen Dominions hatte ich Verkehr mit der englischen Marine zu pflegen. Diese besaß in Simonstown bei Kapstadt einen eigenen Kriegshafen. Das Verhalten der Engländer war höflich und korrekt, aber beiderseitig distanziert. Es war für mich sehr interessant, auf der weiteren Reise zu erfahren, daß die englische Haltung mit Zunahme der deutschen politischen Erfolge freundlicher wurde. Die Saarabstimmung zu Deutschlands Gunsten war z. B. eine Etappe auf diesem Wege und wirkte sich in einem Wachsen des deutschen Ansehens und damit größerer Achtung der Engländer vor uns aus.

Für mich waren die 14 Tage in Kapstadt eigentlich in der Hauptsache Mühe und Arbeit. Nach einem festen Programm hatte ich täglich Einladungen anzunehmen oder Gäste bei mir auf der „Emden" zu empfangen. Ich hatte Versammlungen von Reichs- und Volksdeutschen zu besuchen und dort zu ihnen zu sprechen. Bei all' diesen Veranstaltungen handelte ich im engsten Einvernehmen mit dem deutschen Gesandten Wiehl, der von der Hauptstadt des Kaplandes, Pretoria, für die Dauer des „Emden"-Besuches nach Kapstadt gekommen war und mit dem deutschen Generalkonsul in Kapstadt, Herrn Stiller. Mit Letzterem und seiner reizenden Frau verbanden mich seit den Tagen von Kapstadt freundschaftliche Beziehungen, die für Stiller bis zu seinem Tode dauerten und heute noch zu seiner sehr verehrten Gattin bestehen. Beide Herren des Auswärtigen Amtes waren der Ansicht, daß der „Emden"-Besuch in Kapstadt für das deutsche Ansehen günstig gewesen sei. Diese Meinung war mir Trost und Lohn für meine tagtägliche Mühe.

Meine Besatzung hatte anscheinend, was unseren Kapstadt-Besuch anbetrifft, intensivere Gefühle. Wenn ich später auf der Heimreise im Atlantik irgendeinen Seemann an Deck fragte: „Nun, mein Freund, in welchem Auslandshafen hat es Ihnen denn am besten gefallen?", so war eigentlich stets die Antwort „Kapstadt". Die Gründe hierfür konnte man bereits am Tage unseres Auslaufens aus Kapstadt, Anfang Januar 1935, sehen. Viele Hunderte von Menschen auf dem Kai wollten Abschied nehmen von dem Schiff, und die Schar der Mädchen und jungen Damen mit Abschiedstränen in den Augen war groß. Für meine Besatzung war Kapstadt also anscheinend nicht, wie für mich, im wesentlichen Mühe und Arbeit, sondern der Aufenthalt war für sie eine „Herzensangelegenheit" gewesen.

Die „Emden" ging in See nach East London. Das Gesellschaftliche auch des Aufenthaltes in East London hat mich nicht so berührt, daß es heute noch in mir ein wesentlicher Teil der Erinnerung an diese Tage ist. Was aber jetzt noch als starker Eindruck in mir weiter wirkt, das ist die unermeßliche Weite des afrikanischen Raumes, die ich auch hier wiederum empfand, wenn ich von East London über Land andere Städte des Kaplandes besuchen mußte. Die hügelige Gras-Steppe dehnte sich immer wieder in immer neuen Wellen vor mir aus, die Höhenzüge oft gekrönt von den Kraalen der Kaffern.

So hatten wir durch die Besuche in Kapstadt und East London ein im wesentlichen zivilisiertes Land Afrikas gesehen. Dieses Land war seit dem 17. Jahrhundert von Weißen besiedelt worden und unter der Herrschaft der Holländer, der Buren in ihren Republiken Transvaal und Oranje-Freistaat, und der Briten, nachdem es englisches Dominion geworden war, auch zu einem Land der Weißen gemacht worden.

Von unserem nächsten afrikanischen Hafen sollte uns eine ganz andere Seite afrikanischen Landes geboten werden. Es war der portugiesische Hafen Port Amelia in Laurenzo Marques. Als ich in die Bucht von Port Amelia einlief, lag unser deutscher Tanker bereits dort. Kapitän Hansen kam sofort zu mir an Bord und erzählte mir mit bekümmertem Gesicht, daß ein junger Matrose seines Schiffes von einem Landgang nicht zurückgekehrt sei. Er befürchtete, daß Löwen ihn aufgefressen hätten. Ich sagte: „Wieso Löwen, gibt es denn hier in der Nähe dieses Ortes Löwen?“ Hansen erwiderte, daß hier eine „Löwenpest“ herrsche, weil die Löwen alle „Man-Eater“ wären. Diese Lage interessierte mich wegen der Landgangregelung für meine Besatzung außerordentlich. Ich fragte daher am selben Tage den portugiesischen Gouverneur, ob diese Dinge, so wie ich sie gehört hätte, zuträfen. Er antwortete: „Jawohl, in meinem Distrikt werden mehr als hundert Menschen im Jahre von Löwen aufgefressen.“ Ich sagte entsetzt: „Ist denn das nötig?“ Er antwortete achselzuckend: „C'est une chose d'Afrique.“ Wie ich später hörte, hatte die Löwenplage in dieser Gegend ihren Grund einmal in dem mangelnden Wild als Löwen-Nahrung und zweitens vor allem darin, daß es dort schwierig war, einen Löwen, der einmal ein „Man-Eater“ geworden war, sofort zu töten, damit er nicht bei dieser bequemen Nahrungssuche der langsamen zweibeinigen Wesen blieb und weiterhin Menschen seine Opfer werden würden. Der „Emden“-Besatzung gab ich entsprechende Ausgangsanweisungen, auch wenn natürlich am Tage die Gefahr, von einem Löwen angefallen zu werden, sehr gering war.

Ich selbst hatte während des Aufenthaltes in Port Amelia deutsche Farmer dieser Provinz zu besuchen. Ich war zunächst dort bei einer deutschen Familie, die vor dem ersten Weltkrieg bereits in Deutsch-Ostafrika gesiedelt hatte. Der Farmer war daher ein in Afrika erfahrener Mann. Wie ich in die Nähe seines Hauses kam, sah ich zu meiner Überraschung, daß dieses auf etwa 5 Meter hohen Pfählen stand. Der Farmer sagte zu mir, dies hielte er in dieser Löwengegend für den einzigen Weg, um nachts ruhig schlafen zu können. Ich wohnte bei ihm, und abends hörten wir bereits Löwengebrüll. Am nächsten Morgen sah ich Löwenspuren zwischen den Pfählen des Hauses. Ich fing an, diese Löwengeschichten zu glauben. Mein Glaube wurde am nächsten Tage gefestigt, als ich in dem neuen Haus der Sisal-Farm des Herrn von Burchard wohnte. Das Haus lag zu ebener Erde. Er und seine Frau erzählten mir, daß sie das Haus bereits bezogen hätten, als noch keine Fenster in den Fensteröffnungen gewesen wären. Plötzlich seien sie nachts von einem Löwengebrüll aufgeschreckt, das aus nächster Nähe kommen mußte. Daraufhin seien sie beide aufgestanden und hätten über Nacht die Matratzen in die leeren Fensteröffnungen gestellt und dort, so gut es ging, verbarrikadiert. Den Rest der Nacht lag das Ehepaar dann auf dem harten Lehmboden des Hauses. Die Löwengeschichten der Farmer wurden daher für meinen Adjutanten, der mich begleitete, und für mich immer glaubwürdiger. Diese Geschichten bekamen zum Schluß des Abends noch eine, nach meiner Meinung komische Nuance, welche aber anscheinend Herr von Burchard in keiner Weise empfand. Die „Facilities“ waren aus Gründen der Hygiene außerhalb des Hauses in einer kleinen strohgedeckten Hütte. Als ich zum Schluß dieses abendlichen Beisammenseins dem Herrn von Burchard erklärte, daß ich noch einmal dorthin wollte, war er sehr bedenklich. Er ließ dann aber doch einen schwarzen Boy mit 2 Fackeln kommen, und er selbst nahm seine Büchse, lud sie und in dieser Begleitung marschierte ich zu der Hütte und wurde in gleicher Weise vor ihr dort bewacht und wieder zurückgebracht. Der Rest von Zweifeln an der Notwendigkeit solcher Maßnahmen schwand bei Godt und mir, als am nächsten Morgen ein Neger des nahen Dorfes bei Herrn von Burchard erschien und ihm erzählte: Ein Dorfbewohner wäre am vergangenen Abend in der Dämmerung von einer Hütte nach seiner benachbarten Hütte gegangen, die wie alle diese Wohnungen mit einem hohen schützenden Bambuszaun umgeben war. Auf diesem Wege dorthin hätte ihn aber ein Löwe, der auf einem nahegelegenen Termitenhügel gekauert hätte, mit einem Satz angesprungen. Der Löwe hätte den Schwarzen etwa 200 m weggeschleppt und dort aufgefressen. – Burchard und ich gingen in das Dorf und stellten fest, daß diese Erzählung wahr war.

Ich schreibe von den damaligen Löwen-Verhältnissen in dieser Gegend Afrikas, wenn ich auch weiß, daß das, was für die Löwengefahr in einem Teil Afrikas gegolten hat, in keiner Weise für andere Teile stimmen muß. Wenn z. B. die amerikanischen Touristen mit ihren Autos durch den Paul-Krüger-Park des Kaplandes fahren und dort die Löwen wie zahme, große Katzen „herumlungern" sehen, so liegt das daran, daß in diesem Raum für die Löwen-Nahrung genug Wild vorhanden ist, und im übrigen sich die Löwen an die Autos gewöhnt haben und diese ihnen – nicht aber menschliche Fußgänger – gleichgültig sind. Deshalb aber auch die strikte Anordnung der afrikanischen Leitung des Paul-Krüger-Parks für die Touristen, nicht aus den Autos auszusteigen.

Jedenfalls war es in der Landschaft Delgado in der Nähe Port Amelias richtig, noch vor Sonnenuntergang in ein gesichertes Heim zurückzukehren. Diese Regel sollten wir jedoch unabsichtlich am nächsten Abend unseres Besuches bei Burchards nicht befolgen. Und dies sollte für mich, auf anderem Gebiete liegend, weitgehende Folgen haben. Wir fuhren am nächsten Tage mit Burchards zu einer Nachbarfarm, in die ein ehemaliger deutscher Major sein ganzes Vermögen hineingesteckt hatte. Er hatte Kapokbäume gepflanzt. Seine Hoffnung, daß diese Bäume groß werden und Früchte tragen würden, erfüllte sich jedoch nach den üblichen zwei bis drei Jahren nicht. Die Wurzeln der Bäume waren in der Erde auf eine feste Tonschicht gestoßen und konnten daher nicht mehr wachsen. Die benachbarten Farmer sahen bereits das Unglück dieses Mannes, das er selbst noch nicht wahrhaben wollte. Um ihm eine Freude zu machen, besuchten wir daher den Major, der in dieser „Löwengegend" mit seiner Frau und einer kleinen Tochter sehr allein hauste. Unser Aufbruch nach dem Besuch wurde jedoch durch einen Wolkenbruch – es war gerade Regenzeit – verzögert, und wir kamen bei der Heimfahrt zu dem Burchard'schen Hause in die Nacht hinein. Der Weg war afrikanisch schmal und holprig, durch die Wolkenbrüche der Regenzeit noch unpassierbarer und überhaupt nur mit einem hochrädrigen Ford, in welchem wir saßen, zu meistern. Der Scheibenwischer des Wagens funktionierte nicht, und ich mußte daher mit meinen beiden Händen der Frau von Freier, einer Freundin der Frau von Burchard, welche am Steuer unseres Wagens saß, die Scheibenklappe hochhalten, damit sie überhaupt sehen konnte. Hierbei wurden meine Hände in diesen Nachtstunden von zahlreichen Moskitos zerstochen. Die drei anderen Männer, die Herren v. Freier, Burchard und Kapitänleutnant Godt, paßten auf Löwen auf. Wir kamen jedoch glücklich bei Burchards wieder an. Nachspiel zu dieser Heimfahrt: Als ich in unserem nächsten afrikanischen Hafen, Mombassa in Kenia, morgens von einem Besuch bei dem englischen Gouverneur in Nairobi an Bord zurückgekehrt war, meldete sich bei mir der Oberleutnant zur See Biesterfeld krank, weil er Malaria hätte. Ich sagte zu ihm scherzhaft: „Aber Biesterfeld, wie kann ein so gesunder, junger Mann wie Sie sich trotz allen prophylaktischen Plasmochin- und Atebrin-Schluckens Malaria holen!“ Und ich wünschte ihm gute Besserung. Als er meine Kajüte verlassen hatte, schrieb ich an einem Brief an den Oberbefehlshaber der Kriegsmarine weiter. Aber nach wenigen Minuten drehte sich plötzlich der Raum um mich herum. Ich rief nach meinem Posten und ließ mir ein Fieberthermometer kommen und hatte über 38 Grad Fieber. Also, wahrscheinlich Malaria, denn dieses plötzliche Hochschießen der Temperatur ist typisch für derartige Anfälle. Und vor einigen Minuten hatte ich noch Biesterfeld gegenüber groß angegeben! Meine Malaria war also höchstwahrscheinlich die Folge der Moskitostecherei, als wir vor etwa 14 Tagen nach der Farm des Herrn von Burchard nachts heimfuhren.

Ich habe aber, was den Aufenthalt der „Emden“ in Mombassa anbetrifft, soeben mit dem letzten Tage in diesem Hafen, nach meiner Rückkehr von einem Besuch in Nairobi, begonnen. Am Einlauftage, etwa 10 Tage vorher, war das erste, was ich in Ordnung bringen wollte, meinen beabsichtigten Besuch in Tanganjika, dem früheren Deutsch-Ostafrika, bei den englischen Behörden anzumelden und sicherzustellen. Denn da das Englische Auswärtige Amt in London bei unserer Festlegung der

„Emden"-Reise im vergangenen Sommer das Anlaufen eines Hafens im ehemaligen Deutsch-Ostafrika durch den deutschen Kreuzer selbst, wie zu erwarten war, nicht genehmigt hatte, so hatte ich von unserem Auswärtigen Amt den Auftrag erhalten, persönlich von Mombassa aus in Deutsch-Ostafrika die Deutschen auf ihren Farmen zu besuchen. Die Antwort, die ich jetzt auf meine Anfrage vom englischen Gouverneur zu diesem persönlichen Besuch von mir erhielt, lautete: „Einverstanden, wenn Sie nicht in Uniform nach Tanganjika gehen, und wenn Sie dort keine Reden halten." Dies schien mir nicht. Ich hielt es nicht für passend, daß ich als Kommandant eines deutschen Kreuzers mit dieser Beschränkung die alte deutsche Kolonie besuchen sollte. Ich entschloß mich daher selbständig, auf den Besuch zu verzichten und teilte diesen Entschluß noch am selben Tage durch Funkspruch dem deutschen Auswärtigen Amt in Berlin und den englischen Behörden mit.

Am Kai in Mombassa war es sehr heiß, in den Kammern an Bord unseres stählernen Schiffes bis zu 42 Grad Celsius. In dieser Hitze kam am ersten Morgen gegen 9 Uhr ein junges Paar an Bord, natürlich im Tropenhelm und leichter Bekleidung, z. B. in kurzen Hosen, das heißt in „Shorts". Das Paar war übernächtigt und staubig. Es kam zu mir in die Kajüte und erklärte, daß es in der Nacht in einer Lory von einer deutschen Farm am Kilimandscharo nach Mombassa zur „Emden" gekommen wäre, um sich bei uns an Bord von unserem Pfarrer und mir trauen zu lassen. Es war der Herr Senfft von Pilsach mit seiner Braut. Ich fragte zunächst einmal höflich, was ich ihnen anbieten könnte. Er antwortete: „Am liebsten eine Flasche deutschen Bieres." Ich fragte die junge Dame. Sie sagte: „Wenn ich ehrlich sein soll, ich möchte auch Bier trinken." Die Antwort des jungen Bräutigams war: „Das ist recht, wenn Du eine richtige Senfft von Pilsach werden willst, mußt Du auch Bier trinken können." – Dies war der fröhliche Auftakt zu einer schönen und würdigen Hochzeitsfeier. Befreundete deutsche Familien waren hierzu von Tanganjika nach Mombassa gekommen. Alle waren glücklich, wieder einmal auf unserem Kreuzer auf deutschem Boden zu sein. Die zivile Trauung des Paares erfolgte durch mich als Kommandant der „Emden". Nach deutschem Recht hatte ich diese standesamtlichen Gerechtsame. Die kirchliche Trauung fand auf der Schanze statt. Trotz des gespannten Sonnensegels behielten wir alle den Tropenhelm auf.

Die Sonne stand im Zenit, und ihre Strahlenwirkung war stark und sogar gefährlich. Als das junge Paar, vor dem Altar knieend, vom Pfarrer getraut wurde, hatte der Herr von Pilsach für diesen Augenblick des feierlichen kirchlichen Sakraments seinen Tropenhelm abgenommen, aber nach wenigen Sekunden suchte er verzweifelt, ihn mit der linken Hand wieder zu greifen, weil er das Gefühl hatte, daß er ohne Kopfbedeckung trotz seines jugendlichen vollen Haarschopfes die Zeremonie nicht würde durchhalten können. Mein Adjutant erfaßte die Lage und setzte dem Bräutigam während des feierlichen Aktes den Tropenhelm wieder auf. Das junge Paar blieb einige Tage in Mombassa und kam gelegentlich wieder zu uns an Bord. Es war anscheinend für die Neuvermählten wohltuend, auf unserem deutschen Schiff im Kreise deutscher Menschen zu sein. In dieser Hinsicht gab es viele Fälle der Anhänglichkeit von Ausländsdeutschen, die uns nur rühren konnten.

Wie ich schon schrieb, mußte ich von Mombassa aus dem englischen Gouverneur in Nairobi einen Besuch machen, und der anschließenden Einladung des Gouverneurs zum Frühstück in der großen, luftigen Halle des Gebäudes, die mit den Bildern der englischen Könige und Königinnen geschmückt war, Folge leisten.

Mag es die Malaria gewesen sein, die ich bereits, ohne es zu wissen, in mir hatte, oder mag es die bereits erwähnte englische Einschränkung meines Besuches in Tanganjika gewesen sein, dieses Frühstück war jedenfalls für mich, nach meiner Erinnerung, nicht sehr erfreulich, und ich glaube, mein eigenes distanziertes Benehmen war hart an der Grenze des Höflichen. Ich war froh, als ich mit dem deutschen Konsul dieses Gouverneurs-Haus bald verlassen konnte. Um so schöner waren der Nachmittag und der Abend dieses Tages. Nachmittags fuhren wir in die Massai-Steppe hinaus. Wie herrlich war die Weite dieses Landes! Wie einmalig schön war es, durch das Zeiss-Glas die friedlichen Zebraherden und die Gruppen von Giraffen, die dort ästen, beobachten zu können. Wie eindrucksvoll war es, wenn eine Reihe von Massai-Kriegern, den Speer in der Hand, hintereinander aus der Weite der Ebene auf uns zumarschiert kam, mit großen ausgreifenden Schritten, in rhythmischer Bewegung, wie sie zu diesen langbeinigen schlanken, gut aussehenden Menschen paßte. Kamen wir in ihre Nähe, so blieben sie stehen, stützten den Speer auf die Erde und den rechten Fuß auf den linken Schenkel oberhalb des Knies. So standen sie unbeweglich, sich ausruhend, sahen uns mit ruhigem stolzen Blick an und ließen uns vorbei. Großartige Menschen!

Auf der Rückfahrt von Nairobi nach Mombassa sah ich den schneebedeckten Gipfel des Kibo, in diesem tropischen Afrika ein einmalig schöner Anblick. Und im Grunde sind es diese charakteristischen Schönheiten der fremden Länder, welche heute noch zu den nachwirkenden Eindrücken meiner „Emden"-Reise gehören.

Nach meiner Rückkehr an Bord hatte ich den schon erwähnten ersten Malaria-Anfall. Mittags mußte ich in meinem Salon ein offizielles Abschiedsfrühstück geben, weil wir am nächsten Morgen auslaufen wollten. Mein Marine-Stabsarzt sorgte durch Spritzen dafür; daß mein Fieber wegen dieser gesellschaftlichen Pflicht niedriger wurde. Aber trotzdem war dieses Diner für mich, bei dem ich auch reden mußte, eine Qual. Schon beim Anblick der Speisen wurde mir übel, geschweige denn, daß ich irgend etwas genießen konnte. Unmittelbar nach Verabschiedung meiner Gäste sank ich in meine Koje. Das Fieber war wieder auf 40 Grad hochgeklettert, in meiner Schlafkammer selbst waren ebenfalls 40 Grad Celsius. Es war mir warm genug. Von der Schanze her erschallte die Bordmusik. Dort gab das Schiff das Abschiedsbordfest für alle unsere Freunde und Bekannten des Kenia-Aufenthaltes. Der Erste Offizier, Korvettenkapitän Lange, machte an meiner Stelle die Honneurs. Es soll reizend gewesen sein. Ich war jedoch froh, als wieder Ruhe an Bord war.

Am nächsten Morgen in aller Frühe bekam ich wieder von meinem Schiffsarzt fiebersenkende Spritzen, damit ich in der Lage war, die „Emden" aus der langen, schlauchartigen Bucht des Hafens von Mombassa herauszuführen. Sobald wir die freie See des Indischen Ozeans gewonnen hatten, ging ich in mein Bett und stand erst nach 10 Tagen zum Einlaufen in die Inselgruppe der Seychellen wieder auf. Mein Fieber war infolge einer gründlichen Atebrin- und Plasmochin-Behandlung verschwunden, aber als ich morgens, die Seychellen in Sicht, auf die Brücke ging, sah mich meine Besatzung mit großen Augen an! Ich hatte soviel abgenommen, daß die Uniform mir um meine Glieder schlotterte.

Die Seychellen waren daher der richtige Ort, um uns zu erholen. Denn nicht nur ich hatte mir in Afrika Malaria geholt, sondern ebenfalls noch 19 andere Besatzungsmitglieder. Und auch die übrige Besatzung war durch die heißen afrikanischen Tropentage, gerade in der ungünstigsten Zeit, der Regenzeit mit ihrer feuchten Schwüle, etwas angegriffen, was bei dem Leben auf diesem stählernen Kreuzer, der nicht für die Tropen gebaut war und keinerlei tropische Spezialeinrichtungen, wie z. B. Klimaanlagen, besaß, natürlich war.

Die Seychellen sind eine vulkanische Inselgruppe, d. h. die Spitzen vulkanischer Kegel erheben sich im Indischen Ozean aus 3000 Meter Tiefe bis über die Wasseroberfläche. Um diese, mit einer tropischen Pracht bewaldeten Bergkegel hatten sich weitere flache Inselgruppen gebildet, welche ihre Entstehung der Ansammlung von Korallen verdanken, sich also auf Korallen-Riffen gebildet hatten. Diese Korallen-Atolle sind kleine, flache Inseln mit einem wunderbaren breiten, weißen Sandstrand, auf den die Brecher des Indischen Ozeans mit schäumender Gischt hinaufrollen. In der Mitte hatten diese Eilande einen dichten Hain von Kokospalmen.

Auf meine Anordnung geschah nun folgendes: Die gesamte Besatzung der „Emden“, also alle 650 Mann, wurde nacheinander in Trupps von etwa 100 Köpfen für etwa 4 Tage mit ihren Hängematten und mit Proviant auf eine dieser paradiesartigen Inseln ausgeschifft. Die Männer sollten einmal Ferien von unserem stählernen Schiff haben. Wahrlich, sie haben diese Urlaubstage genossen. Nachts hingen die Seeleute zwischen den Palmen in ihren Hängematten, die Silhouetten der Palmenkronen vor dem Tropenhimmel. Am Tage badeten sie in der Brandung oder spielten und balgten sich im Sande. Ihre Verpflegung bereiteten sie sich selbst. Abends hockten sie um ein Lagerfeuer herum und sangen Seemannslieder. Als die erste Gruppe meiner Männer nach dieser Zeit des menschlichen Urzustandes wieder an Bord zurückkehrte, ging ich ans Fallreep und sah mir diese „Wilden“ an: Nur mit Shorts bekleidet, den Tropenhelm auf dem Kopf, sonst aber mit braungebranntem Oberkörper und Beinen, kamen sie fröhlich an Bord. Eine ganze Reihe mußte sich jedoch gleich ins ärztliche Revier begeben. Der abendliche Aufenthalt am Lagerfeuer, bei dem sicher der jugendliche Übermut dieser jungen Soldaten überschäumte, hatte seine Folgen gehabt: So manchem war versehentlich ein Stück seines „Schinkens“ angebraten worden.

Ich selbst machte bei dem englischen Gouverneur einen Besuch. Die Seychellen waren ursprünglich eine französische Kolonie, gegründet im 18. Jahrhundert von dem Marquis de Seychelles. In der Kolonisationszeit wurden sie von jungen, abenteuerlustigen Söhnen französischer Adelsfamilien besiedelt, deren Nachkommen heute noch auf den Seychellen leben und sich inzwischen im Laufe der Generationen auch mit Einheimischen vermischt haben.

Hierüber gab mir ein merkwürdiger Engländer genaue Auskunft. Dieser etwa 65jährige Herr hatte sein Leben in Afrika im englischen Kolonialdienst verbracht und war zuletzt in Nairobi in Kenia gewesen. Als er vor 8 Jahren pensioniert wurde, wollte er sein Heimatland England nicht direkt, sondern auf dem Wege nach Osten über Niederländisch-Indien, Japan, den Pazifik und die Vereinigten Staaten ansteuern. Seine Absicht, auf diesem Wege seine Heimat England zu erreichen, um dort sein Leben zu beschließen, fand jedoch bereits auf der ersten Station seines Dampfers, nämlich beim Anlaufen der Seychellen, sein Ende: Diese Inselgruppe gefiel ihm so gut, daß er nunmehr bereits seit 8 Jahren dort hängengeblieben war. Er lud mich zu einem Fischzug ein und erzählte dabei von den alten französischen Familien, die wir bei einem großen Empfang an Land kennenlernen sollten. Am nächsten Tage war ich im Kreise der Personen, welche der Engländer mir geschildert hatte. Wahrlich, selten habe ich in einer kleinen Schar eine so große Zahl gut aussehender Frauen gesehen. Die rassige Anmut ihrer Gestalten, die Feinheit ihrer Glieder und Gelenke, vor allen Dingen die Schönheit ihrer grazilen Hände, war eindrucksvoll. So hatte hier die Blutmischung in auffallender Weise zu einer Verfeinerung der Rasse geführt. Das Grazile des Indischen Volkes, das ja auch in den wundervollen Tänzen mit den unvorstellbar gelenkigen Bewegungen der schönen Arme und Hände der Mädchen seinen Ausdruck findet, hatte sich mit den anmutigen körperlichen Eigenschaften des französischen Volkes vereinigt.

Mit meinem englischen Angelsportler führte ich auch Gespräche über unsere ehemaligen deutschen Kolonien in Afrika. Ich fragte ihn, warum man mich nicht von Mombassa aus Tanganjika ohne Einschränkungen habe besuchen lassen. Er antwortete: „Weil man Angst hat.“ Ich sagte: „Wie könnt Ihr Engländer Angst haben! Ihr habt uns doch 1919 die Kolonien weggenommen wegen unserer angeblich brutalen Kolonialherrschaft den Eingeborenen gegenüber! Also, braucht Ihr doch jetzt nicht zu fürchten, daß es bei einem Besuch von uns zu Freundschafts-Ovationen der Eingeborenen kommt, die Euch anscheinend unangenehm sind!“ Er schwieg dazu. Die Gründe hierfür lagen auf der Hand: Es ist eine Tatsache, daß heute noch die afrikanischen Völker an der Zeit hängen, in der sie unter deutscher Kolonialverwaltung gestanden haben. Als im Jahre 1961 die ehemals deutsche Kolonie Togo ihre Unabhängigkeit erklärte, wurde der frühere deutsche Gouverneur des Landes, der greise Herzog Adolf Friedrich zu Mecklenburg, zu dieser Unabhängigkeitsfeier von der Eingeborenen-Regierung Togos eingeladen. Er wurde dort mit einem unbeschreiblichen Jubel empfangen. Die alten Togonesen hatten ihre alten deutschen Uniformen angezogen, ihre Kinder begrüßten den Herzog mit deutschen Gesängen und Sprechchören. Wäre das möglich gewesen, wenn diese Zeit die brutalste ihres Daseins in den letzten 60 Jahren gewesen wäre? Ferner: Als am Ende der 50iger Jahre der etwa 85jährige General von Lettow-Vorbeck, einer Einladung folgend, noch einmal eine Reise nach Südafrika machte, wurde ihm von den Engländern der Besuch von Tanganjika nicht gestattet. Lettow-Vorbeck war dort während des Krieges 1914 bis 1918 der ruhmreiche Kommandeur der deutschen Schutztruppe gewesen. Die Engländer wußten damals, warum sie die Einreise dieses alten Mannes nicht genehmigen konnten: Er würde wie ein Vater von der Bevölkerung empfangen worden sein. Die Askaris haben diesen Mann damals vergöttert, und ihre Nachkommen taten es auch noch. Bei den afrikanischen Menschen spielt die Weitergabe von Gefühlen und Kenntnissen durch mündliche Überlieferung eine weit größere Rolle als bei den europäischen Völkern. Und diese Art der Unterrichtung erhält die Erinnerung an frühere Zeiten auch deshalb besser und eindringlicher, weil die Familie und die Stammesgemeinschaft hierbei die Übermittler sind, und ist daher eindrucksvoller, als etwa eine Kenntnis, die der zivilisierte Mensch lediglich durch Lesen erworben hat. Daher die starke Anhänglichkeit der Bevölkerung noch nach etwa 50 Jahren.

So war es eben unwahr, im Jahre 1919 zu erklären, daß den unhumanen Deutschen die Kolonien weggenommen werden müßten, um die Eingeborenen vor ihnen zu retten. Unsere Kolonialverwaltung war nicht schlechter als die anderer Nationen. Auch der deutsche Farmer verstand es im allgemeinen, die Eingeborenen richtig zu behandeln. Am Ende meiner Afrikareise fragte ich schließlich einmal eine Reihe von „alten Afrikanern" nach den Gründen, warum die deutschen Farmer auch damals ein so sichtbar gutes Verhältnis zu den Eingeborenen hätten. Sie sagten, daß es vielleicht mit an folgendem läge: „Wenn auf einer deutschen Farm ein Eingeborener, der dort angestellt ist, sich etwas zu schulden kommen läßt, so gibt es sofort von dem Farmer „ein heiliges Donnerwetter" und evtl. bekommt er auch einmal, wenn dieser eingeborene Arbeiter jung ist, einen Nasenstüber. Diese Reaktion seines weißen Brotherrn versteht der Eingeborene, er empfindet sie als berechtigt. Und fröhlich wie ein Kind verläßt er nach diesem Akt seinen Herrn und ist wieder guter Dinge, weil der Fall erledigt ist. Oft verhält sich aber z.B. ein englischer Farmer in einem solchen Falle anders: Er sagt nicht sofort etwas bei einem Versagen eines seiner Arbeiter, sondern er registriert den Fall erst einmal nur. Und wenn nach 8 oder 14 Tagen Lohnzahlung ist, erklärt der englische Farmer dem Betreffenden zum Beispiel: „‚Du bist damals 2 Stunden zu spät gekommen, also bekommst Du heute einen Sixpence weniger.' Das versteht der Eingeborene nicht, denn seine Untat hat er längst vergessen, und er empfindet nun diese späte Bestrafung als ein Unrecht."

Ich möchte noch ein Wort über mein Verhältnis zu den englischen Gouverneuren in dieser außenpolitisch für Deutschland kritischen Zeit sagen. Der Gouverneur der Seychellen kümmerte sich sehr höflich um mich: Er bat mich fast jeden Abend zu sich zum Diner. Als seine Gäste waren auch einige ältere englische Damen bei ihm, die anscheinend in seiner Familie auf den Seychellen einen längeren Urlaub verbrachten. Die Korrektheit des englischen Gouverneurs, eines typischen englischen Gentleman, ließ sich nicht übertreffen. Ebenso bewegte sich das Gespräch mit den älteren englischen Damen, die zu jedem Abendbrot in großer Toilette erschienen, in den besten gesellschaftlichen Formen. Nach dem Essen wurde jedesmal Bridge gespielt, aber auch hierbei keinerlei Temperament gezeigt. In dieser korrekten, aber gegenseitig distanzierten Atmosphäre wickelte sich also mein Verkehr in diesem Kreise des englischen Gentleman ab.

In unserem nächsten Hafen, dem englischen Kriegshafen Trincomali auf Ceylon, waren meine Beziehungen zu dem militärischen englischen Gouverneur sehr freundlich. Ich war aus wirklichem gegenseitigen Bedürfnis täglich, meistens nachmittags, bei ihm zu Gast. Sein Flaggleutnant empfing mich jedes Mal in voller Form unten am Landungssteg des Admiralitäts-Hauses. In der Halle des großzügigen tropischen Gebäudes waren an der Wand auf einer würdigen Tafel die Namen der bisherigen englischen Gouverneure in Trincomali verzeichnet, die dort befehligt hatten, seitdem die Engländer im Jahre 1802 Ceylon von den Holländern in Besitz genommen hatten. Diese Tafel war sehr eindrucksvoll: Sehr viele von den Gouverneuren waren in Trincomali an Malaria oder ihren Folgen verstorben. Solche großen Opfer forderte damals der englische Kolonialdienst.

Das Verständnis für den Wunsch Deutschlands, von den Fesseln des Versailler Vertrages frei zu werden, war während meines Besuchs bei diesem Engländer in Trincomali vorhanden. Seine Achtung vor der deutschen Marine war groß. Während meines Aufenthaltes in diesem Hafen ging ich mit der „Emden" zu „Klar-Schiff"- und zu „Torpedo-Schießübungen" öfter tagsüber in See. Jedesmal erwiesen beim Auslaufen der „Emden" die englischen Kriegsschiffe, welche im Hafen lagen, über das vorgeschriebene Zeremoniell hinaus Ehrenbezeugungen. Jedesmal wurde zum Beispiel das Deutschlandlied gespielt. Auch der Verkehr der Offiziere der „Emden" mit den englischen war mehr als nur kameradschaftlich. Die Junggesellen unter den englischen Seeoffizieren hatten sich in der Bucht von Trincomali eine kleine Insel gepachtet, welche keine Frau und kein Verheirateter betreten durfte. Um diese Ablehnung des weiblichen Geschlechts und von Ehemännern noch zu betonen, hatten die Junggesellen für ihre Insel einige Riesen-Schildkröten erworben, von denen jede etwa 50 bis 100 Jahre alt sein mochte. Diese hielten sie für würdig, sich auf ihrer Insel aufzuhalten. Die jüngeren Offiziere der „Emden", also die Junggesellen, waren oft auf dieser Insel zu Gast. Es wäre dort immer wunderschön gewesen, sagten sie.

Während der Tage in Trincomali hatte die „Emden" genau die halbe Zeit ihrer Auslandsreise vollendet. Der Seemann ist gewohnt, an diesem Tage das sogenannte „Bergfest“ zu feiern. Dieses geschah auch bei uns in kräftiger Form. Der Erste Offizier und ich waren uns einig, daß die im täglichen Dienst und in täglicher Ausbildung angestrengte Besatzung sich am Tage des „Bergfestes“ auch einmal austoben sollte. Hierzu hatten die jungen Offiziere ihre englischen Freunde eingeladen. Wie ich hinten in meiner Kajüte an den Vibrationen, um nicht zu sagen starken Erschütterungen meines immerhin stählernen Kreuzers merkte, war das „Bergfest“ wirklich eine gelungene Feier. Die Besatzung tobte und tanzte unter Führung ihrer Divisionsoffiziere im fröhlichen Gesang an Deck.

Im weiteren Verlauf der „Emden“-Reise kamen wir nach Cochin. Dies war ein Land Vorderindiens unter der Regierung eines Maharadschas, dem aber ein englischer „Devan“ beigegeben war, welcher dafür zu sorgen hatte, daß der Maharadscha das tat, was der englischen Regierung paßte. Der Devan bedauerte bei meinem Besuch sehr, daß er am nächsten Tage Cochin verlassen müsse, um zu einer Konferenz der Devans beim Vizekönig von Indien zu fahren. Aber seine untergeordneten Beamten taten in seinem Auftrag alles, um den Aufenthalt der „Emden“ in Cochin so angenehm wie möglich zu machen.

Der Eindruck, den man in den kurzen Tagen von Indien im Raum von Cochin gewinnen konnte, war der gleiche, wie ich ihn bereits auf meiner „Hindenburg“-Indienreise in der Umgebung von Madura in Südindien gewonnen hatte: Neben Reichtum auf der einen Seite, andererseits in den Dörfern eine indische Bevölkerung, welche noch in einem ländlichen Dasein zu leben schien, wie es sicherlich vor mehreren hundert Jahren auch nicht anders gewesen war. Die Arbeitslast, welche wegen des täglichen Brots auf den Schultern dieser Dorfbewohner lag, war sichtlich groß. Auch die Beanspruchung der Frauen schien mir erheblich zu sein. Wenn man dann noch daran dachte, daß, wie man es gelernt hatte, in Indien die Witwen sich verbrannten, und die Mädchen bereits in ihrer frühesten Kindheit ihrem Zukünftigen verpflichtet wurden, so war man voller Mitleid mit diesem Schicksal der Frauen in Indien.

Aber wie bei allen Völkern, sei es in Europa, Afrika oder Amerika, ist auch in Indien der Einfluß der Frau als Hausfrau und Mutter der Kinder natürlicherweise sehr groß. Sie ist von Urzeiten her die Sammlerin, welche dafür sorgt, daß Vorräte vorhanden sind, damit auch in mageren Zeiten die Familie etwas zu essen hat. Sie sorgt also für die täglichen kleinen Dinge, die aber doch insgesamt, in der Addition, groß sind, weil sie eben die Lebensführung möglich machen. Sie hat ihren Einfluß auf den Mann, ob er will oder nicht und ob er es merkt oder nicht, und im letzten Falle ist der Einfluß sehr oft nicht geringer, sondern er ist nur geschickter ausgeübt. Sie sorgt für die Kinder und so ist sie in der ganzen Welt, mögen auch ihre Eherechte, wie sie festgelegt sind, nur gering sein, doch das Herz der Familie und damit von größtem Einfluß.

Der Rest der „Emden"-Reise ging im Frühjahr 1935 durch das Rote Meer und den Suezkanal nach Alexandrien, dann durchs Mittelmeer nach Cartagena und über die Azoren und die Kanarischen Inseln nach Lissabon und Vigo. In Vigo erhielt ich einen Brief des Kapt. z. See Densch, der Chef des Stabes beim Oberbefehlshaber der Kriegsmarine in Berlin war. Er schrieb mir, daß ich im Herbst 1935 noch einmal mit der „Emden" ins Ausland gehen sollte und zwar nach Borneo, Japan, China und Australien. Dieses war für mich sehr verlockend. Es sollte aber ganz anders kommen.

In Vigo traf ich mit der „Karlsruhe" zusammen. Sie war in der Neuen Welt gewesen, unter ihrem Kommandanten, dem damaligen Kapitän zur See Lütjens, der später als Flottenchef auf der „Bismarck" gefallen ist. Wir genossen die Tage in Vigo gemeinsam in alter Freundschaft und Verbundenheit und fuhren dann im „Treffen", d. h. die „Karlsruhe" und die „Emden" in Verbandsfahrt, nach Hause. Wir ankerten beide Juli 1935 vor Wilhelmshaven auf Schillig-Reede. Großadmiral Raeder hatte sich auf der „Emden" angesagt. Hierzu kam auch Lütjens zu mir an Bord, um sich bei Raeder zurückzumelden. Bei der Besprechung mit dem Oberbefehlshaber in meiner Kajüte sagte Raeder plötzlich zu uns beiden: „Sie werden beide von Ihren Kreuzern abgelöst, Sie, Lütjens, werden Chef des Personalamtes und Sie, Dönitz, bekommen die Ausbildung der neuen ‚U-Boot-Waffe'." Dieser Befehl überraschte uns außerordentlich. Der Grund hierfür war: In London war kurze Zeit vorher das deutschenglische Flottenabkommen abgeschlossen worden, welches eine Erweiterung der deutschen Kriegsmarine, also auch eine neue Organisationsarbeit des Marine-Personalamtes, und die Indienststellung und Ausbildung deutscher U-Boote zur Folge haben würde.

Am nächsten Tage kam unser Befehlshaber an Bord, der Admiral Saalwächter. Der Zweck seines Besuches war die große Gefechtsbesichtigung, in der das Können des Schiffes in seinem „Klar-Schiff"-Dienst, also in seiner Gefechtsbereitschaft, das Können aller Besatzungsteile, also auch der Kadetten, geprüft wurde. Wir wußten alle auf der „Emden", daß wir jede Stunde, die dafür zur Verfügung stand, zu einer gründlichen Ausbildung ausgenutzt hatten. Wir hatten viele Gefechtsbilder mit allen nur möglichen Ausfällen an Personal und Waffen durchgeübt. Ich hatte dies nicht etwa dieser Abschlußbesichtigung wegen für notwendig gehalten, sondern ich glaubte vor allen Dingen, besonders in der damaligen Spannungszeit, die uns jeden Tag den Krieg hätte bringen können, mit dem Schiff in jeder Beziehung kriegsbereit sein zu müssen.

Am Abend vor dieser Abschlußbesichtigung hatte ich die Besatzung auf der Schanze zusammengenommen. Die Zweifel in meiner Brust, ob die „Karlsruhe", die neben uns auf der Jade lag und an demselben Tage bereits besichtigt worden war, nicht doch bessere Leistungen heute gezeigt hatte, als wir morgen würden geben können, führten mich dazu, meinen Männern zu sagen: „Wenn auch das Schiff da drüben vielleicht mehr kann als wir, so glaube ich doch, daß wir morgen beweisen werden, daß keine Besatzung mehr Schwung und Hingabe hat, als die der ‚Emden'."

Und so kam es auch. Die Besichtigung verlief glänzend. Das Können war gut und der Elan, der in dem ganzen „Kriegsvolk" der „Emden" vorhanden war, für den Besichtigenden auffallend.

Um die Frage zu beantworten, was vor allem die Auslandsreise den Offizieren und Männern der „Emden" gegeben hat, möchte ich in erster Linie einen Punkt hervorheben: Wir waren aus den vier Pfählen unserer Heimat herausgekommen. Wir hatten unser Vaterland aus dem Ausland gesehen und vielleicht von dort mit einem objektiveren Blick seine Stärken und Schwächen erkannt. Wir hatten andere Völker und Staatsformen kennengelernt. Unser Verständnis für die andere Art anderer Menschen war größer geworden. Es war uns klarer geworden, daß man in seinem Urteil über Angehörige fremder Nationen sehr vorsichtig sein muß. Wenn wir bei ihnen gewisse Eigenschaften vermißten, welche wir für gut hielten und selbst zu besitzen glaubten, so hatten sicher diese fremden Menschen andere Eigenschaften, welche wir nicht besaßen, aber die sicherlich ebenso gut waren. So war das Verständnis bei uns für andere Art gewachsen. Im Grunde ist ein Volk nicht wesentlich besser als das andere, sondern nur eben anders.

Aber es ist wertvoll, diese andere Art aus eigener Anschauung kennenzulernen. Sie nur in Büchern zu studieren, erfüllt nicht in diesem Maße die Voraussetzung für eine eigene Urteilsbildung. Wer also diese eigene Anschauung nicht erfahren hat, kommt daher leicht zu falschen Schlüssen über Wesen und Mentalität von Ausländern. Als ich mich Ende Oktober 1934 vor der Auslandsreise der „Emden" in Berlin bei Hitler abzumelden hatte, sagte er zu mir: „Es ist immer meine Sehnsucht gewesen, längere Jahre in das weitere Ausland zu kommen. Es ist mir leider nicht vergönnt gewesen." Und dieser Mangel bei dem politischen Führer Deutschlands mag dann dazu beigetragen haben, daß er 1939 die Engländer falsch eingeschätzt hat, so daß es zu einem Krieg mit dem Westen gekommen ist, den er politisch hätte vermeiden müssen, wenn auch nur ein Prozent Wahrscheinlichkeit vorhanden war, daß der Westen bei der deutschen Erledigung der Polenfrage eingreifen würde.

Auch auf menschlichem Gebiet ist eine solche Auslandsreise wertvoll. Man erfährt, welche große Rolle doch die menschliche Eitelkeit spielt. Man würdigt daher mehr als früher die Menschen danach, was sie wirklich sind, als nach dem, was sie vorstellen wollen.

Man erfährt aber auch im Ausland bei solchen Reisen, daß in der Politik nur der eigene Vorteil entscheidend ist, daß dieser der Hauptzwang ist, der alle politischen Maßnahmen beeinflußt und der seine Grenze nur durch den zweiten Zwang erfährt, der durch die Macht des Gegners gebildet ist, und der einen selbst dazu zwingt, die eigenen politischen Ziele zurückzustecken.

Also geben wir unseren heutigen Politikern einen solchen Anschauungsunterricht im Ausland. Er ist heute notwendiger denn je. Denn die Abhängigkeit der Völker voneinander ist jetzt so, wie sie in der Weltgeschichte noch nie gewesen ist. –

11. Kapitel

Zusammenfassung der Jahre 1935 bis 1945

Mein Leben in den Jahren 1935 bis 1945 habe ich bereits an anderer Stelle eingehend dargestellt.*

Daher hier nur eine kurze Zusammenfassung:

Ich hatte ab Herbst 1935 zunächst eine neue deutsche U-Boot-Waffe, die wir aufgrund des deutsch-englischen Flottenabkommens vom 18. 6.1935 wieder haben durften, organisatorisch aufzubauen und diese neuen U-Boote mit ihren neuen Besatzungen auszubilden. Ich hatte hierfür vom Oberkommando der Kriegsmarine keinerlei Befehle erhalten. Dies war gut so. So hatte ich freie Hand und versuchte, diese Aufgabe sehr gründlich zu erfüllen mit vieler Seefahrt bis an die Grenze der Leistungsfähigkeit heran. Ich wollte den neuen Besatzungen, neben dem militärischen Können, Vertrauen zur Waffe und Begeisterung für ihre Aufgabe beibringen.

Hierbei ging ich in taktischer Beziehung auch neue Wege. Ich faßte die U-Boote in Gruppen, in „Rudeln" zusammen, um sie – nach dem kriegerischen Grundprinzip, am Gegner so stark wie möglich zu sein –, möglichst geschlossen und in erster Linie im nächtlichen Angriff an den Gegner, von mir operativ geführt, heranzubringen.

Diese Taktik konnte sich auf jedes wertvolle Einzelziel beziehen, war aber natürlich besonders erwünscht bei einer Häufung von Zielen, z. B. einem Kriegsverband oder einem Geleitzug. Der Massierung von Zielen sollte also eine Massierung von U-Booten entgegengesetzt werden.

Ich war auch bereits damals der Ansicht, daß eine Seemacht im Kriegsfälle zum Schutz ihrer Handelsschiffe sofort wieder zu dem in früheren Zeiten und auch im ersten Weltkrieg so bewährten Geleitzugsystem übergehen würde, trotz der im Londoner U-Boot-Protokoll vom Jahre 1936 festgelegten Bestimmungen.

---

* In „10 Jahre und 20 Tage", Verlag Bernard u. Graefe, Frankfurt/M.

Daß ich hiermit, was die Engländer anbetrifft, recht gehabt habe, wissen wir heute: Bereits am 2. Dezember 1937 wurde vom Komité der englischen Reichsverteidigung festgelegt, daß bei einem Kriegsbeginn sofort wieder das Konvoi-Svstem einzuführen sei.

Da jedoch die britische Admiralität damals glaubte, daß sie durch ihr Asdic-Gerät, einem Horchgerät, welches getauchte U-Boote feststellen konnte, der U-Boot-Gefahr Herr geworden wäre, wurde nach Kriegsausbruch trotz des Konvoi-Systems meine im Überwasser-Angriff angewandte Rudel-Taktik eine für die Engländer große und unangenehme Überraschung. Der englische Marine-Historiker Capt. Roskill schreibt darüber: „Die Entwicklung war, vom britischen Standpunkt aus, voll der ernsthaftesten Probleme, weil der Feind eine Form der Angriffe angewandt hatte, die wir nicht vorausgesehen und gegen die weder taktische noch technische Gegenmaßnahmen vorbereitet worden waren.“ (Roskill, History of the Second World War, The War at Sea, Band I, Seite 354). – Dies also zu der seit 1935 geübten „Rudeltaktik“.

Am 26. April 1939 wurde das deutsch-englische Flottenabkommen von Hitler gekündigt. Diese Kündigung des erst 1935 abgeschlossenen Abkommens war eine außerordentlich starke politische Geste. Sie besagte klar, daß die Politik des Versuchs einer Einigung mit England zu Ende sei. Wir hatten also militärisch wieder mit dem Gegner England zu rechnen. Für die strategischen und operativen Aufgaben, die der deutschen Wehrmacht, vor allen Dingen der Kriegsmarine, in einem etwaigen Kriege hieraus erwuchsen, waren Grundlage und Voraussetzung die seestrategischen Bedingungen des Gegners. Diese stellten und stellen sich mir auch heute noch folgendermaßen dar:

Das Leben Großbritanniens, die Ernährung des britischen Volkes und die Aufrechterhaltung seiner Industrie hängen im Frieden wie im Kriege von der Beherrschung der britischen Einfuhrwege im Atlantik ab. Hierzu kommt im Kriege zusätzlich, daß die Rüstung Großbritanniens für den Krieg nur durch vermehrte Einfuhr von Rohstoffen auf den Seewegen des Atlantiks möglich ist.

Aber nicht dies allein: Die Beherrschung des Atlantik war die Voraussetzung dafür, daß Großbritannien die Waffenwerkstätten der ganzen übrigen, auch der neutralen Welt ausnutzen und sein eigenes Kriegspotential so stark erhöhen konnte, daß eine entsprechende Machtentfaltung auch auf dem europäischen Kontinent möglich war.

Diese Zusammenhänge zeigen, daß das Primäre, die Voraussetzung für alles Kriegsgeschehen für die Engländer die Beherrschung dieser Verbindungswege im Atlantik war. Für die Engländer war daher militärisch der Schutz dieser Wege die Aufgabe erster Wichtigkeit und jeder Angreifer dieser Wege der Feind Nummer eins.

Entsprechend hätte für uns der Angriff auf diese Wege strategisch die erste Aufgabe sein müssen. Denn er barg gleichzeitig die Möglichkeit in sich, das Entfalten der Kräfte des Gegners auf dem europäischen Kontinent einzuschränken oder gar zu verhindern. Unser erfolgreicher Kampf im Atlantik war daher auch die Voraussetzung für unseren erfolgreichen Kampf auf dem Kontinent.

Wir besaßen im Sommer 1939 keine auch nur annähernd ausreichenden Seekriegsmittel, mit denen wir auf dem entscheidenden Kriegsschauplatz gegen England im Atlantik auftreten konnten. Von dem erfolgreichsten Kampfmittel, welches es zu diesem Zweck gab, dem U-Boot, besaßen wir nur 23, die in der Lage waren, von Deutschland aus den Atlantik zu erreichen. Das heißt also, daß höchstens ein Drittel von dieser Zahl, also etwa 6 bis 7 U-Boote gleichzeitig, oft auch weniger, sich im Kampfgebiet des Atlantik befinden konnte, während sich die anderen zwei Drittel der U-Boote routine- und planmäßig auf dem Hin- oder Rückmarsch bzw. in der Werft zur Überholung befanden.

Ich hatte Winter 1938/1939 und auch danach immer wieder die Zahl von 300 Front-U-Booten gefordert – davon also dann 100 im Kampfgebiet, 100 auf Hin- oder Rückfahrt und 100 in den Werften zur Instandsetzung –, wenn wir entscheidende Erfolge in der Atlantikschlacht haben wollten.

Die Entwicklung unseres politischen Verhältnisses zu England machte mir daher im Sommer 1939 große Sorge. Im Juni 1939 meldete ich dem Oberbefehlshaber der Kriegsmarine, daß ich aufgrund der englischen Mentalität glaube, daß die Engländer einen weiteren deutschen Machtzuwachs nicht hinnehmen würden und daß ich für diesen Fall die Gefahr eines Krieges mit England annähme. Hierbei würde die schwerste Last der Seekriegführung auf der U-Boot-Waffe liegen. Diese könnte aber bei ihrer zahlenmäßigen Schwäche den Engländern nur Nadelstiche versetzen. Ich bat Großadmiral Raeder, diese meine Ansicht Hitler zu melden. Darauf teilte der Oberbefehlshaber am 22. Juli 1939 in Swinemünde auf dem Aviso „Grille" meinen Offizieren und mir die Antwort Hitlers mit: „Hitler würde dafür sorgen, daß es keinesfalls zu einem Krieg mit England komme. Denn das wäre ‚Finis Germaniae'. Wir sollten beruhigt sein."

Als der Krieg dann, entgegen dieser wohl utopischen Erwartung der deutschen Staatsführung, September 1939 mit England doch gekommen war, mußte daher jetzt gesamt-strategisch von deutscher Seite in erster Linie alles geschehen, um die fehlende Rüstung für den Kampf im Atlantik so schnell wie möglich nachzuholen, denn die Schlacht im Atlantik war das Primäre und letzten Endes das Bestimmende für alles andere Kriegsgeschehen.

Aber dieser strategischen Ansicht war Hitler nicht. In Verkennung der englischen Mentalität hoffte er noch bis in das Jahr 1940 hinein und besonders nach dem Waffenstillstand mit Frankreich, zu einem Sonderfrieden bzw. zu einer Verständigung mit England zu kommen. Als die Engländer diese Verständigungsbereitschaft nicht zeigten, hoffte die deutsche Staatsführung, auch England durch den Krieg mit Rußland, welchen Hitler anfing, weil er den Raum für eine deutsche Ausdehnung nach Osten schaffen wollte, friedensbereit zu machen. Denn im Falle einer Besiegung Rußlands würde auch der „Hauptfestlanddegen" für England ausgeschaltet sein. Diese erhoffte Wirkung auf England war zweifelsohne sehr fraglich, denn England war entscheidend nur dort zu treffen, wo seine Lebenslinien laufen, nämlich im Atlantik.

Der deutsche U-Boot-Krieg hatte daher keinen operativen Vorrang. Die deutsche Staatsführung hatte nicht erkannt, daß wir jetzt mit allen Mitteln des Staates und der gesamten deutschen Industrie U-Boote bauen mußten. Der U-Boot-Bau hatte im Gesamt-Rüstungsplan in keiner Weise irgendeinen Vorrang vor anderen Aufgaben und konnte ihn, nachdem der Krieg mit Rußland begonnen war, auch nicht mehr in dem erforderlichen Umfang haben. Die Folge hiervon war, daß die Marine für den U-Boot-Bau noch nicht einmal 5% der deutschen Stahlproduktion zugewiesen erhielt, so daß das vom Oberkommando der Kriegsmarine mit Kriegsbeginn geplante Bauprogramm von monatlich 29 U-Booten nicht durchgeführt werden konnte. Noch im Februar 1941 betrug die Zahl der deutschen Front-U-Boote lediglich 22, also die gleiche Höhe wie bei Kriegsbeginn. Immer wieder hatte ich auf die schweren grundsätzlichen Nachteile dieser Verzögerungen hingewiesen. Immer wieder hatte ich die Bedeutung des schnellen Schlagens in der Atlantikschlacht vorgetragen. Es handelte sich doch im Kampf im Atlantik darum, daß wir mehr Transportraum, also Handelsschiffe, die für die Überführung der notwendigen Nahrungsmittel, Rohstoffe, Truppen, Waffen, Munition und Treibstoffe von den Anglo-Amerikanern gebraucht wurden, versenken mußten, als die Gegner, USA und England, auf ihren Schiffswerften nachbauen konnten. Da ein vermehrter Nachbau von Schiffen Zeit erfordert, mußten wir also so schnell wie möglich versenken, bevor der vermehrte Neubau die Höhe der Versenkungen ausgleichen konnte.

Erst im Frühjahr 1943, also nach 3½ Jahren Krieg, betrugen die deutschen U-Boot-Zahlen etwa ¾ der von mir 1939 geforderten Größe. Dann war es jedoch zu spät. Durch die Entwicklung neuer Abwehrmittel auf dem Funkgebiet, welche jahrelang gedauert hatte, war die Wende in der Atlantikschlacht eingetreten und ab Juli 1943, also nach 3 ½ Jahren Krieg, konnten die Anglo-Amerikaner mehr Handelsschiffstonnage bauen, als versenkt werden konnte.

Daß der deutsche U-Boot-Bau in den Jahren 1939 bis 1943 nicht den strategisch notwendigen Rüstungsvorrang erhielt, ist der wesentliche Grund für den Verlust der Atlantikschlacht. Sie wäre anders verlaufen, wenn die deutsche U-Boot-Waffe rechtzeitig mit mehr U-Booten hätte kämpfen können.

Denn trotz ihrer nur geringen U-Boot-Zahl waren die Erfolge der deutschen U-Boot-Waffe in den Jahren 1939 bis 1943 außerordentlich. Die deutschen U-Boote hatten im zweiten Weltkrieg von der alliierten Schiffstonnage 2882 Handelsschiffe mit nahezu 14 500 000 Brutto-Register-Tonnen versenkt. Dies sind etwa 70% von dem Gesamtverlust der alliierten Tonnage, der etwa 21 Millionen betragen hat. 21 Millionen betrug auch etwa die Gesamt-Tonnage der englischen Handelsschiffe bei Kriegsbeginn.

Dies zeigt die Größe der Leistung der deutschen U-Boot-Waffe und beweist, wie anders die Atlantikschlacht verlaufen wäre, wenn Deutschland rechtzeitig rüstungsmäßig den Schwerpunkt auf den U-Boot-Bau gelegt hätte. – Hinzu kommt auch noch, daß im 2. Weltkrieg die deutschen U-Boote nicht immer in ihrer entscheidenden Aufgabe, dem Tonnage-Krieg eingesetzt wurden. So sind z. B. im Jahre 1942 durch Abstellung von U-Booten zu unfruchtbaren Zwecken, hauptsächlich infolge von Anordnungen der deutschen Staatsführung, mindestens 1 Million Brutto-Register-Tonnen im Atlantik weniger versenkt worden.

Die Hauptursache für die großen Erfolge der deutschen U-Boot-Waffe ist der kämpferische Geist der U-Boot-Besatzungen gewesen, die sich im selbstlosen tapferen Soldatentum auch dann noch eingesetzt haben, als nach Mai 1943 die Erfolgsmöglichkeiten nur noch gering, die Verluste an eigenen U-Booten aber sehr hoch waren.

Dieser opfervolle Einsatz der deutschen U-Boot-Waffe war in dieser letzten Zeit des Krieges notwendig, weil sonst unermeßlich starke Kräfte des Gegners frei geworden wären, die dann auch noch unmittelbar gegen Deutschland hätten eingesetzt werden können, z. B. zur Bekämpfung unserer lebenswichtigen Seeverbindungen in der Nordsee, im Englischen Kanal und nach Norwegen hinauf, oder zur Forcierung der Ostsee-Eingänge und anschließender alliierter Seeherrschaft in der Ostsee und damit Unterbindung unseres dortigen, entscheidend wichtigen Seeverkehrs. Dann hätten wir auch 1945 nicht noch über 2 Millionen Menschen in der Ostsee nach Westen retten können. Vor allem wäre bei einer Einstellung des U-Bootkrieges auch die große Zahl von Flugzeugen, die bisher gegen die deutschen U-Boote in allen Seeräumen flogen, dann zu Luftangriffen auf die deutsche Zivilbevölkerung eingesetzt worden.

Ich möchte zur Unterstützung meiner vorstehenden Darstellung über die Bedeutung der Atlantikschlacht und in Anbetracht des auch heute noch stark kontinentalen Denkens des deutschen Volkes aus der Fülle der Äußerungen von anglo-amerikanischer Seite, wo man so denkt, wie ich vorstehend geschrieben habe, nur die Ansichten von zwei Personen anführen: Die erste ist Churchill. Er schreibt in seinen Erinnerungen: „Die einzige Sache, die mir jemals wirklich während des Krieges Furcht einflößte, war die U-Boot-Gefahr.“ . . . „Der U-Boot-Krieg war unser schlimmstes Übel. Es wäre weise von den Deutschen gewesen, alles auf seine Karte zu setzen."

Die zweite Person, die ich nennen möchte, ist der britische Admiral of the Fleet, Lord Cunningham, ab 1943 als Erster Seelord Chef der englischen Admiralität. Er schreibt als Stellungnahme zu den betreffenden Abschnitten meines Buches: „In erster Linie scheint mir beachtlich, wie treffend Dönitz' Urteil über den einzigen Weg war, unser Land in die Knie zu zwingen, nachdem eine Invasion sich als unmöglich herausgestellt hatte. Und wie entschlossen verfolgte er seine Strategie, uns durch Vernichtung unserer Handelsschiffe langsam zu erdrosseln. Er sah immer wieder sehr klar, daß der Atlantik der einzige Kriegsschauplatz war, auf dem ein deutscher Sieg hätte errungen werden können. Er wandte sich daher auch ständig gegen alle Bestrebungen, die U-Boote auch im Mittelmeer oder auch im Nordpolargebiet einzusetzen.

Nochmals: Seine Beurteilung der Lage war absolut richtig, wie ich aus der Lektüre vor allem schließen muß, ist Karl Dönitz wahrscheinlich der gefährlichste Gegner Englands seit de Ruyter gewesen. Daß seine politische Führung so wenig seinen Rat beachtete, war unser großes Glück."

Soviel zum U-Boot-Krieg.

Nun zum Ende des Krieges noch einige Worte: Am 12. Januar 1945 hatten die Russen ihre Offensive an unserer Ostfront begonnen. Die Menschen fluteten daher aus diesen Gebieten nach Westen, um sich vor dem russischen Einmarsch zu retten. Die Rettung der deutschen Ostbevölkerung hielt ich deshalb für die erste Pflicht, die der deutsche Soldat noch zu erfüllen hatte.

Es kam aber noch ein Zweites hinzu: Eine andere Beendigung des Krieges, als durch bedingungslose Kapitulation, kam nach dem Willen der Alliierten* für uns nicht in Frage. Für die deutschen Truppen bedeutete dies, daß jede Bewegung mit der Unterzeichnung der Kapitulation aufhören würde. Sie mußten dort, wo sie standen, ihre Waffen niederlegen und sich in Kriegsgefangenschaft begeben. Kapitulierten wir in den Wintermonaten 1944/1945, so würden 3 ½ Millionen Soldaten der

* Konferenz von Casablanca, Febr. 1943.

Ostfront, die noch weit von dem angloamerikanischen Bereich in Deutschland entfernt standen, in russische Gefangenschaft kommen, und wir hätten die gesamte deutsche Ostbevölkerung den Russen preisgegeben. Dies war unmöglich. Es war daher zu dieser Zeit aus diesen und aus anderen Gründen** für uns ausgeschlossen, den zwar aussichtslosen Krieg sofort zu beenden.

So war ich der Ansicht, daß auch für die Kriegsmarine ab Winter 1944/45 die Hauptaufgabe geworden war, die Ostfront zu unterstützen und deutsche Menschen von Ost nach West zu retten. Hierfür stellte ich die Kriegsmarine um: Ich stellte Truppen für die Ostfront zur Verfügung und schuf eine straffe Organisation von Dienststellen für die Flüchtlingstransporte über See; ich ließ mir von Hitler die noch verfügbare deutsche Handelsschiffstonnage zu diesem gleichen Zweck unterstellen. Auch die Kohlen- und Treibstoffverteilung für Norddeutschland ließ ich mir von Hitler übertragen, um für die Ostseetransporte mit Kriegs- und Handelsschiffen, welche nun seit dem Januar 1945 bis Mitte Mai, und noch nach der Kapitulation, unaufhörlich von Ost nach West laufen sollten, den notwendigen Brennstoff zu haben. Zerstörer und Sicherungsfahrzeuge wurden, soweit es möglich war, aus anderen Seegebieten abgezogen und in der Ostsee konzentriert. Auf den Werften bekam die Reparatur von im Flüchtlingstransport eingesetzten Fahrzeugen von mir den Vorrang vor anderen Instandsetzungsaufgaben.

So gelang es, in der Zeit vom 23. Januar bis Mai 1945, noch über 2 Millionen Menschen aus Kurland, Ost- und Westpreußen, später auch aus Pommern und teilweise auch aus Mecklenburg über See in den rettenden Westen zu bringen. Diese Fahrten wurden unter Kämpfen gegen anglo-amerikanische und russische Flugzeuge, gegen russische U-Boote und Schnellboote, vielfach auch auf verminten Seewegen durchgeführt. So schmerzlich die bei diesen Fahrten eingetretenen Verluste auch waren, sie machten doch nur 1% der verschifften Menschen aus. 99% von ihnen glückte es, sicher in die Seehäfen der westlichen Ostsee zu gelangen.

Am 30. April 1945 abends erhielt ich aus der Reichskanzlei den Funkspruch, daß Hitler, der in Berlin in seinem Bunker eingeschlossen war,

---

** Siehe mein Buch „10 Jahre und 20 Tage", Kapitel 22.

mich zu seinem Nachfolger bestimmt habe. Ich zögerte keinen Augenblick, den Auftrag anzunehmen. Denn nun lag es in meiner Hand, durch schnelles Handeln und Anordnungen, die für alle verbindlich waren, größeres Chaos zu verhindern – ein Chaos, das, wie ich fürchtete, durch das Fehlen einer verantwortlichen zentralen Befehlsinstanz entstehen würde und noch Hunderttausenden von Menschen hätte Verderben bringen können. – Jetzt wollte ich so schnell wie möglich durch Kapitulation der deutschen Wehrmacht den Krieg beenden. Doch die von den Alliierten seit Februar 1943 geforderte bedingungslose Gesamt-Kapitulation sofort anzunehmen, also eine Kapitulation auch Sowjetrußland gegenüber, war für mich selbst im April/Mai 1945 noch unmöglich. Das hätte ja immer noch bedeutet, daß unsere noch im russischen Bereich stehende Heeres-Ostfront und die Flüchtlinge in unseren Ostprovinzen in voller Zahl in Stalins Hand gegeben worden wären. Mein Ziel war es aber, auch jetzt noch Zeit zu gewinnen, um noch möglichst viele Soldaten der Ostfront und die Flüchtlingstrecks über Land in den angloamerikanisch besetzten Westen Deutschlands zu retten und die zahlreichen, im vorstehenden Abschnitt genannten Schiffstransporte mit Flüchtlingen, Truppen und Verwundeten solange wie möglich über die Ostsee nach Westen laufen zu lassen.

Ich beabsichtigte daher, zunächst nur nach Westen, den englischen und amerikanischen Heeresgruppen gegenüber, möglichst schnell zu Kapitulationen zu kommen und leitete bereits am 30. April abends die ersten Maßnahmen dafür ein. Ich bestellte das Oberkommando der Wehrmacht zu mir, außerdem den Admiral von Friedeburg als Unterhändler für die kommenden Kapitulationsverhandlungen, und versuchte, den Freiherrn von Neurath zu erreichen, um ihn als außenpolitischen Berater bei diesen Verhandlungen bei mir zu haben. – Im Innern mußte ich mich mit Himmler auseinandersetzen. Er bedeutete für mich eine Gefahr, denn ich wußte, daß er seit Görings Absetzung mit dem Amt des Staatsoberhauptes rechnete. Ich bat ihn am 30. April abends zu mir. Seine Forderung, unter mir der zweite Mann zu werden, lehnte ich schroff ab. Ich hätte keinerlei Verwendung für ihn. Die Auseinandersetzung endete zu meiner großen Erleichterung damit, daß er sich resigniert meiner Haltung unterwarf.

Am 2. Mai abends schickte ich Admiral von Friedeburg zu Feldmarschall Montgomery, dem englischen Oberbefehlshaber, um der englischen Heeresgruppe die Teilkapitulation anzubieten. Am 3. Mai stimmte Montgomery der vorgeschlagenen Teilkapitulation zu, forderte jedoch, Holland und Dänemark zusätzlich in den Kapitulationsbereich einzubeziehen. Wir, Graf Schwerin von Krosigk, der sich mir auf meine Bitte am 2. Mai anstelle des nicht erreichbaren Freiherrn von Neurath als außenpolitischer Berater zur Verfügung gestellt hatte – ich hätte keine bessere Wahl treffen können –, und ich waren froh, Holland und Dänemark, die noch von deutschen Truppen besetzt waren, abgeben zu können, ohne daß es in diesen Ländern noch zu Unruhen kam. Deshalb stimmte ich der Forderung Montgomerys zu und stellte außerdem im Sinne dieses Abkommens am 4. Mai den U-Boot-Krieg auf allen Meeren ein. Am 5. Mai um 8.00 Uhr morgens trat die Teilkapitulation mit den Engländern in Kraft. Wesentlich war dabei auch für mich, daß die in der Ostsee laufenden Flüchtlingsschiffe weiter nach Westen fahren konnten, dieser gewaltige Seetransport, der mit allen zur Verfügung stehenden Mitteln beschleunigt durchgeführt wurde.

Der erste Schritt, zu einer Beendigung des Krieges entsprechend meiner Konzeption zu kommen, war also gelungen.

Sofort nach der Vollziehung der Teilkapitulation mit den Engländern hatte ich Admiral von Friedeburg nach Reims zu General Eisenhower geschickt, um den Amerikanern ebenfalls die Teilkapitulation anzubieten. Eisenhower lehnte jedoch schroff ab und forderte die sofortige bedingungslose Gesamt-Kapitulation für alle Fronten, also auch der sowjetrussischen gegenüber. Die Truppen hätten stehen zu bleiben, ihre Waffen unzerstört abzugeben und an Ort und Stelle in Gefangenschaft zu gehen.

Ich hatte eine solche Einstellung Eisenhowers befürchtet. Als ich am 1. Mai 1945 in meiner Rundfunkansprache erklärt hatte, daß ich gegen den Westen nur noch kämpfen wollte, wenn er mich in meinem Kampf gegen den Osten behinderte, und dann in meiner Ansprache gesagt hatte, „die Anglo-Amerikaner setzen dann den Krieg nicht mehr für ihre eigenen Völker, sondern allein für die Ausbreitung des Bolschewismus in Europa fort“, hatte ich auf diese Bekanntmachung im amerikanischen Sender aus dem Eisenhowerschen Hauptquartier die Antwort bekommen, „es sei einer der bekannten Nazitricks zwischen Eisenhower und seine russischen Verbündeten einen Keil zu treiben".

Auch die letzten operativen Maßnahmen Eisenhowers zeigten, daß er der weltpolitischen Wende, die sich jetzt vollzogen hatte, nicht Rechnung trug. Das strategische Ziel der Besiegung Deutschlands war für die Amerikaner erreicht. An die Stelle dieses militärischen hätte jetzt das politische Ziel treten müssen, von dem deutschen Raum noch soviel wie möglich vor dem Vordringen des russischen Bolschewismus in Europa hinein zu bewahren. Es wäre also für die amerikanische Armeeführung politisch und strategisch richtig gewesen, so schnell wie möglich nach Osten vorzustoßen und auch noch vor den Russen Berlin zu gewinnen. — Eisenhower handelte nicht so, er blieb an der Elbe stehen, er ließ es zu, daß die Russen Berlin und möglichst viel vom ostdeutschen Gebiet eroberten.

Meine Haltung gegenüber der am 5. Mai auf Friedeburgs Bitte von Eisenhower erhobenen Forderung auf sofortige Gesamt-Kapitulation war nicht vom politischen, sondern von humanitären Erwägungen bestimmt. Ich wollte soviele Menschen wie möglich vor dem Zugriff der Russen retten und mußte daher erneut versuchen, Zeit zu gewinnen.

Um nochmals die Gründe für meine Haltung Eisenhower zu erklären, sandte ich am 6. Mai zusätzlich General Jodi nach Reims. Falls auch er an Eisenhowers starrer Haltung scheitern würde, sollte er versuchen, den Zeitpunkt des Inkrafttretens der Kapitulation, also den Zeitpunkt, wo jede Absetzbewegung der deutschen Soldaten nach Westen aufzuhören hätte, noch möglichst weit hinauszuschieben.

In der Nacht zum 7. Mai erhielt ich dann Jodls Antwort: Eisenhower forderte nach wie vor die bedingungslose Gesamt-Kapitulation. Er hätte sich aber schließlich auf eine 48stündige Frist bis zum Zeitpunkt des Inkrafttretens der Kapitulation eingelassen. Ich konnte nun nichts anderes tun, als Eisenhowers Forderung anzunehmen und mit allen Kräften die 48 Stunden ausnutzen, um noch möglichst viele Menschen nach Westen zu retten. So wurde gehandelt und dann am 8. Mai die Gesamt-Kapitulation der deutschen Wehrmacht vollzogen.

Noch ein Wort zu Eisenhowers Haltung:

Eisenhower hatte bei den Verhandlungen Jodl erklärt, auch wenn die deutschen Soldaten sich unbewaffnet den amerikanischen Linien nähern sollten, würde er auf sie schießen lassen. Als sich dann Anfang Mai bei der Gesamt-Kapitulation zurückflutende Soldaten der deutschen Heeresgruppe Schörner den Amerikanern ergeben hatten, wurden sie von Eisenhower zum großen Teil, etwa 130 000 Mann, mit Waffengewalt wieder den Russen ausgeliefert. Es erübrigt sich hierzu jeder Kommentar.

Nun zum Schluß:

Wie wir heute wissen, gelang es durch meine Konzeption der Teilkapitulation und des Hinausschiebens der Gesamt-Kapitulation, also auch Rußland gegenüber, noch 1850000 Soldaten der Ostfront nach Westen zu retten, eine große Zahl von Flüchtlingen auf dem Lande und Hunderttausende von Soldaten und Flüchtlingen über See nach Westen zu bringen.

Ich bin auch heute noch der Ansicht, daß es trotz der Belastung, der ich mich als „Nachfolger Hitlers“ aussetzen mußte, richtig war, die Führung in der Krisenzeit des Zusammenbruchs zu übernehmen, um den Krieg so schnell wie möglich nach meiner Konzeption zu beenden.

12. Kapitel

Nürnberg

Am Ende des Krieges gab ich der Kriegsmarine den Befehl, keinerlei Kriegstagebücher, weder das der Seekriegsleitung, noch das der U-Bootführung, noch anderer Marine-Dienststellen und andere Marineakten zu vernichten. Als Begründung erklärte ich, daß wir anständig gekämpft hätten, daher ein gutes Gewissen besäßen und nichts zu verheimlichen wäre.

Hiernach wurde auch von den Marine-Dienststellen gehandelt. Diesem Befehl ist zu verdanken, daß heute nur von der Kriegsmarine alle Kriegstagebücher der historischen Forschung zur Verfügung stehen, und daß die Makellosigkeit unserer Kriegführung auch dokumentarisch bewiesen werden kann.

Diese Sachlage zeigt, daß ich mir keinerlei Schuld bewußt war. Auch in amerikanischen und englischen Äußerungen war bis zum 15. Mai 1945 nichts enthalten, das mich als Kriegsverbrecher bezeichnet hat. Diese Eingruppierung wurde erst durch Stalins Hetze in der „Prawda", der mich beseitigen wollte, damit er in dem russischen Sektor Deutschlands ohne eine deutsche Gesamt-Regierung sein eigenes politisches System durch Anhänger des Kommunismus aufrichten konnte, vorgenommen. Wir wissen auch heute, daß in der Liste der Kriegsverbrecher, die auf der Potsdamer Konferenz im Juli 1945 mit dem Londoner Statut vorgelegt worden ist, mein Name handschriftlich in die bereits gedruckte Liste nachträglich eingeschrieben worden ist (siehe P. D. II, S. 985; Foreign relation of the United States Diplomatie Papers: The Conference of Berlin (The Potsdam Conference) 1945. In two volumes, Washington 1960).

Alle meine Überlegungen, die natürlich von mir nach meiner Verhaftung am 23. Mai 1945 und besonders, nachdem ich Anfang September 1945 erfahren hatte, daß ich auf der Liste der Hauptkriegsverbrecher stände, nach der Frage meiner Schuld angestellt wurden, hatten daher trotz allen Grübelns keinen Erfolg. Anfang November 1945 erhielten wir in Nürnberg eine allgemeine Anklageschrift der Gegner. In dieser

Anklageschrift wurde eine Fülle von Verbrechen behauptet, von denen ich nie etwas gehört hatte, und die ich auch großenteils zunächst nicht glauben konnte, aber es stand in dieser allgemeinen Anklageschrift nicht ein Wort von Dingen, die ich gegen das Gesetz getan haben sollte. Ich fragte mich daher, warum ich überhaupt auf der Liste der Kriegsverbrecher stände. Und ob dies nicht ein Irrtum sei. Ich trug in Nürnberg diese meine Ansicht einer englischen Kommission vor. Der Vorsitzende gab mir den Rat, und ich möchte heute noch glauben, aus ehrlicher Überzeugung, einen Antrag auf meine sofortige Entlassung aus der Untersuchungshaft zu stellen, da in der zugesandten allgemeinen Anklageschrift kein Vorwurf gegen mich enthalten war. Ich schrieb diesen Antrag, auf den ich keinerlei Antwort erhielt.

Als der Nürnberger Prozeß dann Ende 1945 begann, erhielt jeder Angeklagte eine Ergänzung der allgemeinen Anklageschrift, welche ich oben erwähnt habe. Aus ihr ging folgendes hervor:

Als Grundlage für den Nürnberger Prozeß war im August 1945 von den 4 Siegermächten das sogenannte „Londoner Statut" festgesetzt worden. Es schuf neues Recht, aber ohne Rücksicht auf die nationalen Rechtssätze (z. B. Gehorsamspflicht des Soldaten). Es erklärte Völkerrechtswidrigkeit als gleichbedeutend mit Strafbarkeit des Individuums und dehnte die Völkerrechtswidrigkeit auch auf die Anwendung des Krieges als Mittel der politischen Auseinandersetzung aus. Hierbei setzte es sich über die bisherigen Rechtsgrundsätze (z.B. nulla poena sine lege) hinweg. Es gab also auch seinen neuen Rechtsgrundsätzen rückwirkende Kraft.

Zu der Frage der Berechtigung und dem Wert dieser Rechtsrevolution werde ich zum Schluß dieses Kapitels noch ein Wort sagen.

Das Londoner Statut legte für den Nürnberger Prozeß folgende Strafpunkte fest:

Punkt 1: Verschwörung gegen den Frieden.
Punkt 2: Verbrechen gegen den Frieden.
Punkt 3: Verbrechen gegen das Kriegsrecht.
Punkt 4: Verbrechen gegen die Menschlichkeit.

Angeklagt wurde ich unter Punkt 1, Verschwörung, unter Punkt 2, Verbrechen gegen den Frieden, und unter Punkt 3, Verbrechen gegen das Kriegsrecht.

Ich wurde im Nürnberger Prozeß von der Anklagebehörde der Siegermächte nicht angeklagt unter Punkt 4, Verbrechen gegen die Menschlichkeit.

Durch das Nürnberger Gericht wurde ich dann von der Anklage der Verschwörung freigesprochen und wegen Verbrechen gegen den Frieden und gegen das Kriegsrecht zu 10 Jahren Gefängnis verurteilt.

Das Verbrechen gegen den Frieden besteht nach diesem neuen Recht, dem „Londoner Statut", aus der Planung, Vorbereitung, Entfesselung und der Führung von Angriffskriegen. Ich wurde nicht verurteilt wegen der Planung, noch wegen der Vorbereitung und der Entfesselung, sondern lediglich wegen der Führung von Angriffskriegen, also der Teilnahme als Soldat an einem Angriffskrieg.

In diesem neuen Rechtssatz, der schon die bloße Teilnahme eines Soldaten an einem Angriffskrieg mit Strafe bedroht und rückwirkende Geltung erhielt, also für eine Zeit, in der es eine solche Strafbestimmung in keinem internationalen oder nationalen Recht gegeben hat, ist auch nicht klargestellt, was ein Angriffskrieg ist. Denn ob ein Krieg ein Angriffskrieg ist oder nicht, ist eine rein politische Frage. Die Politik eines jeden Landes wird immer zu beweisen versuchen, daß der andere der Angreifer sei, oder daß das eigene Land sich derartig bedroht fühlen mußte, daß es gezwungen war, in Notwehr zu handeln.

Ist also tatsächlich schon die Teilnahme zum mindesten eines führenden Soldaten an einem Angriffskrieg durch diese neue Nürnberger Rechtssprechung in Zukunft strafbar, so müßte jeder führende Soldat jeder Nation auch gleichberechtigt neben dem Politiker über Krieg und Frieden zu entscheiden haben. Diese Gleichberechtigung wird jedoch auch in keiner Demokratie den führenden Soldaten eingeräumt.

Diese Darstellung zeigt die ganze Unmöglichkeit dieses im Nürnberger Statut erlassenen Strafgesetzes. Es gibt auch für einen führenden Soldaten, der von seiner Regierung den Befehl erhält, „jetzt ist Krieg und Du hast zu kämpfen", nur die eine selbstverständliche Pflicht, den Befehl zu befolgen. Denn die Politik hat das Primat über die Wehrmacht, auch in der Verfassung jeder Demokratie, also auch in unserem heutigen Grundgesetz.

Keine Nation hat dieses neue Strafgesetz auch später wieder angewandt (z. B. im Koreakrieg oder beim Suez-Angriff der Engländer und Franzosen im November 1956).

Auch das Nürnberger Gericht hat nur einen deutschen Soldaten wegen „Führung" („waging") eines Angriffskrieges verurteilt, ohne daß er auch wegen „Planung", „Vorbereitung" und „Entfesselung" verurteilt worden wäre, und der war ich.

Ich wurde in Nürnberg wegen Teilnahme an einem Angriffskrieg bestraft, – nicht etwa wegen meiner Kriegführung gegen England, Frankreich und die USA, denn selbst das Nürnberger Gericht hat die Kriege gegen die Westmächte nicht als deutsche Angriffskriege erklärt, – sondern weil ich den Befehl meines militärischen Vorgesetzten ausgeführt hatte, Nachschub-U-Boote bei der Besetzung Norwegens nach Norwegen zu schicken.

Hätte ich seinerzeit diesen Befehl nicht ausgeführt, wäre ich wegen Ungehorsams im Kriege, wie es auch bei jeder anderen Nation erfolgt wäre, auf das schwerste bestraft worden; und ich selbst wäre mir durch einen solchen Ungehorsam im stärksten Maße unmoralisch vorgekommen.

Meine Verurteilung wegen Verbrechen gegen das Kriegsrecht, also Punkt 3 des „Londoner Statut" ist juristisch schwer verständlich. Sie beruht nämlich nicht auf dem eigentlichen Kernstück der Anklage gegen mich, der Führung des U-Boot-Krieges. Wegen der Führung des U-Boot-Krieges bin ich nicht verurteilt worden.

Die Begründung meiner Verurteilung wegen Verbrechen gegen das Kriegsrecht enthält vielmehr folgende Punkte:

1. Ich habe geduldet, daß der von Hitler erlassene „Kommando-Befehl" in Kraft blieb. – Der sogenannte Kommandobefehl war im Oktober 1942 erlassen worden. Er richtete sich gegen kleine Trupps des Gegners, die zu Sabotagezwecken in unserem Gebiet an Land gesetzt wurden und die, weil sie sich völkerrechtswidrig verhielten, wenn sie gefaßt wurden, nicht als Kriegsgefangene nach der Genfer Konvention zu behandeln, sondern dem Sicher-

heits-Dienst zu übergeben waren. Diesen Kommandobefehl hatte ich 1942 als Befehlshaber der U-Boote nur nachrichtlich zur Kenntnis erhalten, weil er sich ja nicht auf den Seekrieg bezog, sondern auf die reine Land-Kriegführung. Ich habe als Befehlshaber der U-Boote also keinen Anlaß und auch keine juristischen Mittel gehabt, nachzuprüfen, ob dieser Befehl, welcher ja enthielt, daß diese gegnerischen Trupps sich völkerrechtswidrig verhielten, zutreffend war. Später, als ich Oberbefehlshaber der Kriegsmarine geworden war, habe ich von diesem Befehl kein Wort mehr gehört, bis mir die Existenz dieses Befehls, der die reine Landkriegführung betraf, in Nürnberg zum Vorwurf gemacht worden ist und ich deswegen bestraft worden bin.

2. Der zweite Punkt meiner Verurteilung gegen das Kriegsrecht ist: Ich habe KZ-Häftlinge als Arbeitskräfte für Schiffswerften angefordert, obwohl ich wissen mußte, daß in diesen Lagern Bewohner aus den besetzten Ländern gefangengehalten wurden.

Hierzu sind die Tatsachen:

Ich hatte das Streben, am Ende des Krieges soviel Schiffsmaterial wie möglich bereit zu haben für die militärischen Transporte in der Ostsee und um soviele Menschen wie möglich, Soldaten, Verwundete, Flüchtlinge, Frauen und Kinder über die Ostsee von Ost in die Westhäfen zu retten. Ich war infolgedessen sehr interessiert daran, daß die Reparatur von hierfür eingesetzten Handels- und Kriegsschiffen, die ja unter ständiger Feindeinwirkung fuhren und beschädigt wurden, so schnell wie möglich in den deutschen Werften geschah, damit sie wieder für diese Transporte über die Ostsee verwendet werden konnten. Bei einer Besprechung zu diesem Zweck schlug der Vertreter des Rüstungsministers, dem diese Werften unterstanden, vor, auch KZ-Häftlinge für die Beschleunigung der Arbeit in den Werften zu verwenden. Er setzte hinzu, daß diese Häftlinge diese Arbeit sehr gerne täten, weil sie bei diesem Einsatz eine sehr viel bessere Ernährung erhielten. Ich habe diesem Vorschlag des Vertreters des Rüstungsministers im Interesse der genannten Transportaufgaben natürlich zugestimmt.

Daß unter diesen Häftlingen sich auch Bewohner aus den besetzten Gebieten befanden, habe ich nicht gewußt. Es ist auch nicht behauptet, geschweige denn festgestellt worden, ob sich auf den in Frage kommenden Werften tatsächlich ausländische Häftlinge befunden haben.

3. Der dritte Punkt ist: Ich habe im Frühjahr 1945 zwar Hitler von der Absicht abgebracht, die Genfer Konvention zu kündigen. Ich hätte jedoch hierbei den Gedanken gehabt, sie notfalls ohne Kündigung zu verletzen.

Die Tatsachen dagegen sind:

a) Durch meinen Einspruch ist Hitler davon abgehalten worden, aus der Genfer Konvention auszutreten.

b) Das Nürnberger Gericht hat keinerlei Verstöße durch mich gegen die Genfer Konvention, deren gedankliche Verletzung mir unterstellt wurde, überhaupt festgestellt.

c) Im Gegenteil: Die englischen und amerikanischen Lagerältesten in den Gefangenenlagern der deutschen Kriegsmarine haben am Ende des Krieges, als sie entlassen wurden, schriftlich der Kriegsmarine bescheinigt, daß sie mit größter Fürsorge und Fairness behandelt worden sind. Diese Bescheinigungen wurden dem Nürnberger Gericht vorgelegt. –

Dies also waren die 3 Punkte meiner Verurteilung wegen Verbrechen gegen das Kriegsrecht. Der englische Völkerrechtler Smith, früherer Professor der Universität London, schreibt zu dieser Urteilsbegründung folgende Stellungnahme:

„Diese ungeschickte und unverständliche Sprache macht vielleicht die Verlegenheit deutlich, welche die Mitglieder des Gerichts bei der Verhandlung des Falles Dönitz empfanden. Und es ist nicht leicht, aus dem übrigen Urteil zu ermitteln, aufgrund welcher genauen Tatsachen er eigentlich verurteilt wurde.“

Von anderer amerikanischer und englischer Seite wird heute meine Verurteilung vielfach als „flagrant travesty of justice resulting from hypocrisy“, also etwa als „heuchlerische und offenkundige Verhöhnung des Rechts“ gebrandmarkt.

Wir wissen auch heute, daß der amerikanische Richter des Nürnberger Gerichts, Mr. Biddle, bei der Urteilsfindung des Gerichts für meinen Freispruch gestimmt hat.

Ich erkenne also meine Verurteilung in Nürnberg in keinem Punkte als zu Recht erfolgt an. General Eisenhower hatte als Mitglied des Kontrollrates, der in Deutschland herrschte, Ende September 1946 mitzuwirken, ob mein Urteil zu vollziehen sei oder nicht. Der amerikanische Rechtsberater Eisenhowers hatte ihm damals statt der Genehmigung die Aufhebung meines Urteils vorgeschlagen. Eisenhower hat das Urteil aber trotzdem unterschrieben und damit bestätigt.

Es war offensichtlich, daß ich aus politischen Gründen hinter Gitter zu kommen hatte.

Wenn ich vorstehend das neue Nürnberger Strafrecht, zum mindesten schon jeden führenden Soldaten wegen bloßer Teilnahme an einem Angriffskrieg verurteilen zu können, als eine unmögliche Erweiterung und Anwendung des neuen Rechtsgrundsatzes „Verbrechen gegen den Frieden" erklärt habe, so möchte ich jedoch zu dem neuen Rechtsgrundsatz der Bestrafung der Planung, Vorbereitung und Entfesselung von Angriffskriegen folgendes sagen:

Menschlich ist es durchaus verständlich, zu versuchen, durch einen Rechtssatz die Vorbereitung und Entfesselung eines Angriffskrieges zu verhüten und damit auch einmal einen Anfang zu machen, wie es in Nürnberg geschehen ist.

Es hat sich jedoch leider herausgestellt, daß dieser Grundsatz in Nürnberg nicht nur der Anfang sondern auch gleichzeitig das Ende dieser neuen Rechtsprechung gewesen ist. Denn der Angriffskrieg ist ein politischer Begriff, der schon damals in Nürnberg nicht definiert worden ist und auch bisher nicht hat definiert werden können.

Politiker werden sich auch in ihrem Handeln, in ihrer Entscheidung über Krieg oder Frieden, nicht beeinflussen lassen können, ganz gleich ob sie später einmal, weil ihr Krieg als Angriffskrieg nominiert worden ist, juristisch zur Verantwortung gezogen werden.

Es zeigt sich also, daß der neue Nürnberger Rechtssatz, die Vorbereitung und Entfesselung eines Angriffskrieges zu bestrafen, unrealistisch war. Die UNO hat es bisher nicht fertiggebracht, die internationale Anerkennung dieses Rechtssatzes zu erreichen. Er ist auch weder im Korea-Krieg, noch bei der Auseinandersetzung wegen des Suez-Kanals, noch etwa in Vietnam zur Anwendung gekommen.

Deshalb kann ich auch dieses neue Nürnberger Gesetz, Verbrechen gegen den Frieden, nicht als berechtigte Revolution der Rechtsprechung betrachten, die sich auch über bisherige Rechtsgrundsätze hinwegsetzen durfte. Denn das Londoner Statut hat sich in dieser Beziehung eben nicht als eine Entwicklung neuen Rechts erwiesen, sondern es ist tatsächlich eben doch nur ein einmaliges politisches Instrument zur Bestrafung des Besiegten durch den Sieger geblieben.

Auf ganz anderem Brett steht meine Ansicht zum Punkt 4 der Nürnberger Anklage, Verbrechen gegen die Menschlichkeit. Als ich zum ersten Male am 7. Mai 1945 als damaliges Staatsoberhaupt von Menschenvernichtungen in den KZ's, die hinter dem Rücken des deutschen Volkes von einer Clique von Verbrechern geschehen waren, erfuhr, habe ich General Eisenhower bitten lassen, dem Reichsgericht die Untersuchung und Ahndung dieser von Deutschen begangenen Verbrechen schnellstens zu ermöglichen. Ich habe jedoch niemals eine Antwort von Eisenhower erhalten.

Ich hielt und halte es auch heute noch für richtig, wenn diese genannten Verbrechen gegen die Menschlichkeit damals durch ein deutsches Gericht sofort verfolgt worden wären. Dies war unsere deutsche Pflicht und die sofortige Klarstellung dieser unmenschlichen Geschehnisse im Interesse der moralischen Gesundung unseres Volkes wichtig.

Da die Alliierten es jedoch 1945 ablehnten, meinen Vorschlag, das Reichsgericht damit zu beauftragen, anzunehmen, war es immerhin besser, diesen Punkt in Nürnberg unter Strafe zu stellen, als wenn gar nichts geschehen wäre.

Für diese Verfolgung der Verbrechen gegen die Menschlichkeit bejahe ich auch die Neuerungen, die durch das „Londoner Statut" eingeführt sind. Denn das Nürnberger Verfahren hat die Erkenntnis gebracht, daß unter Mißbrauch der Staatsgewalt und unter dem Schleier strengster Geheimhaltung tatsächlich Verbrechen größten Ausmaßes begangen worden sind. Gerade diese Erkenntnis rechtfertigt die Anerkennung des neuen Begriffs des Verbrechens gegen die Menschlichkeit.

Als die Verhandlungen des Nürnberger Gerichts beendet waren, konnten wir Angeklagten am 3. 9.1946 uns noch in einem Schlußwort äußern, bevor sich das Gericht dann in den folgenden Wochen mit der Urteilsfindung befaßte. Ich sagte in diesem Schlußwort:

„Ich möchte drei Dinge sagen:

1. Mögen Sie über die Rechtmäßigkeit des deutschen U-Boot-Krieges urteilen, wie es Ihnen Ihr Gewissen gebietet. Ich halte diese Kriegführung für berechtigt und habe nach meinem Gewissen gehandelt. Ich müßte das genauso wieder tun. Meine Untergebenen aber, die meine Befehle befolgt haben, haben gehandelt im Vertrauen auf mich und ohne auch nur den Schatten eines Zweifels an der Notwendigkeit und Rechtmäßigkeit dieser Befehle. In meinen Augen kann ihnen kein nachträgliches Urteil den guten Glauben absprechen an die Ehrenhaftigkeit eines Kampfes, in dem sie freiwillig bis zur letzten Stunde Opfer über Opfer gebracht haben.

2. Man hat hier viel von einer Verschwörung geredet, die unter den Angeklagten bestanden haben soll. Ich halte diese Behauptung für ein politisches Dogma. Als solches kann man es nicht beweisen, sondern nur glauben oder ablehnen. Große Teile des deutschen Volkes werden aber niemals daran glauben, daß eine solche Verschwörung die Ursache ihres Unglücks ist. Mögen Politiker und Juristen darüber streiten. Sie werden es dem deutschen Volk nur erschweren, aus diesem Verfahren eine Lehre zu ziehen, die entscheidend wichtig ist für seine Stellungnahme zur Vergangenheit und für seine Gestaltung der Zukunft: Die Erkenntnis, daß das Führerprinzip als politisches Prinzip falsch ist.

   Das Führerprinzip hat sich in der militärischen Führung aller Armeen der Welt aufs Beste bewährt. Aufgrund dieser Erfahrungen hielt ich es auch in der politischen Führung für richtig. Besonders bei einem Volk in der trostlosen Lage des deutschen Volkes im Jahre 1932. Die großen Erfolge der neuen Regierung, ein nie gekanntes Gefühl des Glückes in der ganzen Nation, schien dem recht zu geben.

   Wenn aber trotz allem Idealismus, aller Anständigkeit und aller Hingabe der großen Masse des deutschen Volkes letzten Endes mit dem Führerprinzip kein anderes Ergebnis erreicht worden ist, als das Unglück dieses Volkes, dann muß das Prinzip als solches falsch sein. Falsch, weil die menschliche Natur offenbar nicht in der Lage ist, die Macht dieses Prinzips zum Guten zu nutzen, ohne den Versuchungen dieser Macht zu erliegen.

3. Mein Leben galt meinem Beruf und damit dem Dienst am deutschen Volk.

Als letzter Oberbefehlshaber der deutschen Kriegsmarine und als letztes Staatsoberhaupt fühle ich mich dem deutschen Volk gegenüber verantwortlich für alles, was ich tat und ließ.“

Aus diesem Schlußwort geht hervor, daß ich am Ende der Nürnberger Gerichtsverhandlung der Ansicht war,

1. daß der Kernpunkt der Anklage gegen mich die Führung meines Seekrieges war, und daß ich gar nicht daran dachte, wegen derjenigen Punkte verurteilt zu werden, mit denen dann meine Verurteilung begründet worden ist; und

2. daß ich das Führerprinzip in der Staatsführung ablehne, weil die menschliche Natur leicht den Versuchungen der Macht, die ein solches Prinzip dem Führenden gibt, erliegt, und sich diese Macht nicht nur zum Guten, sondern auch zum Bösen auswirkt.

Im Rahmen meiner Darstellung über den Nürnberger Prozeß habe ich noch, und dies ist mir Herzensbedürfnis, in Dankbarkeit etwas über meinen Verteidiger während meines Prozesses, den damaligen Flottenrichter der deutschen Kriegsmarine, Otto Kranzbühler, zu sagen.

Die alliierte Anklagebehörde hatte uns die Wahl unserer Verteidiger freigestellt und uns zum Zweck der Auswahl eine Reihe ziviler Rechtsanwälte in einer Liste genannt, welche sich zur Verteidigung in Nürnberg bereiterklärt hatten. Für meine Verteidigung schienen mir diese Personen nicht geeignet. Sich in den Seekrieg und in das Seekriegsrecht hineinzudenken, ist ohne Erfahrung auf diesem Gebiet schwer. Einen Rechtsanwalt des deutschen Binnenlandes, dem selbstverständlich dieses Rechtsgebiet unbekannt gewesen wäre, hätte ich daher selbst erst in diese Seedinge einführen und darüber belehren müssen, statt daß er von vornherein von sich aus den klaren und richtigen Weg meiner Verteidigung erkennen und danach hätte handeln können. Ich beantragte daher, daß versucht werden sollte, den Aufenthalt des Flottenrichters Kranzbühler festzustellen, weil ich diesen Mann zum Verteidiger haben wollte. Wenn dies nicht glückte, dann bäte ich, daß der oberste Jurist der Kriegsmarine, der Admiralrichter Dr. Rudolphi, meine Verteidigung übernehmen könne.

Wie kam ich dazu, Kranzbühler zu wählen? Er war ein junger Marinerichter, als im Jahre 1936 bei Angriffsübungen der U-Boote in der Lübecker Bucht U 18 von einem sichernden Torpedoboot gerammt wurde und sank. Der Verlust von 8 Mann Besatzung war zu beklagen. Kranzbühler war von gerichtlicher Seite mit den Ermittlungen beauftragt, die für die kriegsgerichtliche Untersuchung des Vorfalles erforderlich waren. Er war daher zugegen, als ich nach dem Unglück, welches bei Übungen der U-Flottille „Weddigen" unter Führung des Kapitän Loycke erfolgt war, als Führer der Unterseeboote die Hebungsarbeiten des gesunkenen U-Bootes leitete und die Bergung unserer toten Kameraden durchgeführt wurde. Die kriegsgerichtliche Untersuchung ergab dann Schuld und Verurteilung des Torpedoboot-Kommandanten, da er während der Angriffsübungen die Brücke seines Torpedobootes verlassen hatte und infolgedessen dem Sehrohr des U-Bootes, welches sichtbar war, nicht rechtzeitig aus dem Wege gehen konnte. Bei Klärung und Verhandlung dieses Falles zeigte der junge Marinerichter Kranzbühler, der in Kiel als Sohn eines Admirals aufgewachsen war, ein sehr hohes Maß von Einfühlungsvermögen und Verständnis für seemännische und taktische Fragen. Zudem hatte ich von ihm den Eindruck einer überragenden Klugheit und großer Sachlichkeit. Ich hatte ihn dann in seiner und meiner späteren Laufbahn nur zweimal kurz wiedergesehen, sonst jedoch keine weitere dienstliche oder persönliche Berührung mit ihm gehabt. Jetzt entsann ich mich in Nürnberg jedoch dieses Mannes und glaubte, daß er, was Seekrieg und Seerecht anbelangte, das erforderliche Wissen mitbringen würde und daß er, infolge seiner Persönlichkeit und seiner überragenden Klugheit von sich aus von vornherein die richtige Linie in meiner Verteidigungsführung erkennen und befolgen würde.

Kranzbühler erschien zu meiner Freude in Nürnberg. Daß ich seinerzeit diese Wahl getroffen hatte, und daß er, in dem Chaos der damaligen Zeit auch gefunden worden war, war für mich von den größten und günstigsten Folgen. Die Verteidigung von Kranzbühler war ausgezeichnet. Sie war auch charaktervoll; er scheute sich nicht, dem feindlichen Gericht auch, wenn notwendig, die Wahrheit zu sagen. Er hatte nicht die Taktik, durch Vorsicht, Leisetreten oder gar servile Unterwürfigkeit das Wohlwollen des Gerichts für den Angeklagten zu erreichen. Im Gegenteil! Oft sagte er dem Gericht so unverblümt die Meinung, daß seine Haltung auffiel. Was seine Person selbst anbelangt, erreichte er damit genau das Gegenteil, was vielleicht Kollegen befürchtet hatten, und sie zu einer vorsichtigeren Haltung veranlaßt hatte. Kranzbühler war derjenige Verteidiger, den die alliierte Anklagebehörde und das alliierte Gericht am meisten achteten. Das war während der Verhandlungen fühlbar. Und das schrieben auch in der damaligen Zeit die ausländischen und deutschen Journalisten, welche der Nürnberger Prozeßführung beiwohnten. Und was meine Person anbelangt, war diese Haltung von Kranzbühler die einzig richtige. Z.B.: Wir hatten in unserer Seekriegführung keinerlei Schuld auf uns geladen. Und wenn die gegnerische Anklagebehörde die Vergangenheit nun so darstellte, daß sie das eigene Verhalten völlig außer Acht ließ, und infolgedessen mir die grundlose Verletzung internationaler Rechtsbestimmungen im Seekrieg vorwarf, so konnte diesem heuchlerischen Unrecht nur durch kraftvolle Richtigstellung begegnet werden. Ich möchte nur einen Punkt erwähnen: Der englische Anklagevertreter erklärte in seiner Anklagerede, daß ich harmlose Handelsschiffe vernichtet und damit gegen jedes Seerecht verstoßen hätte und zum Tode verurteilt werden müßte. Nach Beendigung der Anklagerede stand Kranzbühler auf und sagte sehr ruhig aber etwas sarkastisch: „Es ist eben nur die Frage, was man in dieser ganzen Anklage unter einem Handelsschiff, welches harmlos ist, versteht. Erstauntes Aufblicken der Richter, ein Handelsschiff wäre doch ein Handelsschiff, was meinte der deutsche Verteidiger damit? – Mit diesem einzigen Wort traf jedoch Kranzbühler den Kern der Sache: Ein Handelsschiff, wie die englischen, das mit Geschützen bewaffnet war, das Angehörige der Kriegsmarine an Bord hatte, welche die Geschütze bedienten, das mit Wasserbomben ausgerüstet war, um U-Boote damit zu bewerfen, dessen Dampferbesatzung in der Bedienung der Waffen ausgebildet war, das aufgrund von Befehlen der englischen Admiralität jedes deutsche U-Boot zu melden hatte, also in den feindlichen Nachrichtendienst eingestellt war, – war ein solches Schiff ein „ziviles“ Handelsschiff, was also nicht zur Kriegführung gehörte und entsprechend zu behandeln war? Konnte man von einem deutschen U-Boot verlangen, daß es ein solches Schiff erst zum Stoppen aufzufordern hätte, dann durch einen Offizier des U-Bootes, der im eigenen Beiboot an Bord des Dampfers fahren mußte, zu untersuchen sei, ob es Bannware an Bord hätte oder nicht? Das würde bedeuten, daß als einmalige und erstmalige Regel, solange es Kriegführung in der Menschheit gegeben hat, der eine Gegner, nämlich das U-Boot, abzuwarten hätte, daß der andere Gegner, nämlich das so harmlose Handelsschiff, den ersten Schuß abgeben würde, der die sichere Vernichtung des aufgetauchten, in der Nähe des Dampfers liegenden U-Bootes bringen würde. Wo gibt es das, daß ein Soldat im Krieg abwarten muß, bis der andere zuerst auf ihn geschossen hat? – In dieser klaren Art hob Kranzbühler gleich am ersten Tage der Verteidigung die Anklage aus dem Sattel und das Gericht ging mit bedenklicheren Köpfen nach Hause.

Also, ich möchte zusammenfassen: Ich verdanke der klaren Verteidigung Kranzbühlers, daß ich und die Kriegsmarine wegen der Führung des Seekrieges, in welcher wir uns nichts vorzuwerfen hatten, auch wirklich nicht verurteilt wurde. Dieses war mir das Wesentliche. Daß ich trotzdem aus politischen Gründen wegen angeblicher Nebendinge, die keinerlei verbrecherische Substanz haben, eingesperrt wurde, konnte Kranzbühler nicht verhindern. Als diese meine Verurteilung trotz der Freisprechung im Seekrieg verkündet wurde, erklärte Kranzbühler den Journalisten: „Zehn Jahre scheint mir in Nürnberg die Mindeststrafe für erwiesene Unschuld zu sein.“ – Und ich selbst hatte sogar die Aufgabe, Kranzbühler zu trösten. Denn er war derjenige, der sichtlich traurig war, daß ich aus diesen angeblichen Gründen zehn Jahre eingekerkert werden sollte.– Dieses möchte ich in Dankbarkeit zur Person Kranzbühler sagen.

Es folgten dann die langen Jahre meiner Haft, alle Hoffnungen auf eine vorzeitige Entlassung, die auch Kranzbühler immer wieder hatte, wurden enttäuscht. Im Gegenteil, ich habe nicht nur die volle Urteilszeit von 10 Jahren abgesessen, sondern auch noch ein Jahr und vier Monate der Untersuchungshaft, welche nicht auf die im Urteil ausgesprochene Haftzeit angerechnet wurde. Die Bundesregierung hat keinen entscheidenden Schritt für meine Freilassung getan. Ich habe daher der Bundesregierung in dieser Beziehnug nichts zu verdanken.

Am 1. Oktober 1956 kehrte ich zu meiner Familie, meiner tapferen Frau, unserer Tochter Ursula und ihrem Mann, dem früheren Fregattenkapitän und hervorragenden U-Boot-Kommandanten, Günter Hessler, und ihren 3 Kindern in die Freiheit zurück. – Unsere beiden tapferen Söhne Klaus und Peter waren als Oberleutnant zur See 1944 auf einem Schnellboot und als Leutnant zur See 1943 auf einem U-Boot gefallen.

Was die Haftzeit selber anbetrifft, möchte ich hier nur eine Frage beantworten, die nach meiner Entlassung aus Spandau im Jahre 1956 von vielen Freunden an mich gestellt worden ist: Wie kommt es, daß Sie seelisch diese Haftzeit so gut durchgehalten haben? – Hierfür möchte ich als Grundrezept empfehlen: Verliere Dich nicht selbst. Verausgabe Dich nicht, indem Du etwa versuchst, mit Wächtern des Gefängnisses Fühlung zu bekommen, um mit ihnen zu schwatzen oder gar bei ihnen Liebkind zu sein. Auf diesem Wege wirst Du einmal die für Dich betrübliche Erfahrung machen, daß Du an Ansehen bei den Wächtern nicht gewonnen, sondern nur verloren hast. – Besser ist, Du hältst Dich ganz zurück, Du versuchst, Dir selbst genug zu sein. Du versuchst, der geistigen Beschäftigung, die Dir von der Gefängnisaufsicht zugebilligt wird, bis auf ihren Kern nachzugehen oder in sie einzudringen, daß sie so stark wie möglich Dein eigenes Eigentum wird. Denn Bildung ist nur das, was man geistig und mit dem eigenen Wesen wirklich „verdaut" hat, und das so ein Teil von einem selbst geworden ist.

Diese Zurückhaltung und diese Zurückziehung auf mein eigenes Wesen sind die Gründe gewesen, warum ich seelisch die so lange Haftzeit gut durchgestanden habe, sie waren aber auch die Gründe, warum mir von der alliierten Gefängnisbehörde zweimal vorgeworfen wurde, daß ich mir den Wächtern gegenüber „Befehlsgewalt anmaße", weil diese mir sichtlich Achtung entgegenbrachten. Wenn der englische Journalist Fishman in seinem Buch „The seven men of Spandau" von mir schreibt „Grand Admiral Doenitz remains unrepentant and Spandau's most dangerous character", und ein anderer Journalist sagt: „He spouted hatred", so sind diese stark übertriebenen Aussprüche der Journalisten für mich insofern nur ehrenwert, da sie sicherlich nicht zeigen, daß ich vor irgendeinem Menschen zu dieser Zeit zu Kreuze gekrochen bin.

Schlußwort

Über mein Verhältnis zum nationalsozialistischen Staat und über meine Einstellung zum 20. Juli 1944 habe ich mich bereits an anderer Stelle* eingehend geäußert.

Meine Einstellung zum 20. Juli möchte ich hier noch einmal kurz zusammenfassen:

Wie stellte sich mir damals die Lage dar? Die Front stand im schweren Ringen gegen den äußeren Feind, vor allem im Osten, um ein Überfluten Osteuropas und Deutschlands durch die russische Übermacht zu verhindern. Im Seekrieg ging die U-Boot-Waffe unter erheblichen Verlusten einen bewußten Opfergang, mit dem Zweck, nicht abzuschätzende starke Kräfte der beiden feindlichen Seemächte zu binden, die sonst gegen Deutschland unmittelbar eingesetzt werden konnten, darunter eine große Zahl viermotoriger Bomber.

Daher konnte nur die Haltung des Soldaten an der Front, der nichts sehnlicher wünschte, als im Frieden zu Hause zu sein, aber trotzdem immer wieder selbstlos bereit war, sein Leben einzusetzen, mit Mühe den äußeren Feind abwehren.

So konnte ein Befehlshaber, der immer wieder den Einsatz des Lebens seiner Frontsoldaten fordern mußte, seine Hand nicht zu einer Tat reichen, die die Kampfkraft der Front zumindest schwächen, das Leben der Soldaten also in erhöhtem Maße gefährden mußte. Zweifelsohne wären bei Gelingen des Attentates auch innere Auseinandersetzungen gefolgt. Und an der Forderung der bedingungslosen Kapitulation der Alliierten hätte sich nichts geändert, eine Bedingung, die keine deutsche Regierung annehmen konnte, weil sie zum Beispiel die Auslieferung der 3 1/2 Millionen Soldaten der deutschen Ostfront und der gesamten Bevölkerung der deutschen Ostgebiete an Stalin zur Folge gehabt hätte.

Deshalb lehnte ich das Attentat ab, zumal ich von den Menschenvernichtungen durch die Hitler-Regierung nichts wußte, von denen

---

* In meinem Buch „10 Jahre und 20 Tage“, Verlag Bernard u. Graefe, Frankfurt/M.

mancher Widerständler an der Ostfront durch Kenntnis über Himmlers dortiges Wirken gewußt haben mag.

So stellte sich mir also damals die Lage dar. Wie sehe ich die Dinge heute? Hierbei erhebt sich für mich vor allem die Frage, wie ich selbst gehandelt hätte, wenn ich über die Verbrechen, zum Beispiel der Judenvernichtungen, unterrichtet gewesen wäre. Ich bin sicher, daß ich sie keinesfalls in Kauf genommen, sondern mich gegen sie gewandt hätte. Es ist allerdings unmöglich und müßig, nachträglich Vermutungen oder Behauptungen darüber aufzustellen, in welcher Weise dies geschehen wäre.

So bin ich heute der Ansicht: Wenn deutsche Männer und Frauen nach tiefer Gewissensprüfung und in dem Glauben, ihr Volk dadurch vor dem Untergang retten zu können, den Weg des Widerstandes bis zum Hochverrat und Attentat beschritten, so war dies, zumal bei ihrer Kenntnis der genannten Untaten, sittlich berechtigt.

Aber ebenso berechtigt war es, in ebenso gutem Glauben, an der Pflicht, zum Schutz der Heimat zu kämpfen, festzuhalten; und daher war es auch berechtigt, wenn militärische Befehlshaber die Ansicht hatten, alles verhindern zu müssen, was diesen Kampf schwächen und verlustreicher machen würde.

Ich bin daher der gleichen Meinung, wie sie der Widerstandskämpfer Hermann Freiherr von Lüninck in dem Deutschen Adelsblatt vom 15. Oktober 1965 ausgedrückt hat, daß er sowohl die eine wie die andere Seite achte. Ich glaube, daß wir dies im Interesse der Einheit unseres Volkes befolgen sollten.*

---

* In gleicher Linie liegend schreibt der Generalfeldmarschall Erich von Manstein in seinem Buch „Aus einem Soldatenleben" über das Problem des 20. Juli 1944: „Voraussetzung des Staatsstreiches aber würde in jedem Fall die Gefolgschaft der Gesamtheit der Wehrmacht und die Zustimmung der Mehrheit des Volkes gewesen sein. Beides war in den Friedensjahren des Dritten Reiches, aber auch im Kriege (die allerletzten Monate vielleicht ausgenommen) nicht gegeben. So wie die Dinge lagen, bedeutete ein von militärischer Seite im Frieden geführter Staatsstreich den Zerfall der Wehrmacht und den Bürgerkrieg, dessen Ausgang niemand voraussehen konnte. Ein Umsturz in den Jahren, in denen das Reich im Kampf um seine Existenz stand, hieß, daß die militäri-

Wenn jemand sich berechtigt fühlt, in dieser Frage zu urteilen, so möge er auch beachten, daß es auf die sittlichen Motive ankommt, die ein Mensch für sein Handeln hierbei gehabt hat. Irren tut ein Jeder.

Es erscheint mir angebracht, daß ich in diesem Schlußwort – aufgrund meiner langen militärischen Erfahrung im Frieden und in zwei Weltkriegen –, noch ein Wort über die Bedeutung des Gehorsams in einer Wehrmacht sage.

Der Gehorsam ist die Grundlage jeder Wehrmacht. Ohne das Prinzip, daß der Vorgesetzte zu befehlen und der Untergebene zu gehorchen hat, ist eine Wehrmacht wertlos, weil sie dann im Ernstfall keine Schlagkraft besitzt.

Der Soldat hat die Verpflichtung, den Befehl seines Vorgesetzten auszuführen, unabhängig davon, ob mit dem Befehl seine Begründung gegeben ist oder nicht. Es ist im Kampf auch nur in den seltensten Fällen möglich, einen Befehl genau zu begründen. Ein Prinzip, dies von dem Vorgesetzten dem Untergebenen gegenüber etwa auch schon im Frieden zu verlangen, damit letzterer entscheiden kann: „Jawohl, das sehe ich ein, das mache ich", oder: „Nein, das mache ich nicht mit", ein solches Prinzip ist daher falsch.

Ohne dieses Grundprinzip des Gehorsams ist also die Führung einer Wehrmacht nicht denkbar. Wer an diesem Prinzip rüttelt, rüttelt an der Existenzgrundlage der Wehrmacht und damit an der Sicherheit des Staates, dem sie dient.

Es ist daher aber auch die vornehmste und eine der wichtigsten Aufgaben des Vorgesetzten, dieses Prinzip der Gehorsamspflicht des Untergebenen erzieherisch so zu handhaben, daß sich im Untergebenen

---

schen Führer den Zusammenbruch der Fronten und die Niederlage mit eigener Hand herbeiführten, nachdem sie jahrelang von ihren Soldaten das Aushalten im Kampf und die Bereitschaft zum höchsten Opfer hatten fordern müssen. Sie zu verurteilen, weil sie dies nicht über sich brachten, dürfte ebenso ungerechtfertigt sein, wie die Beweggründe und das Opfer der Männer, nicht anzuerkennen, die am 20. Juli 1944 den Umsturz versucht haben. In beiden Fällen ging es um eine Gewissensentscheidung, für deren Beurteilung menschliche Gerechtigkeit unzulänglich erscheint."

die seelische Haltung der Freiwilligkeit des Gehorsams bildet. Der Vorgesetzte muß dem Untergebenen in Pflichterfüllung vorleben, er muß ihn zu der Überzeugung bringen, daß er nichts von ihm fordert, was er nicht selbst, an der Stelle des Untergebenen stehend, tun würde, – und daß die gegebenen Befehle notwendig sind, im Sinne des soldatischen Zieles das Bestmögliche zur Erfüllung der Aufgabe, Volk und Vaterland zu verteidigen, zu leisten.

Dann bildet sich in einer solchen soldatischen Gemeinschaft das echte Soldatentum, die Überzeugung, daß es höhere Werte gibt als das eigene Leben, nämlich die Bereitschaft des Einzelnen, sich einzusetzen und sein Leben hinzugeben, um andere zu retten oder zu schützen. Nur bei einer solchen seelischen Haltung, nur bei einer solchen Freiwilligkeit des Gehorsams, ist der Soldat wirklich ein Soldat. Beherrschung der Waffen, Können und Ausbildung genügen nicht, wenn diese einsatzbereite Haltung des Soldaten fehlt.

Wenn im 3. Reich die Staatsführung die Gehorsamspflicht bestimmten Organen gegenüber politisch mißbraucht hat, und hierdurch Verbrechen im großen Ausmaß erfolgt sind, so ist dies künftig dadurch auszuschließen, daß die Haltung der politischen Führung einen solchen Mißbrauch unmöglich macht. Innerhalb der Wehrmacht selbst muß jedoch der oben genannte Grundsatz der Gehorsamspflicht in seinem Schwergewicht bestehen bleiben.

In den dann noch möglichen seltenen Ausnahmefällen, daß durch einen Befehl ein Verbrechen oder Vergehen begangen werden soll, hat der Untergebene – wie es im deutschen Militärstrafgesetzbuch festgelegt war – das Recht, diesen Befehl nicht auszuführen.

Der letzte Wehrmachtsbericht am 9. Mai 1945 sagt:

„Der deutsche Soldat hat, getreu seinem Eid, im höchsten Einsatz für sein Volk für immer Unvergeßliches geleistet. Die Heimat hat ihn bis zuletzt mit allen Kräften unter schweren Opfern unterstützt. Die einmalige Leistung von Front und Heimat wird in einem späteren Urteil der Geschichte ihre endgültige Würdigung finden."

Zu dieser Würdigung durch die Geschichtsschreibung möchte ich noch etwas bemerken: Geschichtsforschung ist Wahrheitsforschung, es geht also hierbei nur darum, festzustellen, „wie es eigentlich gewesen ist“.

Selbstverständlich hat derjenige, der sich hiermit beschäftigt, außerdem das Recht, aus seiner Sicht auch ein Urteil über die Geschehnisse und Handlungen abzugeben. Die Freiheit dieser urteilenden Betrachtung hat jedoch ebenfalls an der historischen Wahrheit ihre Grenzen. Für diese Urteilsfindung muß daher der Betreffende alle Quellen sachlich werten, also nach ihrer wirklichen Zuverlässigkeit und nach ihrem Gehalt. Diese Betrachtung muß, wenn sie über vergangenes Handeln urteilt, zugrundelegen, was der Handelnde damals gewußt hat und nicht etwa das, was wir heute wissen; sie muß die gegebenen und bestimmenden Verhältnisse dieser vergangenen Zeit berücksichtigen und nicht etwa ganz andere Umstände der Gegenwart bei einer Beurteilung der Vergangenheit mitsprechen lassen.

Etwa auch von einem Handelnden vergangener Zeiten zu verlangen, daß er damals an einem bestimmten Zeitpunkt bereits hätte wissen müssen, wie die Verhältnisse einige Jahre später sein würden, – eine solche Forderung dürfte heute jemand nur dann stellen, wenn er selbst in der Lage ist, heute zu sagen, wie es in einigen Jahren in der Welt aussehen wird. Das kann er aber nicht. Denn der Mensch kann nicht in die Zukunft sehen, also auch in der Politik nicht.

Darum kann das vergangene Handeln und Geschehen heute nur gerecht beurteilt werden, wenn hierfür die Geschichtsforschung und die Urteilsfindung reine Wahrheitsforschung ist, und sich nicht etwa zu einer Zweckforschung herabmindert, die von vornherein das Ziel verfolgt, bestimmte Personen zu verherrlichen oder zu verurteilen.

Ich möchte abschließen mit dem, was ich bereits in Nürnberg, mich gegen die Zuständigkeit des Gerichts wendend, sagte: Mein Leben war erfüllt von meinem Soldatenberuf. In allem, was ich als Befehlshaber der U-Boote oder Oberbefehlshaber der Kriegsmarine und als Staatsoberhaupt und Oberster Befehlshaber der Wehrmacht getan habe, fühle ich mich dem deutschen Volk gegenüber verantwortlich.